ENCYCLOPÉDIE PRATIQUE DU CHEVAL & DU CAVALIER

Ouvrage collectif créé par Losange,
avec la collaboration de Julie Deutsch, Pascale Spanevello-Bététa,
Xavier Gluntz, Isabelle Bernard, Myriam Corn, Pierre Miriski,
Françoise Racic-Hamitouche, Sophie Ribaud

Relecture et mise à jour : Marie-Laure Peretti
Iconographie : Claude Bigeon

www.editions-artemis.com

ISBN : 978-2-8160-1387-0
N° d'éditeur : 8160
Dépôt légal : août 2018

Achevé d'imprimer : juillet 2018
Imprimé par Impression World

ENCYCLOPÉDIE PRATIQUE DU CHEVAL & DU CAVALIER

ARTÉMIS ÉDITIONS

SOMMAIRE

CONNAÎTRE LES CHEVAUX

ORIGINE & ÉVOLUTION

Le parcours suivi par l'espèce équine au cours des âges révèle un comportement spécifique. L'histoire de l'homme et du cheval est marquée par l'attirance instinctive que nous avons pour cet animal. Laissons-nous séduire par la beauté d'une crinière au vent, mais aussi par cet être vivant, capable de juger et d'apprécier l'homme. Découvrons un être subtil, plein de vie et de tonus, qui a su prendre place dans notre environnement planétaire.

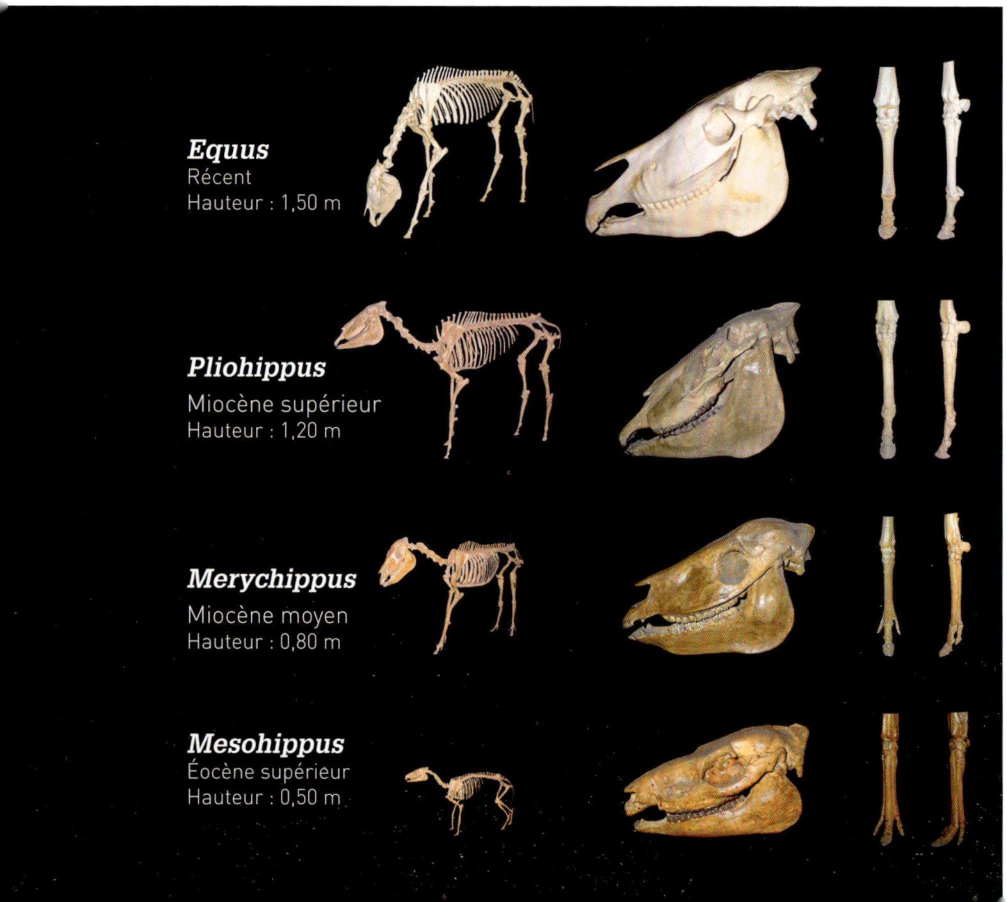

L'*EQUUS CABALLUS* : 60 millions d'années d'histoire

Au XIXe siècle, le scientifique américain Othniel Charles Marsh découvre une série complète de fossiles. Ce cas unique de découverte concernant une même espèce de mammifères permet avec précision et certitude de définir l'origine et l'évolution du cheval que nous côtoyons aujourd'hui, l'*Equus caballus*. Doit-on voir dans cette particulière découverte un signe avant-coureur de la complicité entre l'homme et le cheval ?

Représentation de l'évolution des Équidés, composée de squelettes des collections du Staatliches Museum für Naturkunde de Karlsruhe, en Allemagne.

Le premier niveau de cette série de fossiles a de quoi nous surprendre. C'est en 1873 que Edward Drinker Cope, toujours aux États-Unis, met au jour l'ancêtre de l'*Equus caballus*. D'une taille inférieure à 30 cm – deux fois à peine la hauteur de cette page – l'*Eohippus* s'approche plus d'une « micro-gazelle » que du cheval actuel.

Nous sommes 60 millions d'années en arrière, l'*Eohippus* a le temps de se réaliser. Morphologiquement adapté à la fuite, ce petit animal possède quatre doigts aux antérieurs et trois aux postérieurs. Tous ces doigts reposent sur le sol et sont terminés par de petits sabots. Vingt millions d'années plus tard, toujours dans le sud-ouest du continent américain, c'est *Mesohippus* qui poursuit son évolution. Nous nous approchons du cheval actuel même si la taille reste inférieure à 50 cm au garrot. La mâchoire, plus puissante, est pourvue d'une dentition adaptée aux feuillus et, si trois doigts sont toujours présents tant aux antérieurs qu'aux postérieurs, le doigt central est nettement plus développé.

Quittons l'ère tertiaire et entrons dans le Miocène ; entre 25 et 10 millions d'années : *Merychippus* mesure 80 cm, un seul doigt repose sur le sol, les deux autres s'atrophient. Les ligaments se renforcent pour supporter le poids de l'animal, permettant ainsi des courses rapides, le tout sur un seul doigt au sol par membre. La silhouette de *Merychippus* se rapproche du cheval : le cou s'allonge, la croupe remonte.

Au Pliocène (de 10 à 1 million d'années), dans le nord de l'Amérique, en Asie, en Europe, en Afrique du Nord et aux quatre coins du monde, *Hypparion* se balade mais cette espèce passée à l'est s'éteint. Son cousin *Pliohippus*, plus grand de 15 cm – soit 1,20 m au garrot –, reste fidèle au continent américain puisque les scientifiques ne trouvent trace de ses fossiles que dans cette partie du monde. *Pliohippus* n'a plus qu'un seul doigt, les autres inutilisés ont disparu. C'est le dernier « maillon préhistorique » mais aussi l'unique descendant *d'Eohippus*.

Art pariétal magdalénien : représentation de chevaux dans la grotte d'Ekain, près du village de Cestona, Pays basque espagnol.

Au cours de ce dernier million d'années un seul genre subsiste, c'est l'*Equus* qui va voyager, passant par le détroit de Béring tout au nord du continent américain, vers le continent européen, puis vers l'Afrique du Nord et l'Asie. De cet unique genre seront issues deux espèces d'ânes, trois de zèbres et une de cheval. L'espèce *Equus caballus* a des représentants directs, les chevaux de Prjevalsky – du nom du colonel russe, Nicolaï Mikhaïlovitch Prjevalski – qui, en 1879, s'intéressa vivement à cette race originelle et la sauva d'une extinction probable. Le 25 juin 1993, six de ces animaux furent lâchés à nouveau en liberté en Lozère, dans le causse Méjean. Aujourd'hui, des chevaux issus de ces troupeaux ont été réintroduits en Mongolie avec succès.

Tous les chevaux de notre ère – *Equus cabalus* – sont bien sûr descendants de cette lente évolution dont le résultat nous ravit et nous surprend par ses pirouettes entre les continents européen et nord-africain, et américain. De ces voyages transcontinentaux il ne reste aujourd'hui que l'*Equus prjevalsky* qui a trouvé en Europe, en Asie et dans le nord de

Ramsès II dans son char de guerre, à la bataille de Qadesh. Thèbes, Ramesséum ; Nouvel Empire, XIXe dynastie, vers 1270 av. J.-C.

Écuyer conduisant des chevaux. Bas-relief du palais de Sargon II à Khorsabad, VIIIe siècle av. J.-C. Art assyrien, musée du Louvre.

Cheval et cavalier, terre cuite provenant de Tanagra (Béotie, Grèce), VIe siècle av. J.-C. British Museum, Londres.

l'Afrique un biotope favorable à son développement.

D'*Equus caballus* « d'origine » partent des filières prédominantes :

– Un poney qui correspond au poney d'Exmoor, en Angleterre.

– Au nord, le descendant des toundras, un peu plus grand (entre 1,35 et 1,80 m au garrot), est adapté à des conditions de vie de ces plaines désertiques. La vitesse de fuite, dans cet environnement dépourvu de bois où l'animal peut se cacher, reste la seule solution face aux prédateurs. Le cheval des steppes devient rapide, attentif, son cou s'allonge, ses membres s'affinent et son arrière-main – train arrière – est puissante. Il est possible d'imaginer que nous trouvons là l'ancêtre des chevaux vifs que nous connaissons aujourd'hui, comme le pur-sang arabe ou l'andalou. Il est important de noter qu'avant même l'intervention de l'homme dans la sélection, les conditions de survie déterminent des races différemment adaptées. Ainsi un biotope favorable alternant grasses prairies et forêts a engendré, au fil du temps, des chevaux paisibles, plutôt trapus et ramassés. Un environnement austère a développé des équins vifs, rapides et « sur l'œil ».

En cette fin de Préhistoire, l'Équidé ne survit pas sur le continent américain alors qu'il se présente en nombre sur toute l'entité Europe, Asie et nord de l'Afrique. L'*Equus* doit faire face à des prédateurs tels que les grands mammifères. Ce n'est qu'après l'époque de la glaciation, lorsque le climat devint tempéré, que le cheval prolifère vraiment.

L'homme les chasse, les pièges apparaissent, signe d'une intelligence plus active qui permet à l'homme d'imaginer une méthode nouvelle : la capture. Les troupeaux sont d'abord installés dans l'enclos « garde-manger », puis l'étape suivante de la domestication ouvre de nouvelles perspectives.

La véritable aventure moderne de la relation privilégiée du cheval et de l'homme peut commencer, les acteurs sont en place. Les premiers domestiqués seront les tarpans et les chevaux de Prjevalsky.

◆ Histoire d'une rencontre

La puissance du cheval est vite mise en valeur par l'homme. Il est possible d'imaginer que l'homme a su trouver dans cet animal robuste, un complice pour mener a bien les travaux de force.

Dès le Magdalénien, nous savons, par des peintures rupestres, que le cheval détient une place privilégiée jusque dans l'imaginaire de l'homme. Que ce soit dans les grottes d'Ariège, de Lascaux ou de Dordogne, le cheval est présent aux côtés de l'homme. Des peuples le vénèrent au point d'en faire un dieu comme les Chinois.

Si l'on se réfère aux écrits, le cheval est d'abord attelé. Il tire des charges puis à la découverte magique de la roue en Chine, ce sont les chariots qui remplacent les charges tirées sur le sol. Les peuplades du nord utilisent les premières ce moyen de transport. Les tribus guerrières d'Europe et d'Asie comprennent très vite l'intérêt d'utiliser cet animal rapide, endurant et puissant.

Trois mille ans avant J.-C., on trouve les traces, sur des tablettes, d'un homme montant un animal correspondant vraisemblablement à un cheval. Un moyen de déplacement inégalé voit alors le jour. Cette pratique se répand, offrant à ceux qui dominent

Jeune homme tentant de maîtriser son cheval à l'aide d'un mors (aujourd'hui disparu). Bas-relief en marbre, provenant de la villa d'Hadrien à Tivoli (Italie), IIe siècle apr. J.-C. British Museum, Londres.

cette nouvelle technique, des avantages économiques et stratégiques indéniables. Il ne s'agit pas d'un simple transfert d'une technique de trait fait par des bœufs, solides mais lents. Le cheval offre la possibilité d'aller vite et loin, d'intervenir efficacement dans le travail des troupeaux, de déplacer sa tribu devant une menace.

Les Assyriens, 1000 ans environ avant J.-C., nous apportent la preuve de la pratique évoluée de l'équitation. L'*Equus cabalus* a mis du temps à se définir, « l'homme-cavalier » n'a pas hésité en quelques siècles à apprécier les qualités potentielles du cheval. De l'Europe centrale au nord de l'Afrique, la pratique devient usuelle, la domestication s'opère par intérêt vital.

Les peuplades aryennes et mongoles partent à sa conquête, jusqu'en Arabie, où nous retrouvons ce cheval vif des steppes septentrionales qui donne, par croisement avec les races locales, le cheval arabe. Cette race gagne l'Espagne, la France et même l'Inde.

Les techniques se précisent, l'art équestre se met en place, l'homme ne sait plus vivre sans le cheval. Leurs destinées sont intimement liées. L'interdépendance de l'homme et du cheval est totale et va durer pendant plus de trente siècles. Les diverses races apparaissent du fait d'un déplacement libre de l'animal pendant la Préhistoire. Elles se précisent dès l'instant où l'homme définit des critères spécifiques guidés par ses propres besoins.

Des caractères fondamentaux se fixent en relation directe avec la domestication. Les aptitudes originelles sont renforcées par une sélection très ciblée.

Dire aujourd'hui que l'évolution de l'*Equus cabalus* est terminée serait nous installer dans une vision étroite, qui au vu de ces millions d'années qui ont « élaboré » cet animal, serait bien présomptueuse.

Chez les Égyptiens, les Grecs et les Romains, le dressage du cheval s'affine pendant l'Antiquité. Le Grec Xénophon publie un classique de l'art équestre *De l'Équitation* ainsi qu'un traité sur le cheval de guerre. Les cavaliers deviennent de plus en plus performants, supérieurs en efficacité aux chars dans les combats. Il est facile de comprendre la stupéfaction des peuplades qui n'avaient jamais

Combat d'un cavalier et d'une amazone, fragment de mosaïque provenant d'Antioche-sur-l'Oronte (Turquie), seconde moitié du IVe siècle apr. J.-C. Musée du Louvre.

Beatus *de Facundus, enluminure représentant les quatre Cavaliers de l'Apocalypse, manuscrit réalisé pour Ferdinand Ier de Castille, 1047. Biblioteca Nacional, Madrid.*

Page de droite : Tête de cheval, dessin de Pisanello (v. 1395-v. 1455). Musée du Louvre.

Ci-dessous : Tapisserie de Bayeux, détail, XIe siècle. Exposée au Centre Guillaume le Conquérant, à Bayeux.

vu un cheval. Elles imaginent dans un premier temps que le couple cheval-cavalier ne représente qu'un seul être vivant d'où le centaure.

Les Hébreux, qui estimaient qu'il était dangereux, voire « maléfique » d'utiliser le cheval, reviennent sur leur jugement avec le roi Salomon pour comprendre que le monde est en marche avec le cheval. Les étalons de Syrie sont alors réputés ; au Ier siècle, les Hébreux acquièrent plus de 10 000 montures pour mettre en route une importante cavalerie de chevaux de selle et de combat.

Les Romains importent des chevaux de Camargue, d'Afrique et d'Espagne. Ils fondent leur puissance par la mise en place d'un déplacement rapide et élaboré. Les relais postaux sont créés tout au long des voies romaines. L'information circule à cheval, les populations conquises sont sous contrôle, et les rébellions vite étouffées grâce à des interventions éclair. Nous connaissons les célèbres courses de chars des cirques, mais le cheval servait aussi à la chasse. Le cheval devient universel, et son utilisation polyvalente s'inscrit pleinement dans la vie de l'homme.

La relation homme-cheval est si forte que toute notre histoire déborde de cette complicité particulière. Aucun autre animal n'est aussi présent dans tous les secteurs de la vie sociale et économique. Le cheval, symbole de pouvoir et de force, inspire les artistes. Nous l'avons déjà noté dans les grottes, le cheval apparaît en bonne place par exemple dans la grotte de Gobillou en Dordogne. Les frises du Parthénon représentent des cavaliers à cru sur leurs montures.

La représentation du cheval est régulièrement associée à celle de l'homme. L'homme est cavalier, paysan, conduit son char, dresse ou équipe... Le cheval est un dieu, la démesure s'installe dans les rapports homme-cheval.

Jusqu'au Moyen Âge, cette relation s'affirme de l'Europe à l'Asie. Les Huns et leurs tarpans déboulent en conquérants. Les Mérovingiens, eux, préfèrent le déplacement attelé.

Le XVIe siècle nous ramène du côté des Amériques, que nous avions quittées au Pliocène supérieur, au moment où le genre *Equus* quittait ce continent. Les conquistadors sans le savoir effectuent un retour à la case départ, débarquent dans le Nouveau Monde où, nous l'avons vu, le genre *Equus* « n'a pas tenu le coup ». Les montures qu'ils ont prises avec eux sont les descendants évolués au sens strict du terme de l'*Eohippus*. Les Amérindiens récupèrent et sélectionnent étalons et juments. Ils deviennent d'excellents cavaliers. Le cheval est traité comme un membre de la famille dans les tribus des plaines. Plus au sud dans les pampas, les cimarrones sont aussi fort appréciés. Travail sur les troupeaux, chasse... Les troupes de mustangs en liberté se multiplient et remontent jusqu'au Canada.

Nous les retrouvons au moment de la seconde vague d'immigration occidentale : XVIIe et XVIIIe siècles. Les chevaux des conquistadors sont croisés avec des sujets importés de l'Europe du Nord. Les Amérindiens pensent bien repousser cette seconde vague d'invasion mais l'histoire ne se renou-

Portrait équestre de Charles de Bourbon (plus tard Charles III d'Espagne), XVIIIe *siècle, attribué à Francesco Liani (1712-1770). Musée national de Capodimonte, Naples (Italie).*

velle pas de la même façon. L'arme à feu vient à bout des cavaliers, pourtant plus habiles et possédant des montures plus adaptées. Habitués à chasser le bison, ils dominent parfaitement le sujet avec des partenaires rapides et plein d'allant. Le carnage organisé par les immigrants les prive peu à peu de cet atout majeur.

La monte se fait à cru, reprenant ainsi la démarche effectuée sur l'autre partie du monde qui a eu la chance de bénéficier plus tôt de l'*Equus caballus*. Les tribus gagnent le sud du continent américain diffusant ainsi la particulière relation et l'exploitation intelligente du cheval. Le déplacement au nord est trop inaccessible par voie terrestre, l'homme lui préfère les voies d'eau. Tout au nord, nous trouvons peu de chevaux pour des raisons climatiques rudes. Le renne est plus adapté à des conditions de vie rigoureuse. Le cheval, comme l'homme, est devenu plus douillet et ne survivrait pas, comme l'a fait son ancêtre, à l'ère glaciaire.

En Europe, l'agriculture se développe, les techniques agricoles se précisent, le cheval garde une place prépondérante. Dans toutes les exploitations, le cheval occupe le premier rang parmi les bêtes de somme.

Des chemins de halage, aux liaisons par diligences, des équipements spécifiques sont conçus pour la traction chevaline.

En 1665, la première administration des haras voit le jour. Des étalons sélectionnés sont importés. Les manèges royaux codifient la pratique moderne de l'équitation.

Les rois de France sont plus à la chasse que sur les champs de bataille, aussi la cavalerie française n'est-elle pas très performante. En 1771, Choiseul crée une école de cavalerie militaire à Saumur, toujours en activité de nos jours avec son fameux Cadre noir. À travers l'Europe, les écoles d'équitation fleurissent : Vienne et ses lipizzans, les académies de Naples et de Ferrare, l'école de Hanovre...

Ce sont les guerres, de l'Empire à la dernière guerre mondiale, grandes consommatrices de chevaux qui font avancer comme dans l'Antiquité les techniques d'élevage, mais c'est la paix qui rend au cheval toute sa noblesse et sa grandeur.

◆ Le cheval-vapeur

Au lendemain de la guerre de 1939-1945, le cheval-vapeur tend à éliminer le cheval *Equus*.

Les campagnes se motorisent. À la ville, l'automobile prend sa place et les « géraniums se désolent » sans leur dose de crottin récupéré sur la chaussée. Restent les courses et l'encouragement de la race chevaline. Les hippodromes deviennent un des rares lieux, avec les écoles de dressage, où le cheval tient encore sa place. La tradition populaire, en Camargue, dans les concours hippiques, au cirque, sait elle aussi maintenir une présence.

À New York, la police montée patrouille dans la ville ; à Londres, les Life Guards et Royal Horses Guards gardent les palais ; les Canadiens, sous leurs feutres à bords plats, montent leurs chevaux noirs et surveillent les immenses parcs, tandis que les Cabinieri se produisent en public et que les Gardes républicains astiquent leurs casques pour parader au 14-Juillet.

À l'inverse, au volant de sa voiture, l'homme s'éloigne de sa culture équestre et au hasard d'une rencontre fugitive a même quelques appréhensions. Nous savons ces craintes explicables par une distance sociologique nouvelle, mais sûrement injuste.

À l'époque du véhicule automobile, on imagine difficilement la place prise par le cheval au cours des siècles. En 1900, on comptait pas loin de 80 000 chevaux à Paris. Cette notion moderne nous éloigne de l'animal complice. À travers le monde, le cheval est toujours présent dans la vie économique et sociale.

Deux têtes de chevaux, d'Emil Volkers (1831-1905), 1856 (?).

La présence affective reste cependant intacte dans notre mémoire culturelle, voire peut-être, génétique. Trop de relations passionnelles et d'aventures ont été vécues.

Dans notre quotidien, nous cernons bien l'image développée et reprise sans mesure par les publicistes : le cheval liberté sert à vendre de la gomme à mâcher, du parfum, des vacances et même, ironie du sort, des automobiles... La création cinématographique est friande de « chevauchées fantastiques » avec, comme un regret dans les salles obscures, de ne pouvoir partir à l'aventure au grand galop.

Au sein du monde moderne, l'équitation n'est plus qu'un loisir qui passionne un nombre de plus en plus important de cavaliers.

Les centres équestres offrent l'opportunité de retrouver à nouveau ce compagnon qui partage notre destinée. La rencontre est fraternelle, l'attirance nous échappe, le plaisir reste intact.

En Islande, presque toutes les familles possèdent un de ces fameux poneys islandais par tradition. En France, le cadeau d'un cheval à un enfant devient abordable dès l'instant où un bout de pré est disponible.

Dans les pays déshérités, le cheval est toujours utilisé à des fins strictement économiques. Partout dans le monde, dès qu'un conflit altère le ravitaillement, la traction chevaline supplée le manque de carburant. Dans nos pays, le débardage du bois, la surveillance des forêts restent les rares secteurs d'activités non ludiques où la race chevaline est encore exploitée.

Cavaliers de la Garde républicaine.

L'ANATOMIE DU CHEVAL

GÉNÉRALITÉS

Le cheval est un vertébré terrestre faisant partie de la classe des mammifères. Il présente donc un certain nombre de caractéristiques anatomiques propres à cette classe : squelette osseux avec une colonne vertébrale et quatre membres, une cavité thoracique séparée d'une cavité abdominale par un diaphragme, présence d'un cœur présentant deux oreillettes et deux ventricules distincts, respiration à l'aide de poumons, organes des sens fortement développés, et allaitement des petits après une mise bas selon le mode de la viviparité (les petits naissent sans enveloppe et déjà développés).

Il appartient à la famille des Équidés, qui se caractérisent par leur unique sabot à l'extrémité du troisième doigt. Il subsiste des vestiges insignifiants des deuxième et quatrième doigts. Par ailleurs, le cubitus et le péroné sont très réduits.

On peut diviser le corps du cheval en trois parties :

– l'avant-main, qui comprend la tête, l'encolure et le membre antérieur ;

– le tronc, qui renferme les cavités thoracique et abdominale ;

– l'arrière-main, composée du membre postérieur au sens large.

LA TÊTE

Elle est divisée en différentes régions, comme on peut le voir sur le dessin ci-dessous. Le cheval a un front large, réunissant les yeux qui occupent une position latérale, ce qui a d'importantes conséquences sur sa vision (voir page 21). Le front est prolongé par un long chanfrein, qui renferme les cavités nasales, ainsi que leurs structures annexes (voir L'appareil respiratoire, pages 41-43). Les joues sont dotées de muscles très puissants, qui permettent la mastication des aliments et concourent également à rendre redoutables les morsures de cheval.

◆ Le squelette de la tête

Il est composé de 25 os, distincts les uns des autres chez les poulains, et qui se soudent très rapidement pour ne former qu'un seul massif osseux, à l'exception du maxillaire inférieur, réuni au reste de la tête par l'articulation de la mâchoire.

Ce squelette peut être subdivisé en deux parties : les os du crâne, qui renferment le cerveau, et les os de la face, qui délimitent plusieurs cavités (la bouche, les cavités nasales et les sinus).

◆ La bouche

La cavité buccale représente le premier élément de l'appareil digestif, puisque les aliments sont malaxés, écrasés et ensalivés avant d'être déglutis. Les lèvres du cheval sont des organes très importants : elles trient la nourriture et permettent la préhension des aliments. Ces derniers sont ensuite écrasés entre les tables dentaires des molaires.

◆ Les dents

Le cheval est tout d'abord pourvu d'une dentition de lait, dite déciduale, c'est-à-dire qui tombe, qui est ensuite remplacée par une dentition d'adulte permanente. Chez le mâle, la formule dentaire par demi-mâchoire est la suivante : trois incisives (pince, mitoyenne, coin), une canine, trois prémolaires et trois molaires, soit 40 dents au total. La jument ne présente généralement pas de canines et ne possède par conséquent que 36 dents. Lorsque des canines sont présentes chez une jument, celle-ci est dite bréhaigne.

Il arrive parfois que la première prémolaire de lait persiste à la mâchoire supérieure chez le cheval adulte : on parle alors de dent de loup, qu'il convient de faire extraire pour éviter une gêne due au contact avec le mors du filet.

Les dents du cheval ont la particularité d'avoir une croissance continue, ce qui permet de déterminer l'âge d'un cheval à partir de l'usure des incisives.

L'ANATOMIE DU CHEVAL

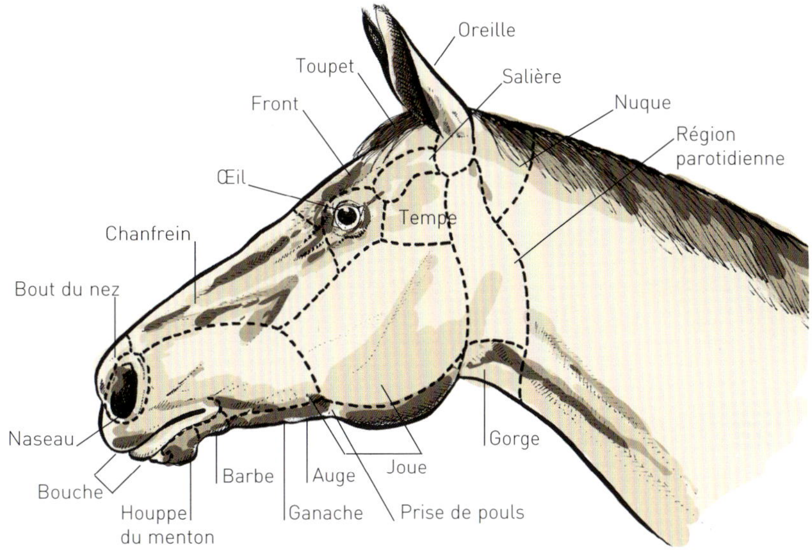

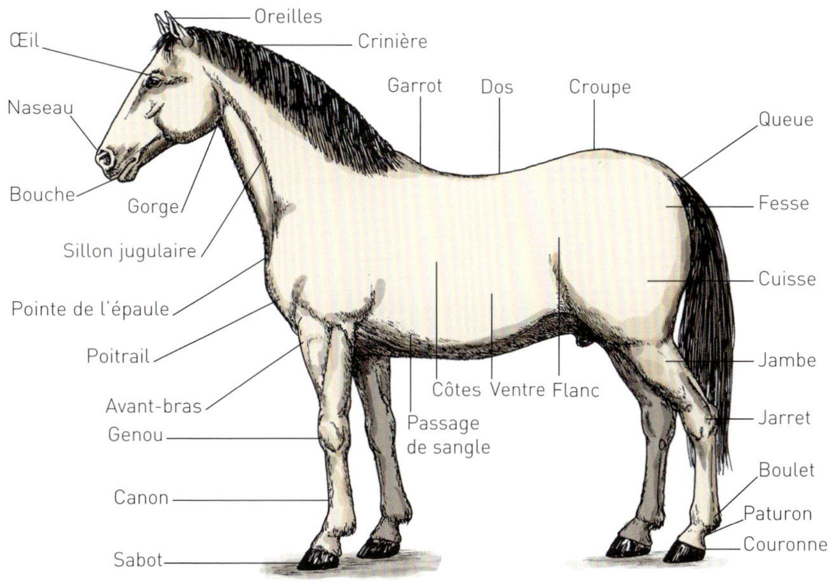

◆ Les naseaux

De la même façon que la bouche est le premier « composant » de l'appareil digestif, les naseaux sont les premiers éléments de l'appareil respiratoire. Ils sont formés d'une charpente cartilagineuse, sur laquelle viennent s'insérer des muscles permettant les mouvements des naseaux, comme la dilatation. Les naseaux doivent être propres et secs. Lorsqu'un écoulement se produit, on parle de jetage.

En examinant attentivement le plancher de chaque naseau, on peut repérer un petit orifice circulaire qui correspond à l'irruption du canal lacrymal dans la cavité nasale. Ce canal permet aux larmes, qui sont produites

Détermination de l'âge du cheval par l'examen des dents

En raison de leur structure, d'une part, et de leur croissance continue, d'autre part, les incisives présentent une usure qui fait apparaître des dessins différents au niveau de la table dentaire. On peut ainsi déterminer l'âge d'un cheval en examinant les modifications de la table dentaire ainsi que celles de l'angle incisif (lorsque l'on regarde les incisives de profil, c'est l'angle formé par les incisives de la mâchoire supérieure et par celles de la mâchoire inférieure. Arrondi chez le jeune cheval, l'angle incisif devient de plus en plus aigu au fur et à mesure que les chevaux vieillissent).

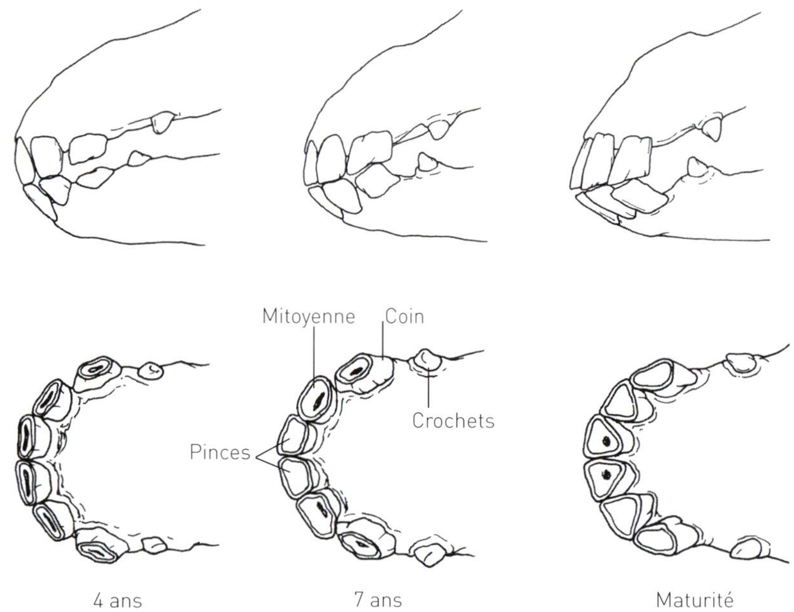

Les crochets (canines) ne sont présents que chez les mâles !

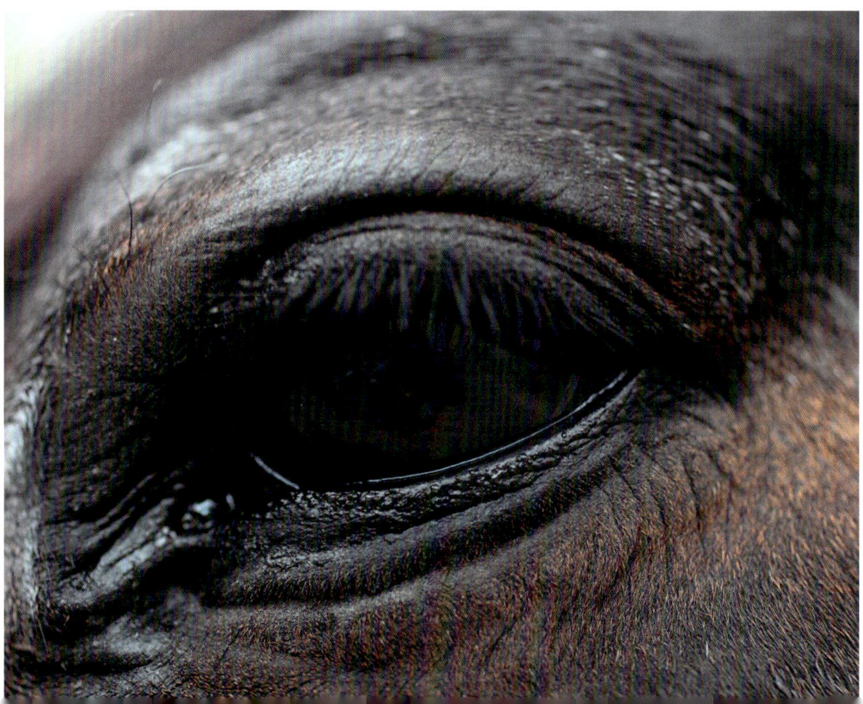

en permanence, de s'écouler de l'œil dans la cavité nasale. Lorsque ce canal est bouché au niveau de son orifice nasal, les larmes ne peuvent plus s'écouler normalement et finissent par « déborder » : les chevaux donnent alors l'impression de pleurer continuellement.

◆ L'œil et la vision

Contrairement à l'homme, le cheval peut voir derrière lui. En effet, la position latérale de ses yeux lui permet d'avoir un champ de vision très large. En tournant très légèrement la tête, il a ainsi une vue de ce qui se passe derrière lui (voir encadré page ci-contre et le chapitre à ce sujet page 66).

De la même façon, le cheval possède une zone dite « aveugle » au-dessus de la ligne des yeux. Il est ainsi obligé de lever la tête pour regarder un objet au loin, alors qu'il la baisse pour voir un objet très proche. Le cavalier doit donc laisser un minimum de liberté à l'encolure du cheval qu'il monte, en particulier lorsqu'il pratique l'équitation d'extérieur ou le saut d'obstacles : l'animal ne doit pas être trop « encapuchonné », de façon à pouvoir apprécier les distances.

◆ Les oreilles

Elles sont très mobiles chez le cheval, grâce à l'intervention de nombreux muscles. Leur attitude permet de savoir si le cheval est attentif (oreilles dressées), en colère (oreilles couchées)...

L'œil rond du cheval lui confère un champ de vision très large.

RÉGIONS DU CORPS

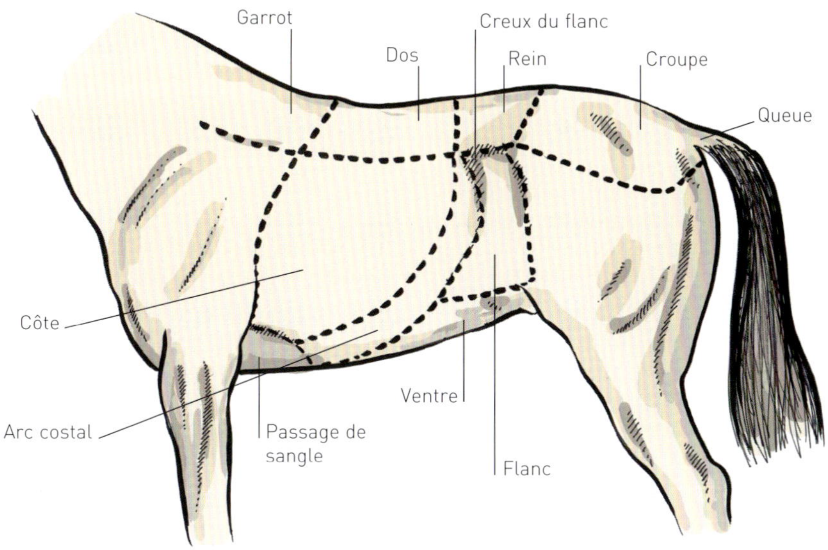

LA VISION DU CHEVAL

La vision du cheval

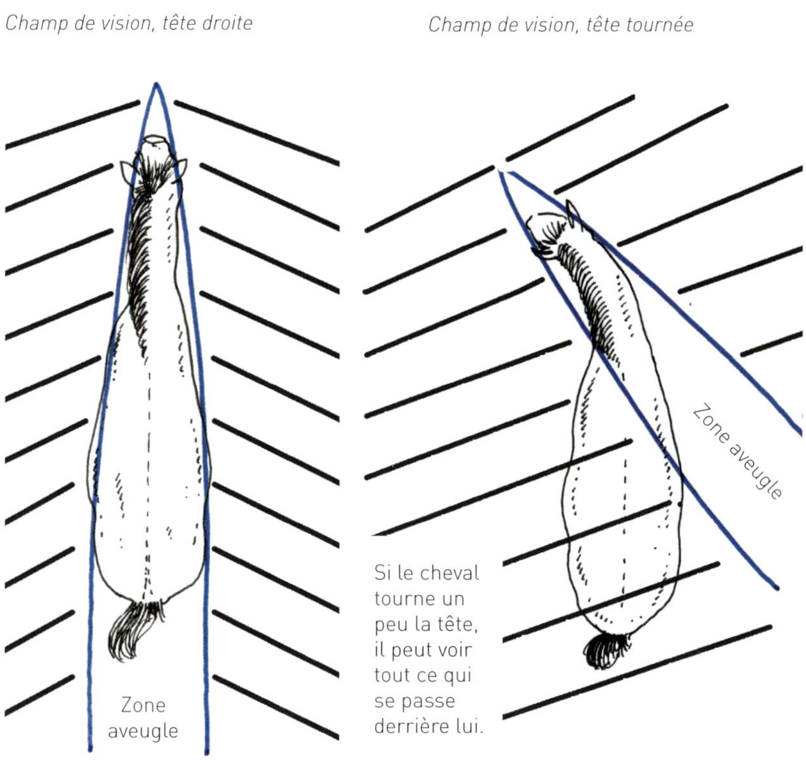

L'ENCOLURE

Avec la tête, l'encolure forme un balancier servant à modifier la position du centre de gravité dans tous les mouvements du cheval. Elle a pour base osseuse sept vertèbres cervicales, dont la première, l'atlas, s'articule avec la tête et correspond à la région de la nuque. La deuxième vertèbre cervicale, l'axis, sert d'axe de rotation à l'atlas et donc à la tête.

Le bord dorsal de l'encolure correspond à la région de la crinière, alors que le bord ventral correspond à la région trachéale. On peut d'ailleurs sentir les anneaux de la trachée directement sous la peau dans le tiers supérieur de l'encolure. L'essentiel de la masse de l'encolure est constitué par de puissants et nombreux muscles ; deux d'entre eux, plus petits et allongés, délimitent la gouttière jugulaire. Celle-ci est parcourue sur toute sa longueur par la veine jugulaire ; plus profondément se trouve l'artère carotide, qui irrigue toute la tête, en particulier le cerveau, et le nerf vague. À gauche se situe également l'œsophage.

LE CORPS

Il est divisé en différentes régions : le garrot, le dos, les reins et la croupe forment la ligne du dessus, dont la bonne conformation est essentielle pour l'utilisation du cheval en équitation.

Le squelette du tronc se résume aux vertèbres, aux paires de côtes et au sternum. Les vertèbres ont une forme différente en fonction de leur localisation :

– Les vertèbres dorsales, qui font suite aux vertèbres cervicales, et qui sont au nombre de 18, se caractérisent par le développement remarquable de leur sommet ; les plus longs d'entre eux, qui peuvent atteindre une vingtaine de centimètres, concourent à former la base osseuse du garrot.

– Les vertèbres lombaires, au nombre de six, se caractérisent quant à elles par l'énorme développement de leurs apophyses transverses, qui servent de support aux puissants muscles lombaires.

– Les vertèbres sacrées, au nombre de cinq, se soudent entre elles pour former une seule pièce osseuse, le sacrum, sur lequel vient s'appuyer le bassin.

– Enfin, on trouve 17 à 20 vertèbres caudales, dont la première s'articule avec le sacrum.

Le cheval possède donc entre 53 et 56 vertèbres.

Les 18 paires de côtes, qui s'articulent sur les 18 vertèbres dorsales, forment avec le sternum la cavité thoracique. Celle-ci renferme les deux poumons et le cœur. Elle est séparée de la cavité abdominale par le diaphragme. Il est à noter que celui-ci est très fortement convexe vers l'avant, si bien que le sommet de sa convexité se projette au niveau de la sixième côte. Cela explique que bon nombre de viscères abdominaux (comme par exemple l'estomac et le foie) se situent entre les côtes, dans la concavité diaphragmatique.

La cavité abdominale renferme les intestins, le foie, la rate, les reins, la vessie et l'appareil génital.

Par rapport à d'autres espèces animales, le flanc du cheval est très étroit, du fait du grand développement du thorax osseux, la dernière côte étant très proche de l'angle de la hanche.

LE MEMBRE ANTÉRIEUR

Le membre antérieur du cheval est subdivisé en plusieurs régions qui sont l'épaule, le bras, qui est plaqué et presque fondu dans le corps, le coude, l'avant-bras, le genou, le canon et la région des tendons, le boulet, le paturon et le pied.

Si certains termes représentent les mêmes régions que chez l'homme (épaule, bras, coude et avant-bras), il n'en est pas de même pour le genou du cheval, qui correspond au poignet de l'homme. En outre, le cheval marche sur un ongle (ordre des Ongulés), c'est-à-dire sur l'extrémité d'un seul doigt.

◆ Le squelette

L'omoplate du cheval présente une saillie longitudinale qui correspond

SQUELETTE

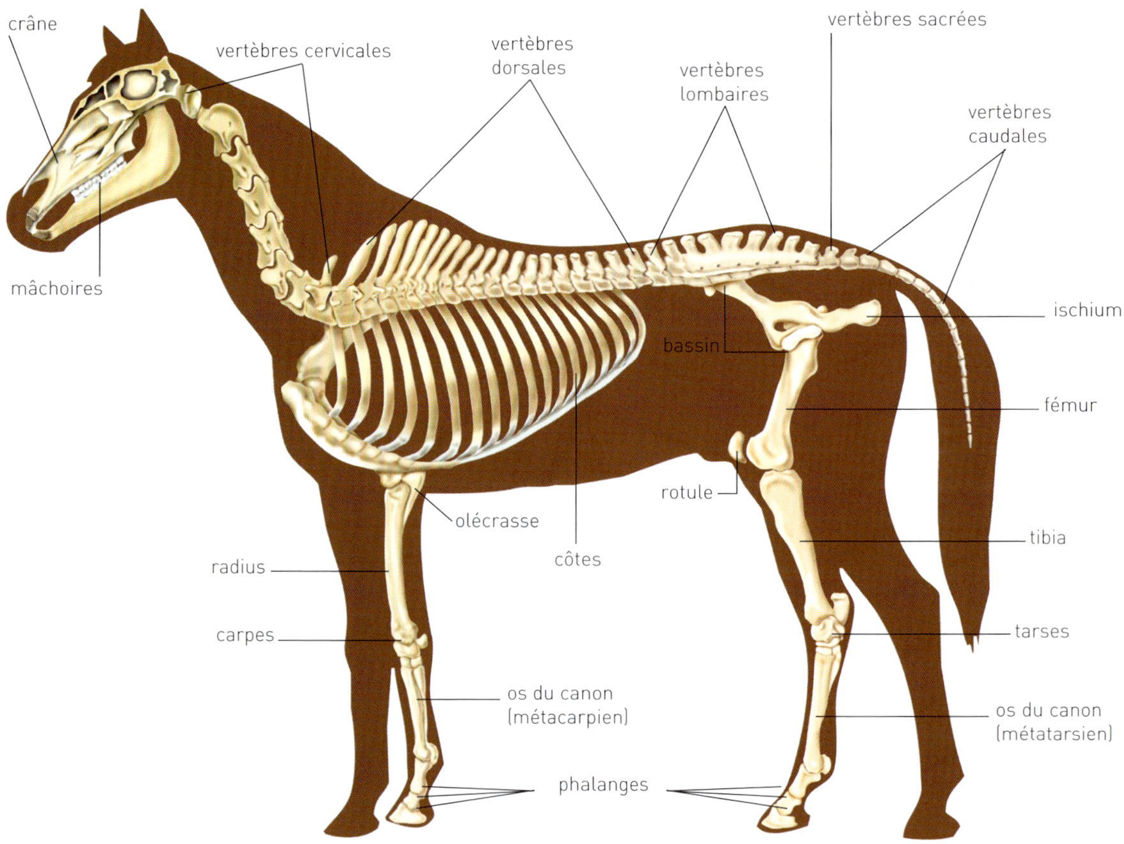

à la direction générale de l'épaule en extérieur. Il est à remarquer qu'il n'existe pas de clavicule chez le cheval. L'humérus est trapu, court et volumineux, permettant l'insertion à sa surface de muscles puissants. Le cubitus (ou ulna) est réduit à l'olécrane, dont le sommet forme la pointe du coude en extérieur. Par ailleurs, le cubitus est entièrement soudé au radius. Le carpe (genou en extérieur) est composé de sept petits os dont le pisiforme, qui se situe à l'arrière du genou. Sous le carpe se trouve l'équivalent de la main de l'homme, réduit au troisième doigt chez le cheval.

La région du canon a pour base osseuse le métacarpien principal (ou os du canon) et deux métacarpiens rudimentaires ou accessoires, vestiges des métacarpiens 2 et 4 de l'homme. L'extrémité inférieure du métacarpien principal s'articule avec la première phalange. À l'arrière de cette articulation sont situés deux petits os (les os grands sésamoïdes) qui servent à canaliser le tendon perforant à l'arrière du boulet.

Les trois phalanges forment le doigt à proprement parler du cheval, la troisième phalange étant entièrement enfermée dans le sabot. Le sabot contient également une autre structure osseuse, l'os naviculaire (ou os petit sésamoïde), qui sert de poulie de renvoi au tendon perforant.

◆ Les muscles et les tendons

De la même façon que pour le squelette, on peut subdiviser les muscles par région, et ainsi parler des muscles de l'épaule, du bras, de l'avant-bras et de la région située sous le carpe. Dans une région donnée, les muscles possèdent différentes propriétés : par exemple, au niveau du bras, on trouve des muscles qui servent à étendre le bras (muscles extenseurs) et d'autres à le fléchir (muscles fléchisseurs). Au niveau du membre antérieur, il existe des muscles qui servent à l'écarter du tronc (muscles abducteurs), et d'autres qui permettent de le rapprocher (adducteurs).

Il est cependant à noter qu'il n'existe pas de muscle en dessous du carpe, et que tous les mouvements des régions situées sous le genou s'effectuent donc grâce à de puissants tendons. Plus que les muscles, ce sont ces tendons qu'il est important de connaître.

Les déplacements du bas du membre du cheval s'effectuent selon un axe longitudinal, c'est-à-dire soit en extension, soit en flexion. Il existe donc des tendons qui permettent d'étendre le bas du membre, et en particulier le pied, et d'autres qui servent à le fléchir. Ainsi, sur le dessus du canon, on peut sentir une fine lanière qui roule sous la peau et qui est le principal tendon qui sert à l'extension du sabot.

LE MEMBRE ANTÉRIEUR

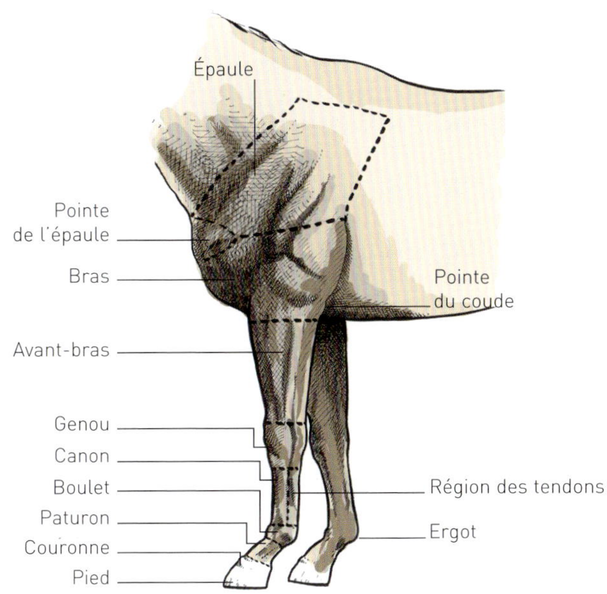

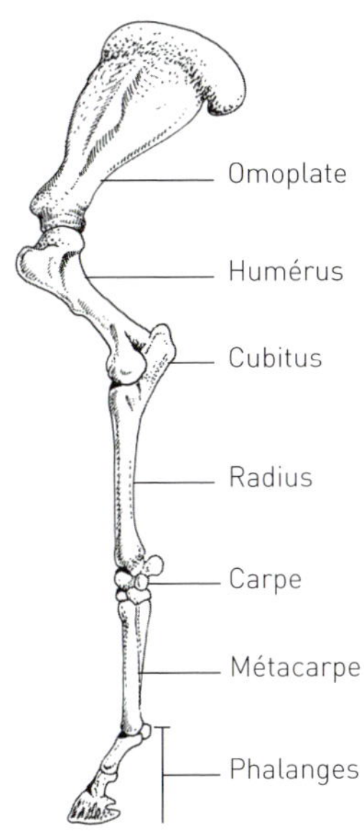

Le suspenseur du boulet

La palpation de la région des tendons, située à l'arrière du canon, permet de différencier plusieurs structures : en arrière de l'os du canon se trouve le suspenseur du boulet, qui n'est pas un tendon mais un ligament. En effet, un tendon permet la réunion entre un muscle et un os, alors qu'un ligament réunit deux os. Le suspenseur du boulet, en réunissant les os du carpe aux grands sésamoïdes, participe à la solidité de la région comprise entre le genou et le boulet, en particulier en soutenant ce dernier et en empêchant qu'il ne « descende » trop bas lors des efforts fournis en course ou à l'obstacle.

Les tendons perforant et perforé

En arrière du suspenseur du boulet se trouve un massif tendineux correspondant aux tendons fléchisseurs. En soulevant le membre du cheval, on peut palper distinctement deux tendons, l'un profond, l'autre superficiel : le tendon le plus profond est dénommé perforant, alors que le tendon le plus superficiel est dénommé perforé. Ces tendons sont le prolongement des muscles correspondants, à savoir le muscle fléchisseur profond du doigt et le muscle fléchisseur superficiel du doigt.

› **Le tendon perforant :** situé entre le tendon perforé et le suspenseur du boulet, il reçoit dans son premier tiers une forte lanière fibreuse, la bride carpienne. Ce renfort prend son origine derrière le genou. Le tendon perforant ainsi renforcé « perfore » l'anneau du tendon perforé, puis s'élargit en s'aplatissant au niveau du paturon, avant de glisser sur l'os petit sésamoïde, comme une corde sur une poulie. Le tendon perforant termine son trajet en venant s'insérer sous la troisième phalange.

› **Le tendon perforé :** il reçoit très près de son origine une énorme production fibreuse, la bride radiale, qui vient de l'extrémité du radius. Ainsi renforcé, il passe derrière le genou dans la gaine carpienne, puis forme le tendon le plus superficiel de la région des tendons. Au niveau du boulet, il forme un anneau qui est perforé par le tendon perforant. Sous le boulet, le tendon perforé se termine par deux branches latérales qui s'insèrent au niveau de la deuxième phalange.

Antérieur levé.

◆ Les aplombs des antérieurs

L'aplomb correct de profil du membre antérieur est celui pour lequel une ligne verticale imaginaire passe par le milieu de l'épaule, le milieu de l'articulation du coude, puis divise en deux parties égales le reste du membre jusqu'au boulet, avant de toucher le sol légèrement en arrière des talons. La ligne de pince doit prolonger exactement la ligne du paturon, et doit former avec le sol un angle variant entre 45 et 50°.

Pour l'aplomb correct de face du membre antérieur, on définit une ligne verticale imaginaire qui, abaissée de la pointe de l'épaule, doit partager la longueur du membre en deux parties égales. Les défectuosités d'aplombs

LES TENDONS

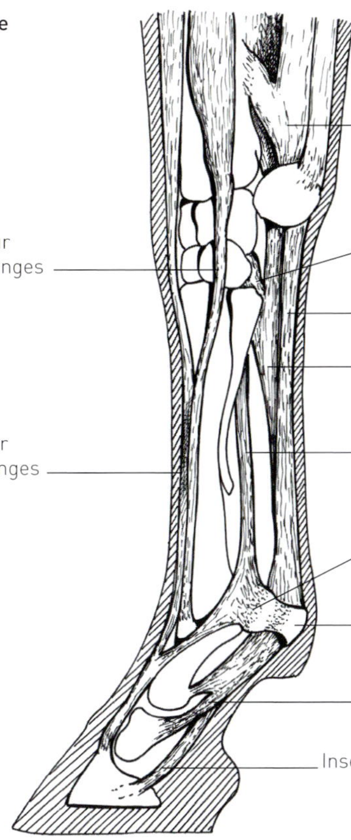

(Pour plus de clarté, les os ont été réduits et les tendons épaissis.)

sont nombreuses et peuvent concerner le membre dans son ensemble, ou n'intéresser que quelques éléments anatomiques. Nous ne donnerons que quelques exemples de ces anomalies d'aplombs :

› **Le cheval sous lui du devant** a des antérieurs surchargés. Il a davantage de difficulté à décoller son sabot du sol : les allures sont raccourcies, les foulées répétées, le pied rase le sol. Ce vice de conformation diminue la vitesse du cheval et le prédispose aux chutes.

› **Le cheval campé du devant :** cela peut être un signe de fatigue ou d'usure, parfois de souffrance comme c'est le cas dans la fourbure.

› **Le genou arqué, ou brassicourt,** correspond à une déviation de l'articulation vers l'avant. Le genou arqué est acquis à la suite d'une usure prématurée, alors que le genou brassicourt est une défectuosité congénitale.

› **Le genou creux, ou de mouton,** est une déviation du genou vers l'arrière. C'est un signe de faiblesse important, qu'il convient de prendre en considération lors de l'achat d'un cheval. En effet, cette déviation fatigue les tendons perforant et perforé, et peut entraîner des fractures « en copeaux » au niveau des os du carpe.

› **La conformation du cheval court et droit jointé** favorise l'apparition de tares dures au niveau du boulet et du paturon, alors que celle du cheval long et bas jointé, par une sollicitation importante des tendons, prédispose aux tendinites et aux claquages.

› Les anomalies de l'examen de face peuvent se trouver au niveau de l'ensemble du membre (cheval serré du devant ou, au contraire, cheval ouvert du devant) ou au niveau de certaines structures anatomiques : on parle de cheval cambré des genoux lorsqu'il y a déviation de cette articulation à l'extérieur de l'axe du membre ; inversement, les genoux de bœuf correspondent à une déviation des genoux vers l'intérieur.

› Le cheval panard est un cheval dont les pinces divergent en s'écartant l'une de l'autre. Cette affection est généralement congénitale. Elle affecte le plus souvent tout le membre à partir de son origine, bien qu'en certains cas elle s'aggrave à partir du boulet. Le pied panard détourne sa trajectoire vers l'extérieur quand il s'avance et peut, de ce fait, blesser le membre opposé.

› Le cheval cagneux est celui dont les pinces convergent l'une vers l'autre. La cagnardise peut, elle aussi, porter tantôt sur tout le membre depuis sa sortie du poitrail, tantôt se limiter au boulet et au pied. Le cheval cagneux a tendance à billarder pendant les allures.

LE MEMBRE POSTÉRIEUR

La croupe réunit le tronc avec le membre postérieur proprement dit, duquel elle est délimitée par la hanche et l'angle de la hanche. La cuisse, qui ne se détache pas vraiment du tronc, joint la hanche au grasset. L'arrière de la cuisse est appelé fesse, qui présente une pointe et un pli. Le grasset est la région qui renferme la rotule, et correspond donc au genou de l'homme. Viennent ensuite la jambe, puis le jarret, qui correspond à la cheville chez l'homme. Enfin, comme pour le membre antérieur, on trouve le canon, le boulet, le paturon, la couronne et le pied.

LES APLOMBS DES ANTÉRIEURS

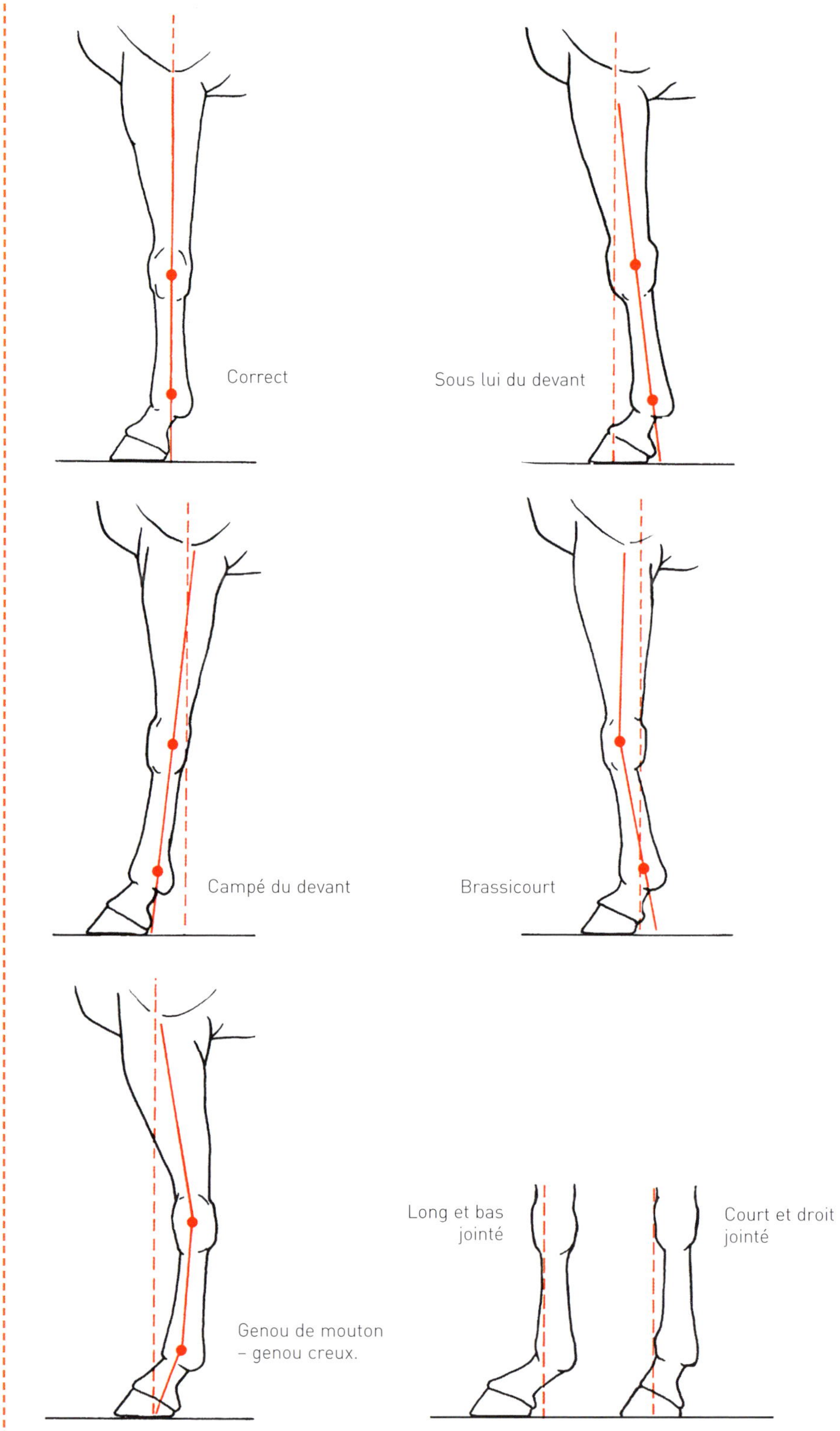

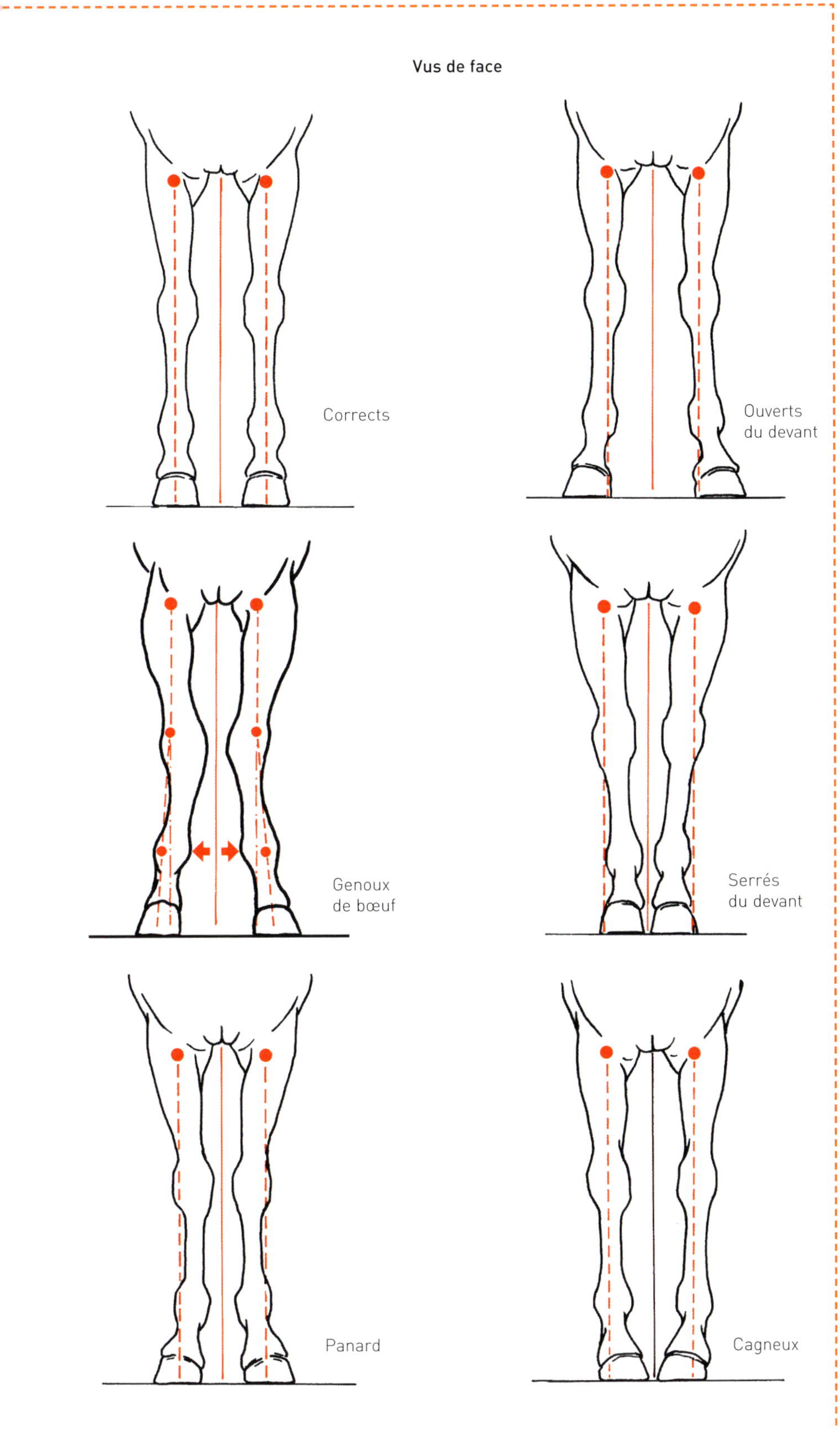

◆ Le squelette

Il commence par une vaste enceinte osseuse, le bassin, qui est composée de deux os coxaux venant s'appuyer sur le sacrum. Ces os délimitent la cavité pelvienne, qui prolonge la cavité abdominale. Chaque os coxal est lui-même composé de trois os distincts, mais fortement soudés les uns aux autres : l'ilium, dont l'angle externe correspond à l'angle de la hanche ; l'ischium, dont l'angle externe correspond à la pointe de la fesse ; le pubis, qui se soude à son homologue opposé pour établir le plancher du bassin.

Le fémur du cheval est un os trapu, dont le col est peu marqué. La tête fémorale vient se loger dans la cavité articulaire du bassin pour former l'articulation coxo-fémorale. La rotule (ou patella) fait partie intégrante du grasset, ou articulation fémoro-tibio-rotulienne (ou fémoro-tibio-patellaire). Le tibia est directement perceptible sous la peau de la jambe. Le péroné est rudimentaire. Il est situé sur le côté externe du tibia, auquel il est intimement soudé dans sa partie inférieure.

Le tarse (jarret en extérieur) est composé de six os courts, très compacts, dont les deux plus importants sont l'astragale et le calcanéum. Le sommet du calcanéum correspond à la pointe du jarret. Sous le tarse, nous retrouvons les mêmes éléments osseux que sous le carpe du membre antérieur : le métatarsien principal, accompagné de ses deux métatarsiens rudimentaires, puis deux grands sésamoïdes au niveau du boulet postérieur, trois phalanges et l'os petit sésamoïde en arrière de l'articulation entre la deuxième et la troisième phalange.

◆ Les muscles et tendons

Nous retrouvons pour le membre postérieur des muscles essentiellement extenseurs et fléchisseurs pour chaque région (cuisse, jambe et doigt), ainsi que des muscles abducteurs et adducteurs. Les muscles fléchisseurs

LE MEMBRE POSTÉRIEUR

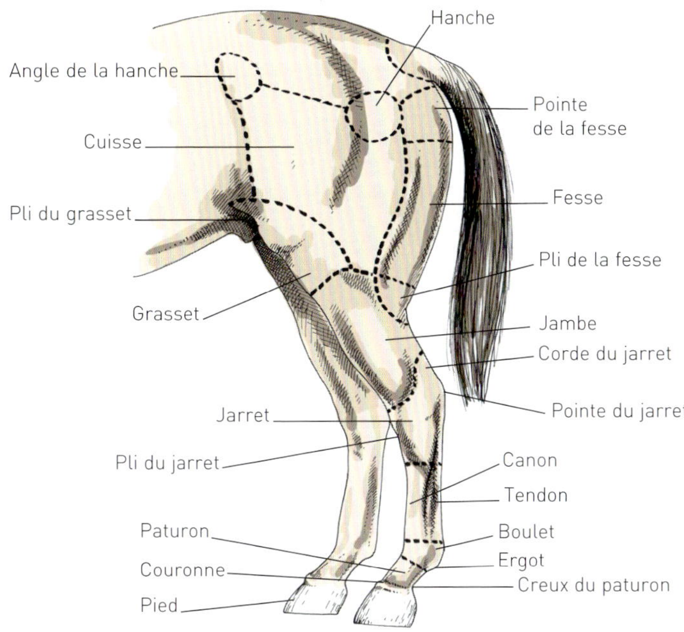

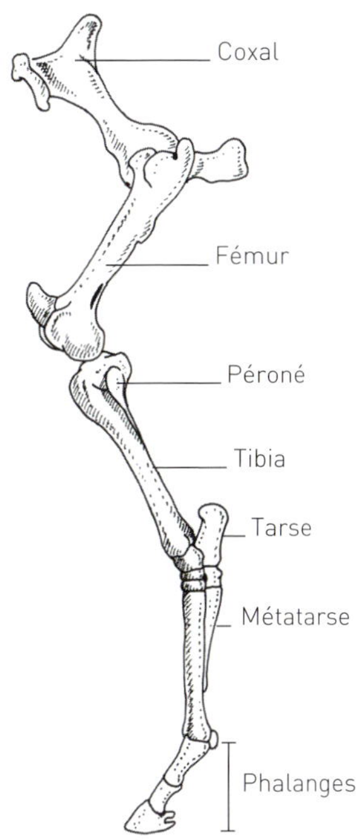

Les chevaux bénéficient de muscles adaptés à l'effort, de longs tendons et ligaments qui facilitent l'extension des membres.

LES APLOMBS POSTÉRIEURS

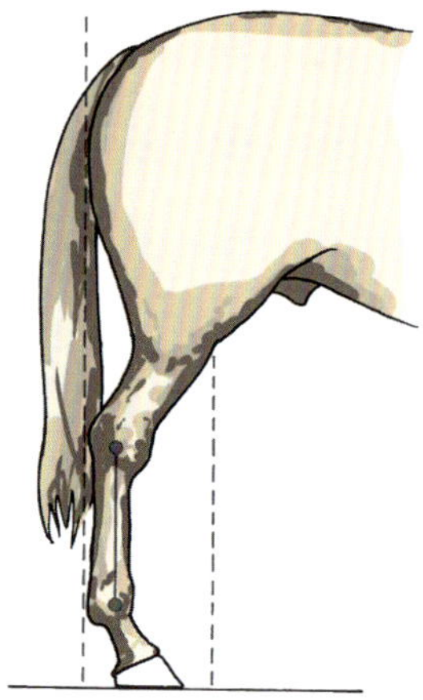

Correct

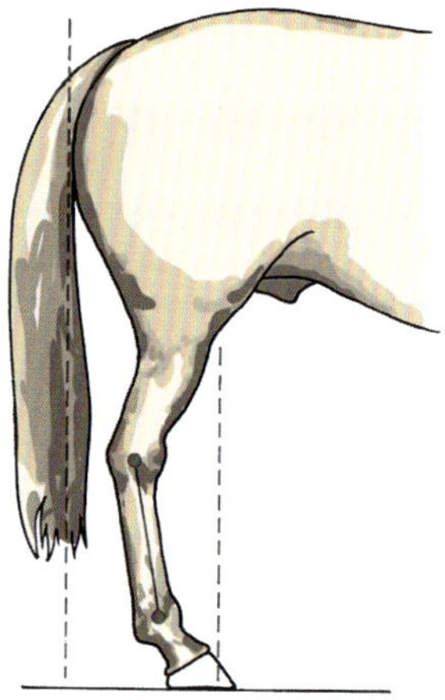

Sous lui du derrière

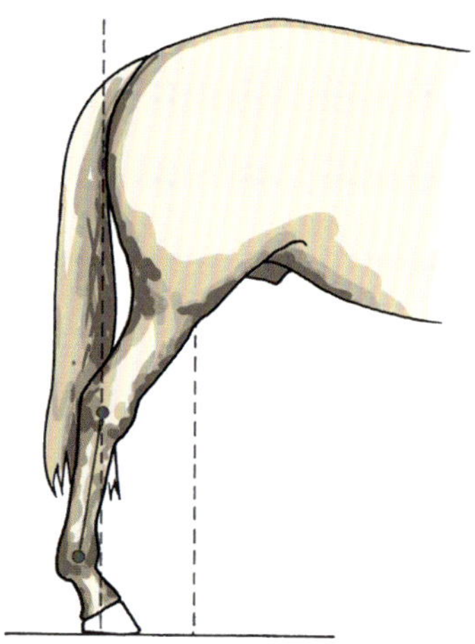

Campé du derrière

du doigt se prolongent sous le jarret par les tendons perforant et perforé, qui adoptent les mêmes rapports anatomiques que leurs homologues du membre antérieur.

Au-dessus du jarret, le tendon du muscle fléchisseur superficiel du doigt forme avec le tendon du muscle gastrocnémien (l'équivalent du mollet chez l'homme) la corde du jarret.

Il est à noter à ce sujet un élément remarquable chez le cheval, qui permet un synchronisme entre le jarret et le grasset : il n'est pas possible de fléchir l'un sans fléchir l'autre, ce qui est dû à l'existence d'une très forte lanière fibreuse, située en avant du tibia, la corde fémoro-métatarsienne. Cette corde, très peu extensible, relie le fémur au métatarsien principal. En arrière du tibia, on trouve un autre lien fibreux à peu près inextensible, la corde du jarret. Ces deux cordages tendineux (la corde fémoro-métatarsienne en avant et la corde du jarret en arrière) solidarisent de manière passive le métatarsien principal et le fémur, dans l'extension comme dans la flexion, en formant un parallélogramme indéformable. Par ailleurs, au repos, la corde fémoro-métatarsienne s'oppose à la flexion entre le fémur et le tibia. La rotule, grâce à l'accrochement de son ligament interne au-dessus de l'articulation du fémur, empêche la flexion de l'articulation fémoro-tibio-patellaire. Ces deux mécanismes permettent d'expliquer pourquoi le cheval peut dormir debout.

◆ Les aplombs des postérieurs

L'aplomb correct de profil du membre postérieur est celui pour lequel une ligne verticale imaginaire, abaissée de la pointe de la fesse, passe par la pointe du jarret, suit le bord postérieur du canon pour arriver au sol légèrement en arrière des talons. Pour l'aplomb correct de derrière du membre postérieur, on définit une ligne verticale imaginaire qui, abaissée de la pointe de la fesse, doit partager la longueur du membre en deux parties égales.

Un certain nombre de défectuosités d'aplomb vues pour les antérieurs se retrouvent au niveau des postérieurs : c'est le cas notamment pour le cheval sous lui du derrière, campé de derrière, court et droit jointé, long et bas jointé, trop ouvert de derrière, trop serré de derrière, cagneux de derrière, panard de derrière...

Les autres défectuosités d'aplombs postérieurs concernent essentiellement les jarrets :

› **Jarrets coudés ou trop fermés :** il y a fermeture excessive de l'articulation du jarret ; généralement associés à la défectuosité « sous lui du derrière », les jarrets coudés prédisposent à l'évolution de l'éparvin et de la courbe.

› **Jarrets droits ou trop ouverts :** les articulations du grasset et du jarret sont à peine angulaires. Le jarret droit est sujet à l'éparvin et prédispose à l'accrochement de la rotule.

› **Jarrets clos ou crochus :** déviation de l'articulation du jarret en dedans. Les pointes des jarrets se touchent presque. Vu de profil, un tel cheval montre parfois des jarrets coudés.

› **Jarrets trop ouverts :** la pointe des jarrets dévie en dehors. Les jarrets sont vacillants et le cheval se coupe fréquemment.

LE PIED

Le pied est la partie terminale de chaque membre du cheval. Anatomiquement parlant, peu de différences existent entre le pied des antérieurs et celui des postérieurs.

◆ Le sabot

Le pied du cheval est recouvert par une boîte cornée protectrice, le sabot. Celui-ci renferme différentes structures : on peut distinguer les tissus durs, représentés par les os, des tissus mous. La conformation extérieure du sabot est subdivisée en trois parties : la paroi, la sole et la fourchette.

La paroi, ou muraille, correspond à la partie visible du sabot lorsque le pied est posé par terre. Lorsqu'on regarde le sabot de profil, la paroi est arbitrairement subdivisée en régions, qui sont, d'avant en arrière : la pince, les mamelles, qui entourent la pince, les quartiers, qui sont les parties latérales du sabot, et les talons, complètement en arrière. On parle également de ligne de pinces et de ligne de talons.

La pousse de la corne au niveau de la paroi, qui est de 7 mm par mois, s'effectue à partir du bourrelet principal. Couvrant ce dernier se trouve le bourrelet périoplique, qui sécrète le périople, sorte de vernis protecteur de la corne. La croissance de la corne est appelée avalure.

La sole occupe la plus grande partie de la face inférieure du sabot. L'épaisseur de cette plaque de corne échancrée en arrière varie en fonction des individus, ce qui permet d'expliquer une sensibilité exacerbée au niveau de la sole chez certains chevaux. La zone d'union entre la sole et la paroi est appelée ligne blanche, et constitue un repère en maréchalerie.

La fourchette occupe la partie postérieure du pied, et présente une qualité de corne différente, beaucoup plus flexible et élastique. Les branches de la fourchette se dirigent vers les talons pour former les glomes. Le corps de la fourchette, creusé en son centre par la lacune médiane, se termine en pointe.

L'intérieur du sabot est en relation avec les tissus mous du pied du cheval. En particulier, il est à noter l'engrènement remarquable de la paroi, grâce aux nombreuses lamelles du kéraphylle et du podophylle. La sole et la fourchette sont, quant à elles, en étroite relation avec le tissu velouté.

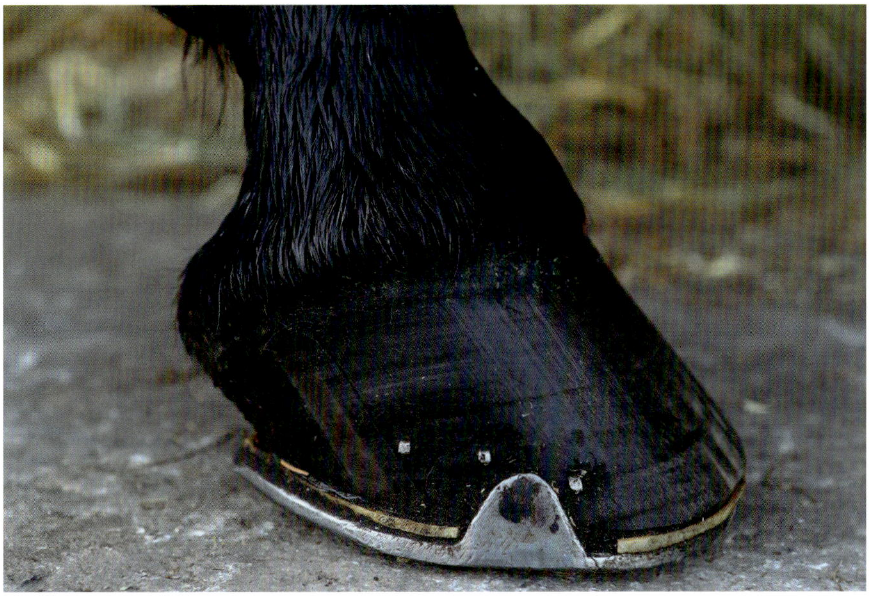

Le pied est protégé par le sabot sous lequel on pose un fer.

◆ Conformation interne du pied

Les tissus durs

Ils sont représentés par les structures ostéo-cartilagineuses suivantes :

– La troisième phalange et ses fibrocartilages latéraux, également appelés cartilages ungulaires.

– L'articulation entre la deuxième et la troisième phalange, ou articulation interphalangienne distale.

– L'os petit sésamoïde, ou os naviculaire.

CONFORMATION EXTÉRIEURE DU PIED

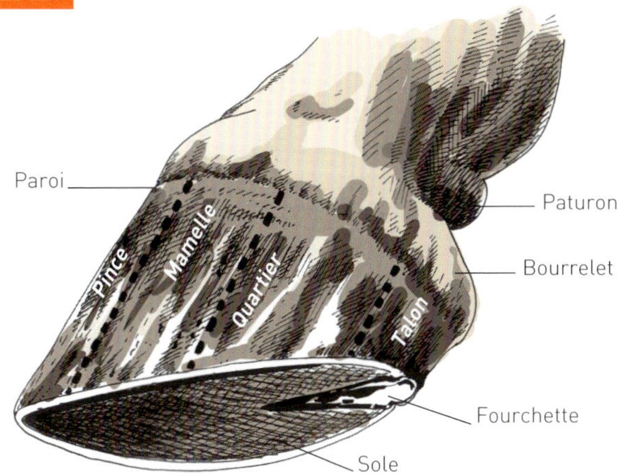

CONFORMATION INTERNE DU PIED

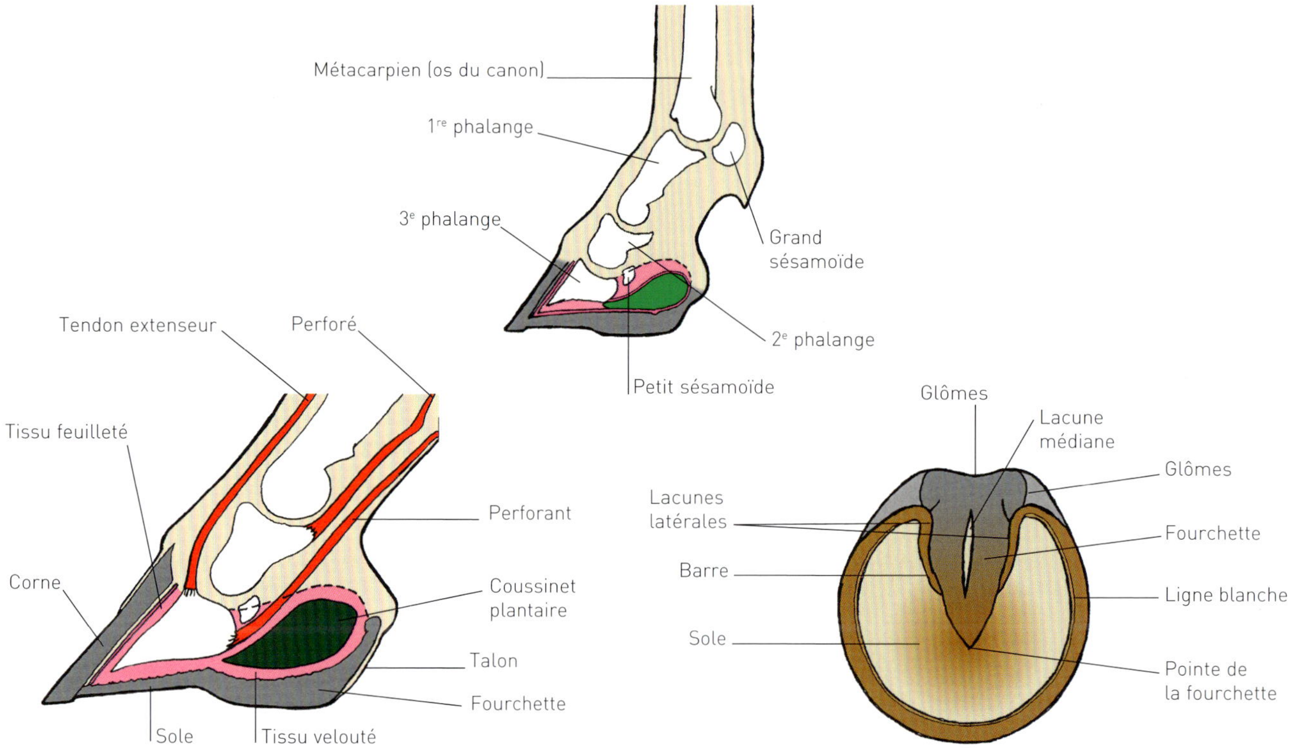

Les tissus mous

Ils sont représentés par les terminaisons des différents tendons digités, d'une part, et par les tissus mous spécifiques du pied, d'autre part.

Nous retrouvons ainsi à l'avant du pied l'insertion du tendon extenseur du doigt sur l'extrémité supérieure de la troisième phalange. À l'arrière du pied se trouve la terminaison du tendon perforant. Entre les cartilages ungulaires se trouve le coussinet plantaire, qui est destiné à amortir les chocs du pied sur le sol. L'ensemble coussinet plantaire-cartilages ungulaires forme l'appareil d'amortissement du pied du cheval.

Tous ces tissus (durs et mous) sont entourés par une enveloppe de chair bien pourvue en vaisseaux et en nerfs, qui porte un nom différent en fonction de sa localisation :

– Le tissu feuilleté, ou podophylle, se situe en regard de la paroi. Il possède des lamelles qui s'engrènent intimement avec celles du kéraphylle. L'ensemble assure ainsi la solidité et le maintien du pied dans le sabot.

– Le tissu velouté s'engrène quant à lui avec la sole et la fourchette à l'aide d'une multitude de villosités, qui lui donnent l'apparence du velours, d'où son nom.

LES ROBES

Si les ânes et les chevaux « primitifs » sont généralement de robe isabelle, gris souris ou bai brun, l'évolution a voulu que le cheval moderne revête d'autres livrées. Il existe en fait un nombre très important de combinaisons de couleurs et de particularités, des robes les plus unies aux plus complexes. Toutes les races n'acceptent pas les mêmes patrons de robe, mais l'essor de l'équitation de loisirs a permis la production de plus en plus fréquente de chevaux dits « de couleur ».

◆ Les robes sont classées en plusieurs catégories

Les robes simples

Elles sont composées d'une seule couleur de poils et de crins (sans tenir compte d'éventuelles marques en tête ou aux membres). Ce sont le blanc pur (très rare), l'alezan (du fauve clair à l'acajou), le café au lait (très proche du crème et du palomino) et le noir vrai.

Les robes composées de deux couleurs séparées

Le fond de robe est uni, les crins et l'extrémité des membres sont noirs. Il s'agit des différentes formes de bai (du bai clair au bai foncé en passant par le bai cerise), de l'isabelle et du gris souris.

Les chevaux « de couleur », comme cet appaloosa, rencontrent de plus en plus de succès.

Cheval bai.

Trait ardennais rouan.

Cheval gris.

Poneys pie.

Les robes à deux couleurs mélangées

Ce sont le gris, composé de poils blancs et noirs en proportion variable (notamment selon l'âge du cheval), l'aubère (mélange de poils fauves ou roux et de poils blancs) et le louvet, variante charbonnée de l'isabelle dont les poils fauves et noirs sont mélangés.

Cheval de selle de robe alezane.

LES COULEURS DE ROBES

4 familles

– Alezan (alezan, alezan cuivré, crin lavé ou brûlé, café au lait, palomino)
– Bai (bai, bai brun ou cerise, isabelle, souris)
– Noir (noir, noir pangaré)
– Autre (crème, chocolat, blanc, gris, pie)

Alezan

Crin brûlé

Alezan cuivré

Café au lait

Palomino

Bai

Bai brun

Isabelle

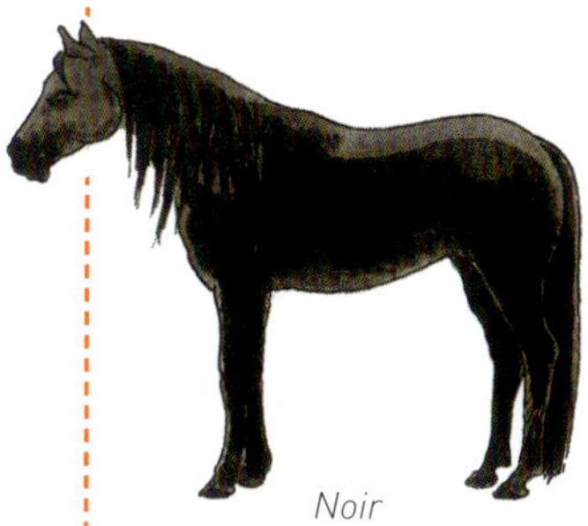
Noir

Blanc

Gris

Gris pommelé

Gris truité

Pie noir

Bai pie

Louvet

Les particularités de la robe font partie du signalement du cheval. Ici une balsane.

La robe grise, comme d'autres couleurs, peut être pommelée.

La crinière du poney fjord est bicolore.

Les robes à trois couleurs mélangées

Appelées rouannes, elles comportent des poils blancs, noirs et bruns mêlés. Selon la couleur dominante, le cheval est dit rouan vineux, clair, foncé, etc. En fait, on y inclut également les chevaux bais dont la robe et les crins sont parsemés de poil blanc (rubican), comme certains ardennais.

Les robes conjuguées

Appelées pie, elles varient en patron et en proportion des couleurs. Les robes pie comportent un fond blanc partiellement recouvert de taches de couleur (de n'importe laquelle des robes existantes). Si le blanc domine, le cheval est dit pie noir, pie gris, pie isabelle, etc. Si c'est la couleur qui l'emporte, on le dira alezan pie, bai pie, aubère pie, etc.

Il existe différents patrons pour les robes pie. Le plus courant est le tobiano. C'est la robe de la plupart des chevaux pie européens. Les chevaux américains peuvent également porter une robe overo et il existe quelques autres variantes selon la disposition et la forme des taches (tobiano, splashed white, sabino...).

Bien que ne faisant pas partie de la classification traditionnelle, les robes tachetées, couramment nommées appaloosa du nom de la race qui les porte le plus souvent, comportent plusieurs catégories, venant se greffer sur n'importe quelle couleur de robe :

– les robes à couverture ou « blanket » : dos blanc, croupe blanche, avec ou sans tache ;

– les robes léopard : fond clair tacheté de noir ou de rouge ;

– le floconneux : fond sombre parsemé de taches blanches ;

– le « givré » : mouchetures blanches sur un fond sombre.

◆ Les particularités des robes

Les diverses robes peuvent comporter une multitude de particularités, facilitant le signalement de l'animal. Les marques blanches en tête (étoile, liste...) et aux membres (balzanes) sont les plus fréquentes, mais il en existe beaucoup d'autres. Les che-

LES PARTICULARITÉS DE LA ROBE

vaux proches du type primitif et les ânes portent souvent les marques anciennes typiques : « raie de mulet » (bande sombre le long de l'épine dorsale), zébrures aux membres, bande cruciale (bande sombre en travers des épaules formant avec la raie de mulet la « croix de Saint-André »). Ils peuvent également être « cap de Maure » (tête noire) ou cavecé de Maure (tour du nez sombre). Les chevaux dont la robe comporte beaucoup de blanc ont souvent du ladre (peau rose) autour des naseaux et des yeux et les yeux bleus ou vairons. Les chevaux gris, mais aussi bais, isabelle, alezans, palominos ou gris souris peuvent être pommelés (robe parsemée de cercles dont le centre est plus clair que le pourtour). Quant aux appaloosas, ils ont très souvent l'œil cerclé (sclérotique visible), les sabots striés et du ladre marbré (peau rose mouchetée de noir) autour du nez, des yeux et des parties génitales.

Les crins peuvent être « lavés » s'ils sont plus clairs que la robe, ou « mélangés » s'ils comportent des poils blancs et noirs. Ils peuvent aussi être bicolores, la raie de mulet se prolongeant dans la crinière et la queue (les crins externes étant alors plus clairs que la bande médiane) chez certaines races proches du type primitif, comme le fjord norvégien, le highland écossais ou le sorraia portugais par exemple.

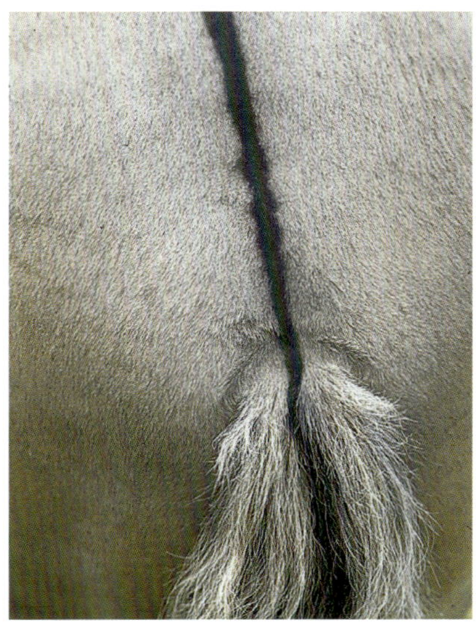

La raie de mulet est souvent présente sur les robes primitives (comme l'isabelle ou le gris souris).

LA PHYSIOLOGIE DU CHEVAL

Pour pouvoir entretenir correctement un cheval, il est indispensable de connaître ses besoins et ses spécificités. Ses voies respiratoires et son système cardio-vasculaire sont très développés. C'est un herbivore et un granivore, dont l'appareil digestif est composé d'un estomac de petite taille par rapport à la longueur de l'intestin et à son volume. En pratique, cela signifie que le cheval est constitué pour manger en quasi-permanence de petites quantités de nourriture à la fois.

L'APPAREIL DIGESTIF

Le cheval est une espèce herbivore monogastrique, dont l'appareil digestif comporte certaines particularités. En effet, l'estomac n'est pas compartimenté comme chez les ruminants, et les gros réservoirs digestifs représentés par le cæcum et le côlon sont très développés. L'appareil digestif se définit comme l'ensemble des différents organes concourant à la même fonction, à savoir celle de nutrition et de digestion. Il commence par la bouche,

LE SYSTÈME DIGESTIF

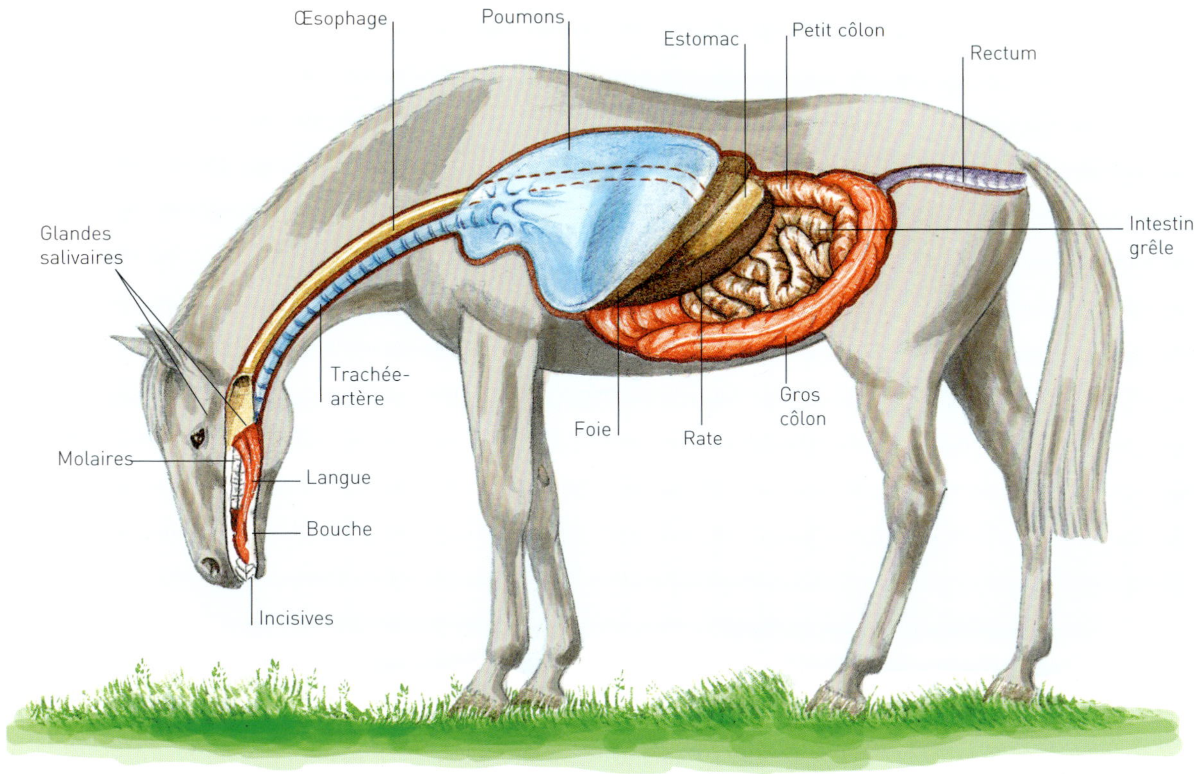

qui est représentée par les lèvres, la cavité buccale avec l'ensemble des différents éléments qu'elle comporte, le carrefour pharyngé, puis l'œsophage, l'estomac et l'ensemble des intestins.

◆ Les lèvres

Ce sont des organes de préhension munis de longs poils tactiles qui permettent de trier et de prendre les aliments. Les lèvres ont un peu le même rôle que la langue chez les bovins, puisqu'elles permettent aux chevaux d'arracher de l'herbe quand ils sont au pré. Quant aux dents, les incisives sont des organes de préhension alors que les molaires sont des organes de mastication.

◆ Le pharynx

Il correspond au carrefour des voies respiratoires et des voies digestives. Le cheval possède un très long voile du palais, l'empêchant de vomir les aliments. Dans des cas exceptionnels, des aliments peuvent être régurgités et passent par les cavités nasales et non pas par la cavité buccale.

◆ L'œsophage

Situé généralement à gauche de l'encolure, le long de la trachée, l'œsophage fait suite au pharynx et correspond à un long tube de constitution assez complexe, dont la partie terminale chemine dans la cage thoracique entre les deux poumons. Une fois que les aliments ont été broyés et ensalivés, ils sont déglutis. La progression du bol alimentaire se fait alors par des contractions régulières au niveau de l'œsophage, lui permettant d'arriver dans l'estomac.

La jonction entre l'œsophage et l'estomac s'appelle le cardia, et correspond à un sphincter très musculeux qui empêche la plupart du temps toute régurgitation de la part du cheval.

◆ L'estomac

C'est un organe relativement petit comparé à la taille du cheval, sa contenance étant de l'ordre de 10 à 15 litres. La faible contenance de l'estomac, d'une part, et l'existence du cardia, d'autre part, sont à l'origine des coliques gastriques : lorsqu'un volume trop important est présent dans l'estomac, il n'y a pas de possibilité de l'évacuer à l'extérieur. Ce surplus, qu'il soit liquide ou gazeux, crée des douleurs très importantes et provoque des coliques.

◆ L'intestin grêle

Il fait suite à l'estomac et est relié à lui par un orifice appelé pylore. L'intestin grêle du cheval est très long, puisqu'il mesure environ 20 à 22 m, pour un diamètre relativement faible d'environ 4 cm, qui lui a valu son nom.

Ce petit intestin est suspendu par un feuillet (le mésentère) dans la cavité abdominale ; en raison de la longueur de ce mésentère, l'intestin est capable

Le cheval est un herbivore qui, à l'état sauvage, passe l'essentiel de son temps à brouter.

de se déplacer partout dans la cavité abdominale, voire de subir des torsions.

L'intestin grêle du cheval est subdivisé en trois parties : le duodénum, qui est une partie relativement courte ; le jéjunum, qui est la partie la plus importante ; et l'iléum, qui permet à l'intestin grêle de rejoindre le gros intestin et, plus exactement, le cæcum.

◆ Le caecum

Cet organe en forme de virgule est en fait un réservoir de grande capacité, puisqu'il peut contenir environ 35 litres d'aliments. Sa projection est située au niveau du flanc droit du cheval. La jonction entre l'iléum et le cæcum est appelée valvule iléo-cæcale, qui, après le cardia, est le second sphincter très musculeux de l'appareil digestif du cheval. Une fois dans le cæcum, les aliments sont brassés et mélangés, puis ils sont envoyés par des contractions régulières du cæcum dans le gros côlon.

◆ Le gros côlon

Celui du cheval correspond au côlon ascendant de l'homme et présente la particularité d'être très volumineux. Le gros côlon peut être comparé à une épingle à cheveux repliée sur elle-même, ce qui définit ainsi quatre portions intestinales : deux dorsales et deux ventrales, deux à gauche, deux à droite. Partant du cæcum, on trouve ainsi : le côlon ventral droit, suivi du côlon ventral gauche, puis du côlon dorsal gauche et enfin du côlon dorsal droit. Ces différentes parties sont reliées entre elles par ce qu'on appelle des courbures, dont la plus connue est la courbure pelvienne : c'est un lieu de rétrécissement des côlons, où s'effectuent les ralentissements du transit. Il se produit alors des « bouchons de paille », ou stase de la courbure pelvienne, à l'origine de coliques.

Le côlon dorsal droit présente un diamètre très important, de l'ordre de 40 à 50 cm, qui diminue brutalement au niveau du côlon transverse pour n'atteindre qu'une dizaine de centimètres. Il constitue ainsi un second lieu de ralentissement des aliments, qui peut également être à l'origine de coliques.

À l'ensemble du gros côlon, ou côlon ascendant, fait suite un côlon transverse de très faible diamètre, puis un côlon descendant, ou petit côlon, qui se termine par le rectum.

L'APPAREIL RESPIRATOIRE

À l'état sauvage, le cheval doit sa survie à la fuite. Aussi, au cours des siècles, son organisme s'est-il adapté à la grande vitesse. Cette adaptation se retrouve essentiellement au niveau des membres, qui lui permettent d'aller très vite, mais également au niveau de son appareil respiratoire.

Un vieil adage dit que « si le cheval trotte avec ses membres, il galope avec ses poumons », montrant toute l'importance du développement de l'appareil respiratoire, qui joue donc un rôle fondamental. C'est la raison pour laquelle les infections de l'appareil respiratoire sont toujours à prendre avec beaucoup de sérieux.

Les organes de la respiration sont classés en voies respiratoires supérieures et inférieures. Les voies respiratoires supérieures vont des naseaux jusqu'à la fin de la trachée et les voies respiratoires inférieures correspondent à l'ensemble des poumons, incluant les bronches principales, les bronches secondaires, les bronchioles et les alvéoles pulmonaires.

◆ Les voies respiratoires supérieures

Les cavités nasales

La structure cartilagineuse des naseaux, en maintenant une ouverture

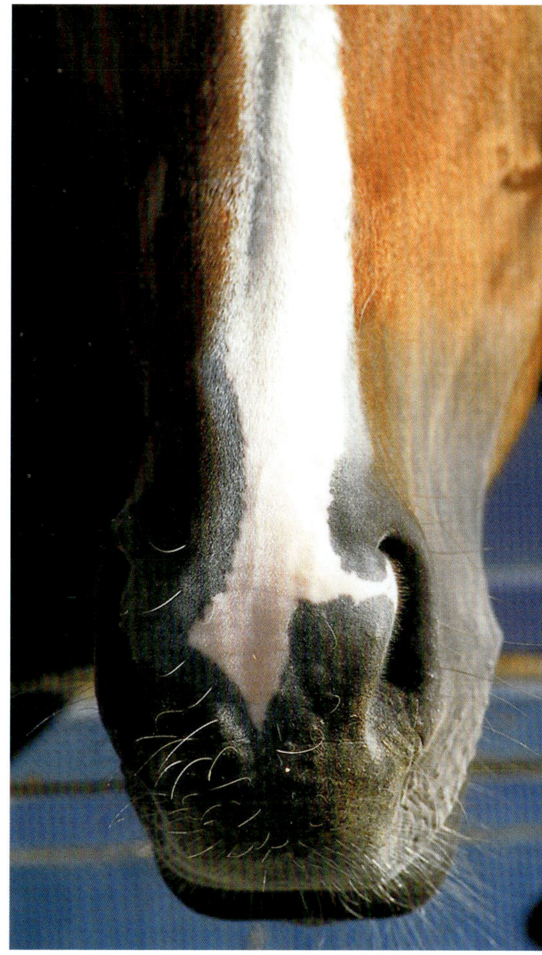

Les naseaux sont maintenus ouverts grâce à une structure cartilagineuse.

Le système respiratoire s'adapte pour fournir un maximum d'oxygène pendant l'effort.

béante, permet à l'air extérieur de pénétrer dans les cavités nasales. Normalement, au repos, les naseaux ne doivent pas être mobilisés. Ils ne le sont qu'après un effort important ou lorsque le cheval est malade.

Les cavités nasales du cheval sont très complexes et comportent deux grands types de structures, les cornets et les sinus. Les cornets servent à réchauffer l'air extérieur qui pénètre dans les cavités nasales, alors que les sinus permettent de réduire le poids de la tête, tout en lui conservant ses formes et ses propriétés. Les cavités nasales sont tapissées par une muqueuse très vascularisée et très sensible aux odeurs, ce qui peut expliquer les difficultés rencontrées pour faire franchir certaines zones malodorantes au cheval.

Le pharynx

Il correspond au croisement des voies digestives et des voies respiratoires, et précède le larynx.

Le larynx

Le larynx est une structure qui possède une charpente cartilagineuse sur laquelle sont fixées les cordes vocales. C'est cet organe qui permet le hennissement, qui est produit par la vibration des cordes vocales. La paralysie de l'une de ces cordes déclenche un bruit tout à fait particulier à l'effort : c'est le cornage.

La trachée

Elle fait suite au larynx. C'est un long tube composé d'anneaux cartilagineux, placé immédiatement sous la peau sur le bord inférieur de l'encolure. Elle est donc peu protégée contre les chocs et les traumatismes (par exemple un coup de pied), qui peuvent provoquer l'écrasement ou la section d'un ou plusieurs des anneaux cartilagineux.

◆ Les voies respiratoires inférieures

Les bronches

La trachée se divise à l'entrée de la poitrine en deux bronches principales, qui elles-mêmes vont se diviser en branches secondaires, puis plusieurs fois de suite en bronchioles. On peut comparer l'appareil respiratoire à un arbre, la trachée représentant le tronc, les deux bronches principales la première bifurcation du tronc et ainsi de suite avec les bronches secondaires pour les branches secondaires, les bronchioles correspondant aux dernières ramifications des branches. Quant aux alvéoles pulmonaires, elles représenteraient les feuilles. L'ensemble du tissu pulmonaire, également appelé poumons, s'apparenterait à l'ensemble du feuillage à l'arbre.

Les alvéoles pulmonaires

Elles correspondent à de petits sacs dans lesquels vient aboutir l'air qui a été inspiré. Ces petits sacs sont très élastiques, ce qui permet leur dilatation, et c'est à leur niveau que s'effectuent les échanges d'oxygène entre l'air et le sang. L'ensemble des poumons est entouré par une sorte d'enveloppe appelée la plèvre. Toutes les maladies de la plèvre (pleurésie) ou des poumons (pneumonie) sont très graves.

Chez un cheval en bonne santé, le rythme de respiration est de 10 à 12 inspirations par minute au repos, de 18 inspirations par minute au pas, de 25 inspirations par minute après un temps de trot de 5 minutes, et de 60 à 70 inspirations par minute après 5 minutes de galop. On apprécie le rythme de la respiration par l'examen des mouvements du flanc ou des ailes du nez.

◆ Les indicateurs de bonne santé

Nous n'avons pas ici la prétention de vous faire passer votre diplôme vétérinaire, mais plutôt de vous aider à diagnostiquer sommairement en évaluant la gravité d'un malaise.

Cette évaluation doit s'opérer dans le calme afin de bien déterminer le caractère d'urgence du cas qui se présente. L'intervention rapide d'un vétérinaire n'est pas toujours possible surtout en randonnée ; aussi, une interprétation correcte des symptômes est indispensable.

La coloration des musqueuses

La coloration des muqueuses, oculaire, génitale et gingivale, donne des indications significatives sur l'état de l'animal :
– un rouge sang, les muqueuses sont correctement irriguées ;
– un jaune-orange signale un problème hépatique et une mauvaise élimination des déchets ;
– un jaune très pâle dénonce une anémie ;
– un rouge excessif est signe de congestion, coup de chaleur ou infection ;
– un rose tirant sur le blanc permet de déterminer que le cheval est en état de choc ou de fatigue.

La température

La prise de température s'effectue par voie rectale à l'aide d'un thermomètre médical ordinaire, le cheval étant au repos. La température normale du corps est de 37,5 °C et monte à 38,5-39,5 °C après un effort. Au-delà de 40 °C, il convient de s'inquiéter. L'effort demandé a pu être trop intense, votre cheval est alors victime d'un surmenage ou alors un problème infectieux dérègle l'équilibre thermique.

En deçà de 36 °C, un état de choc a fait chuter anormalement la température.

Le rythme cardiaque

Sous le coude gauche, on perçoit nettement le cœur qui bat au repos entre 30 et 40 pulsations à la minute en plaine. Ce rythme est plus important en altitude et monte entre 40 et 55 au-dessus de 1 000 m. Pendant l'effort, le nombre de pulsations passe la barre de 100 à la minute. Au bout d'une demi-heure après l'effort, le rythme doit être inférieur à 70, au-delà votre cheval a du mal à récupérer normalement. Il manque d'entraînement, il est trop « enrobé » ou vous avez dépassé les limites acceptables. Il se peut aussi que des coliques perturbent le pouvoir de récupération cardiaque. La fréquence respiratoire, inférieure au rythme cardiaque, doit être régulière.

Le cœur, chez un cheval de taille moyenne, pèse environ 3 kg.

LE CHEVAL AU NATUREL

Pour comprendre les besoins du cheval domestique, il faut remonter à ceux du cheval sauvage. En effet, si les chevaux actuels semblent a priori assez éloignés de leurs ancêtres sauvages, leur vie aux côtés de l'homme n'a pas changé leurs caractères fondamentaux et ils restent avant tout des animaux sensibles et craintifs.

Pour comprendre le comportement des chevaux, il faut les étudier dans un milieu proche du naturel.

QU'EST-CE QUE L'ÉTHOLOGIE ?

On appelle éthologie l'étude du comportement animal. Un éthologue est quelqu'un qui observe l'animal dans son milieu naturel et tente d'expliquer ce qu'il constate. Par extension, on parle d'éducation ou de dressage « éthologique » lorsque le dresseur se sert des capacités et des réactions naturelles de l'animal lors de l'apprentissage, plutôt que de le contraindre à obéir. Il s'agit donc en quelque sorte pour l'homme de se mettre au niveau de l'animal plutôt que d'attendre de ce dernier qu'il obéisse de façon inconditionnelle.

Quelques chercheurs ont étudié le comportement animal. Au lieu de se cantonner à l'observation en milieu naturel, beaucoup d'entre eux ont tenté de mieux comprendre les modes de réaction des animaux en les étudiant en captivité et en leur faisant subir divers tests. Ce fut notamment le cas de Pavlov, qui découvrit et étudia le principe de réflexe conditionné. Konrad Lorenz, un psychologue autrichien, fut le premier éthologue réellement reconnu, et il fit en son temps beaucoup progresser les connaissances sur le comportement animal et la plupart des éthologues d'aujourd'hui s'inspirent de ses travaux.

Les éthologues (ou comportementalistes) modernes s'intéressent assez peu au cheval. Certains se sont heureusement penchés sur cet animal. Comme ce fut le cas il y a une quinzaine d'années dans le monde canin, le monde équestre subit aujourd'hui une véritable révolution de fond, les méthodes basées sur l'usage de la force étant de plus en plus souvent remplacées par une meilleure compréhension de l'animal et l'emploi de méthodes douces (renforcement positif).

LE CHEVAL EST UNE PROIE

Dans la nature, à l'état sauvage, le cheval est une proie pour divers carnivores. C'est l'un des derniers animaux à avoir été domestiqué et son instinct lui commande toujours de fuir le danger, afin d'assurer sa propre survie. À l'instar de tout animal sauvage, et notamment de ceux qui, comme lui, ont à craindre les prédateurs, le cheval possède des sens particulièrement aiguisés. Son ouïe très fine lui permet ainsi de détecter un danger potentiel. Sa vue et son odorat confirment ou infirment ensuite ses premières inquiétudes. C'est en un instant qu'il prend la décision de réagir en fuyant le danger ou de se remettre à brouter tranquillement, s'il s'agit d'une fausse alerte. Une attitude tendue se communique vite à un groupe entier et le troupeau est toujours prêt à partir ventre à terre.

◆ Les attitudes devant le danger

Le cheval sauvage réagit en général à la présence d'un danger par la fuite. La nature l'a doté de longues jambes et d'une morphologie adaptée à la vitesse, et c'est une qualité dont il sait se servir pour échapper à d'éventuels poursuivants. La fuite est pour lui la réaction la plus saine, puisqu'elle ne nécessite ni temps de réflexion, ni aucune organisation particulière : il s'agit simplement de courir droit devant soi, le plus vite possible. Cette solution est généralement efficace et, dans la nature, seuls les animaux les plus faibles risquent réellement leur vie. C'est ce qu'on appelle la sélection naturelle, où seuls les plus forts survivent et se reproduisent.

Il y a toutefois des situations ou le cheval préfère faire face. Si l'ennemi ne l'impressionne pas vraiment par exemple (après tout, la nature l'a également doté de durs sabots et de bonnes dents !) ou, dans le cas d'une jument suitée, pour protéger un poulain.

Le réflexe de fuite qu'ont les chevaux en présence d'un danger – réel ou non – peut parfois provoquer leur perte. Cette fuite instinctive peut se transformer en panique, qui gagne tout le troupeau. On assiste alors à une véritable débandade qui se termine trop souvent en catastrophe !

L'homme a longtemps profité de ces débandades pour chasser les chevaux : on pense que dans la préhistoire, une des techniques de chasse les plus efficaces consistait à effrayer

Animal-proie, le cheval garde les sens toujours en éveil.

L'équitation amène souvent le cheval à agir contre sa nature.

un troupeau d'animaux et à diriger leur fuite vers le bord d'une falaise. Il suffisait ensuite aux chasseurs de se rendre au fond du ravin pour récupérer les carcasses des animaux n'ayant pas réussi à le franchir.

Certains exercices exigent une grande confiance entre le cavalier et sa monture.

◆ Une confiance à gagner

Dans la pratique de l'équitation, il arrive souvent que ce que l'on attend du cheval aille à l'encontre de ce qu'il ferait naturellement. Son mode de vie tout entier est bouleversé (hébergement, alimentation, etc.) et il lui faut, en plus, accepter de répondre à des demandes contraires à ses réactions instinctives s'il était laissé libre. Par exemple, pourquoi sauter un obstacle quand on peut passer à côté ou galoper à toute vitesse quand aucun danger ne menace ? Pourquoi s'éloigner du groupe pour travailler individuellement quand on possède un très fort instinct grégaire ?

Le plus difficile pour le cheval est d'apprendre à avoir une confiance aveugle en son cavalier. C'est pourtant à ce prix qu'on lui fera sauter des obstacles dont il ne voit pas la réception ou s'engager à un endroit qui l'inquiète. Il ne faut jamais oublier que la réaction naturelle du cheval face à un danger potentiel est de fuir, bien souvent sans attendre confirmation de ce qui l'inquiète. Ce sont ces réactions rapides qui lui sauvent la vie dans la nature. Aller contre sa nature profonde demande une confiance illimitée que l'on ne peut pas forcer : « Patience et longueur de temps font mieux que force et rage »...

CHACUN SA PERSONNALITÉ

Dans un troupeau comme chez les chevaux domestique, chaque animal a sa propre personnalité. Certains sont d'un naturel dominant et extraverti, d'autres sont plus soumis et réservés. Ces caractéristiques sont plus ou moins transmissibles, et il est connu que des parents calmes auront plutôt des poulains calmes, alors que des animaux peureux transmettront ce trait de caractère à leurs petits. L'influence de la mère sur son poulain est particulièrement importante, puisqu'elle comprend la même part d'inné (caractéristiques transmises par les gènes) que celle du père, avec en plus une part importante d'acquis. Cette dernière est composée des éléments appris par le poulain après sa naissance, alors qu'il reste constamment auprès de sa mère. Si celle-ci a tendance à être agressive, il apprendra très tôt à se conduire de la même façon. Si elle est au contraire très soumise et fuit les autres chevaux, il y a de fortes chances pour que son poulain apprenne à faire de même. C'est par le langage corporel que les Équidés transmettent la plupart de leurs émotions. Un cheval dominant n'aura en général que quelques mouvements à faire pour qu'un subordonné s'éloigne de son chemin. C'est donc en côtoyant et en observant les chevaux en groupe que l'on peut avoir une idée de leurs tempéraments respectifs.

LE CHEVAL ET LES AUTRES ESPÈCES

L'instinct grégaire du cheval est une de ses principales particularités comportementales. Il aime la compagnie de ses semblables et a tendance à s'ennuyer en leur absence. Toutefois, il peut lui arriver de nouer des liens avec des animaux d'autres espèces. Pour les chevaux domestiques, ceci est possible notamment avec des carnivores qui seraient pourtant leurs ennemis dans la nature.

C'est à l'écurie que la compagnie manque le plus au cheval. Le box est en effet loin d'être l'hébergement idéal pour un animal aussi grégaire. La solitude et l'ennui à l'écurie sont souvent à l'origine de dérives comportementales et autres stéréotypies. Dans certains cas pourtant, c'est le seul hébergement possible. La compagnie d'un animal, chèvre, mouton, chat, poule ou lapin permet alors au cheval de tromper sa solitude et son ennui. La présence de son compagnon d'écurie habituel peut aller jusqu'à lui devenir indispensable, et certains chevaux de sport de haut niveau ne se déplacent jamais sans leur « animal de compagnie ». Mais un cheval seul peut s'ennuyer quel que soit son type d'hébergement, et la compagnie d'un autre animal est aussi utile au pré. Faute d'un autre Équidé (cheval, âne ou poney), il peut très bien s'accommoder de la compagnie d'autres animaux, en particulier d'herbivores d'autres espèces. Les chèvres, moutons ou vaches (éviter la compagnie de taureaux, souvent imprévisibles) font d'excellents voisins de pâture. De plus, ils ne mangent pas les mêmes végétaux que le cheval et ne partagent pas les mêmes parasites. Leur présence auprès des Équidés est donc bénéfique à plus d'un titre et on peut dire qu'ils sont complémentaires. C'est d'ailleurs ce qui se passe dans la nature, où de nombreuses espèces différentes occupent un même territoire, se partageant ses ressources. L'entraide est parfois possible entre les espèces et l'on observe ainsi des animaux apparemment très différents se rendre mutuellement service. C'est ainsi qu'on peut couramment observer des aigrettes perchées sur le dos des chevaux de Camargue.

Exutoire pour le cheval élevé à l'écurie, le jeu est un moyen de se détendre et de rester en bonne condition physique. Les chevaux aiment jouer entre eux à se poursuivre ou à feindre des combats plus impressionnants que violents. Un cheval qui se trouve seul au pré ou au paddock apprécie la présence d'un compagnon de jeu qu'il connaît bien, quelle que soit l'espèce de ce dernier. C'est ainsi que certains chiens apprennent à partager les jeux des Équidés et en deviennent les compagnons privilégiés.

Attention toutefois, s'il peut être très tentant de voulo ir faire cohabiter

LE RÔLE DE LA PEUR

Animaux végétariens, les Équidés sont, à l'état sauvage, la proie des carnivores. C'est pour cela que le cheval est d'un naturel craintif : il lui faut en effet être constamment aux aguets pour anticiper au maximum la venue d'un prédateur et avoir ainsi les meilleures chances de survie. La fuite est sa meilleure défense et reste un instinct puissant, même à l'état domestique. Ce qui lui est inconnu l'inquiète et il peut parfois paniquer en présence d'un élément apparemment anodin.

De plus, la peur chez le cheval est extrêmement communicative. Dans un troupeau, il suffit qu'un cheval s'affole et prenne la fuite pour qu'une véritable panique s'empare des autres chevaux et que toute la troupe s'emballe.

Ces débandades sont extrêmement dangereuses car les chevaux s'affolent les uns les autres et filent droit devant eux, traversant clôtures, routes et autres obstacles sans s'arrêter. Certains chevaux à sang chaud s'affolent d'un rien. La plupart des cavaliers ont eu l'occasion de monter de tels chevaux, enchaînant écarts, « piles » et défenses diverses, voire allant jusqu'à s'emballer. Le meilleur moyen de venir à bout des frayeurs de son cheval est de faire preuve de beaucoup de patience et de détermination, et surtout de rester calme en toutes circonstances. Suivre un vieux cheval calme et posé est une des meilleures solutions. Si l'on est seul, mettre pied à terre et précéder son cheval pour les passages difficiles évite souvent de longues « bagarres » tout en étant bien plus efficace pour l'aider à vaincre sa peur. Dans le cas d'un cheval qui « embarque » son cavalier, le seul moyen de s'arrêter est souvent de mettre le cheval sur un cercle de plus en plus petit, tirer sur les rênes ne faisant qu'aggraver les choses.

Les chevaux à l'écurie souffrent souvent de la solitude.

cheval gravement et risque sa propre vie entre les sabots d'un animal aussi imposant en proie à la panique.

LA STRUCTURE SOCIALE

Le cheval est un animal naturellement attiré par ses semblables et dont la vie est organisée au sein d'un groupe. On dit qu'il est grégaire, un instinct qu'il est impossible d'ignorer lorsqu'on travaille avec les Équidés.

L'instinct grégaire est celui qui pousse certains animaux à se regrouper pour former des troupeaux organisés. Par extension, on parle aussi d'instinct grégaire lorsqu'un cheval isolé recherche la compagnie de ses semblables, qu'il les connaisse ou non. Ce penchant domine toute l'existence du cheval et engendre de nombreux comportements annexes.

◆ L'importance du groupe

La vie en groupe donne aux animaux susceptibles d'être chassés une meilleure défense contre les prédateurs. En outre, la vie en communauté procure certains avantages plus simples : possibilité de se gratter ou de se chasser les mouches mutuellement ou de dormir en faisant des tours de garde, par exemple. Pendant qu'une partie du troupeau se repose, les autres restent aux aguets pour se reposer à leur tour un peu plus tard. Quand survient un danger, c'est le troupeau tout entier qui prend la fuite ou au contraire se regroupe pour y faire face.

Les chevaux domestiques vivant au pré à plusieurs ont un mode de vie assez proche de celui qu'ils auraient dans la nature : ils se rassemblent suivant leurs affinités, suivent une hiérarchie et se déplacent ensemble. Ceux que l'on fait vivre au box, sans contact direct avec d'autres chevaux développent bien souvent des troubles du comportement liés à la solitude et

En haut : Le hennissement sert généralement à appeler les autres chevaux.

Ci-dessus : La hiérarchie est importante dans les groupes d'Équidés.

deux animaux, ce n'est pas une décision à prendre à la légère. Il faut tenir compte du tempérament des deux futurs compagnons et faire les présentations dans le calme, sans rien précipiter. Les animaux agressifs ou trop brutaux sont à éliminer d'office. Attention notamment aux chiens, qui sont parfois emportés par leur instinct de chasse et peuvent se transformer en véritables prédateurs ! Un chien « chasseur » peut blesser un à l'ennui. Leurs besoins fondamentaux ne sont pas respectés puisqu'ils ne peuvent suivre leurs instincts de vie naturels.

L'instinct grégaire a parfois des inconvénients : la plupart des chevaux n'apprécient guère de s'éloigner de leurs congénères, ce qui rend le travail individuel ou les promenades en solitaire assez problématiques pour le cavalier. Parfois, les réactions du cheval peuvent être très violentes, et il est bon de toujours faire très attention lorsqu'on souhaite isoler un cheval des autres pour la première fois.

◆ Le cheval solitaire

Les chevaux ont une ouïe très développée et communiquent à distance par le son. Ils s'appellent en hennissant. Un cheval séparé de son groupe hennit pour tenter de « contacter » ses congénères et de les localiser. Si une réponse lui parvient, c'est qu'il n'est pas tout à fait seul et il continuera ses appels dans l'espoir de pouvoir retrouver et rejoindre son troupeau. Laissé seul, il porte toute la responsabilité de sa propre sauvegarde en cas d'attaque d'un prédateur, sans pouvoir compter sur ses congénères. Tous ses sens sont en éveil afin de localiser d'autres chevaux ou un danger éventuel. Personne n'est là pour lui tenir compagnie ou monter la garde quand il se repose, personne avec qui partager jeux et séances de pansage mutuel... La solitude va à l'encontre de la nature même du cheval : à l'état sauvage, un cheval seul est un animal qui a été banni par son clan, son existence est en péril s'il ne parvient pas à rejoindre (ou à former) une nouvelle famille.

◆ Une organisation hiérarchique

Chaque individu a sa place dans le troupeau : on parle de hiérarchie. Si les chevaux domestiques sont souvent parqués en groupes très disparates, il n'en est en effet pas de même pour les troupeaux sauvages. Ceux-ci sont tous organisés autour de la même structure, avec un nombre d'individus variable selon l'environnement dans lequel ils évoluent. Un groupe de chevaux sauvages est constitué en grande majorité de femelles. En géné-

Le toilettage mutuel est un moment important dans la vie sociale du cheval.

LE CHEVAL EST-IL INTELLIGENT ?

On a pendant de nombreuses années considéré le cheval comme un animal peu ou pas intelligent.
Les quelques recherches sur la question semblent pourtant faire mentir cette idée reçue. Une observation attentive des chevaux permet de découvrir qu'ils sont tout à fait capables de comprendre certaines choses et d'effectuer des raisonnements simples.
Si les scientifiques ont très longtemps estimé que les Équidés manquaient d'intelligence, c'est principalement parce qu'ils recherchaient des capacités semblables à celles de l'homme et d'animaux tels que le chat et le chien : des chasseurs plutôt que des proies potentielles. Comparer les réactions d'un cheval et d'un chien dans des situations données n'est pas une méthode fiable pour mesurer leurs intelligences respectives. En effet, le premier est un herbivore dont la réaction instinctive en cas de danger est la fuite. Il a facilement peur et son instinct de conservation prend alors le dessus car c'est à sa vitesse de réaction qu'il doit sa survie à l'état sauvage. Par opposition, le chien est un carnivore chasseur, qui plus est domestiqué depuis bien plus longtemps que les Équidés. Il a donc tendance à réagir de façon tout à fait différente en cas de crise.
On ne peut pas réellement en conclure que l'un est plus ou moins intelligent que l'autre, leurs capacités sont simplement très différentes.Comme chez les humains, on considère que certains chevaux sont plus doués que d'autres. Il est possible en utilisant des tests relativement simples d'évaluer et de comparer leur intelligence. Ces tests consistent en une série d'exercices, que l'on propose à l'animal en chronométrant ses réactions. On place le cheval devant un obstacle le séparant d'un congénère ou d'une friandise par exemple, et on observe ses réactions et le temps qu'il met à le contourner. On peut aussi cacher de la nourriture dans une boîte ou sous un seau retourné, mettre le cheval dans une sorte de labyrinthe, etc.
Plus l'animal réagit rapidement et plus il a tendance à comprendre vite les gestes qui lui apportent la récompense et à les répéter dans des situations semblables, plus on considère que sa faculté d'apprentissage et donc son intelligence sont développées.
Les chevaux de cirque et les chevaux savants ne sont pas, contrairement aux arguments de certains, des animaux dressés comme de vulgaires robots.
Le cheval possède une immense faculté d'interprétation des émotions et du langage corporel des autres (y compris des autres espèces) et c'est bien souvent ce qui lui permet d'apprendre, bien plus que la simple répétition. Cas d'école, celui du célèbre Clever Hans, qui était selon son maître capable de résoudre de difficiles problèmes arithmétiques.
On a découvert qu'il traduisait en réalité les réactions des humains qui l'entouraient et que c'était ainsi qu'il connaissait les réponses aux questions posées !

ral, le « harem » d'un étalon comporte de trois à six juments mais dans certaines régions (comme sur l'île américaine de Sable Island), leur nombre peut aller jusqu'à une vingtaine. Ce sont elles qui décident la plupart du temps de la marche du troupeau, initiant les déplacements quotidiens. Les poulains de l'année sont intégrés au troupeau quel que soit leur sexe. Ils passent le plus clair de leur temps à dormir, manger ou jouer, sous l'œil protecteur de leurs mères. Passé l'âge d'un mois, les jeunes se lancent dans des poursuites effrénées ou encore des simulacres de combat pour les jeunes mâles. Ceux-ci se voient généralement chassés du troupeau par l'étalon dès qu'ils atteignent l'âge de 2 ans, parfois dès un an. Les pouliches, elles, restent au sein du troupeau jusqu'à 3 ans, après quoi elles rejoignent bien souvent un autre groupe, ce qui limite la consanguinité.

Quelle que soit leur taille, les chevaux et poneys se reconnaissent comme des membres d'une même espèce.

◆ Le rôle du mâle

La plupart des groupes ne comportent qu'un mâle adulte, parfois deux. Le rôle de l'étalon est non seulement d'assurer sa descendance avec ses juments, mais aussi de protéger le groupe contre les dangers extérieurs. Il veille sur son harem, restant toujours aux aguets et chassant sans ménagement les importuns. Il ramène également au bercail les juments qui auraient décidé de s'éloigner un peu trop du troupeau. S'il sent la proximité d'un autre mâle ou d'une menace quelconque, c'est lui qui prend la direction des opérations et rassemble juments et poulains pour les mettre à l'abri. Sa place est très convoitée et il doit parfois la défendre contre d'autres mâles trop entreprenants.

Les jeunes mâles quittent le groupe où ils sont nés dès qu'ils ont atteint leur maturité sexuelle. Ils ont passé une bonne partie de leur jeunesse à s'entraîner au combat en jouant à lutter les uns contre les autres et sont donc préparés à la vie d'adulte. Ils poursuivent leur apprentissage pendant quelques années au sein de petits groupes de jeunes célibataires. Un jour peut-être, ils oseront se mesurer à un étalon pour lui prendre son troupeau, ou ils parviendront à former leur propre harem en séduisant des pouliches qui se sont éloignées de leur groupe.

Le cheval possède une immense faculté d'interprétation des émotions et du langage corporel des autres.

Les membres dominants du troupeau savent se faire respecter.

Les oreilles du cheval, très mobiles, lui permettent d'exprimer ses émotions.

L'IMPORTANCE DE LA HIÉRARCHIE

On considère généralement que la vie en groupe sous-entend une organisation hiérarchique, un certain ordre social. Cette hiérarchie dépend de l'âge, du sexe, du tempérament et de l'état de santé de chacun des individus du groupe, et non pas de leur taille ou de leur race : il est fréquent de voir un minuscule shetland mener un immense cheval par le bout du nez !

Une fois l'ordre installé, celui-ci n'est plus guère bouleversé que lors de l'arrivée de nouveaux individus dans le groupe. Un vieux chef risque aussi un jour de voir sa place prise par un plus jeune que lui. Cet ordre établi permet de conserver un certain calme au sein du troupeau et d'éviter le gaspillage d'énergie qu'entraîneraient d'incessantes bagarres.

La hiérarchie entre les juments peut se présenter ainsi : une jument domine toutes les autres, une seconde domine tout le monde sauf la première, etc. L'étalon, lui, se place légèrement en dehors de cet ordre social. Il décide des mouvements du troupeau en cas de danger et rassemble « ses » juments, mais ne prend que rarement part à des conflits internes au troupeau.

◆ Le langage corporel

Le langage corporel et les expressions faciales sont une part importante de la communication entre les chevaux. Ils permettent notamment à l'animal de faire part de son humeur et de son rang hiérarchique (ou de celui qu'il souhaite atteindre) à ceux qui l'entourent. Oreilles couchées, naseaux froncés, un cheval dominant prévient l'importun : « Si tu t'approches, tu vas le regretter ! » En général, cette simple menace suffit à dissuader l'arrivant d'aller plus loin, à moins que celui-ci soit lui-même d'un rang hiérarchique supérieur, ou qu'il ait l'intention d'y parvenir. Dans ce cas, il peut y avoir quelques coups de dents ou de pieds avant que l'un des deux ne capitule. Les affrontements sont toutefois généralement sans gravité et comportent une grande part de bluff. Les blessures sont rarissimes car la plupart des coups ne portent pas. Il n'est d'habitude pas très difficile de voir lequel de deux chevaux est « le chef ». Le dominé s'écarte docilement du chemin du dominant, sans aucune résistance. Ce dernier lui fait comprendre ce qu'il attend de lui par de grands coups de tête et une mine peu engageante. Les prétextes pour le dominant de repousser un subordonné sont nombreux : une touffe d'herbe plus tendre et appétissante, une jument, ou tout simplement le désir d'affirmer sa dominance. L'étalon utilise une attitude similaire pour rassembler ses juments en présence d'un rival ou d'un danger : on parle de guidage (voir pages 84-85). Les poulains, eux, utilisent une mimique particulière, qu'on appelle mouthing ou snapping (voir page 80) pour exprimer leur soumission face à un adulte.

◆ Amis ou ennemis ?

Au sein même du groupe, il existe des amis… et des ennemis. Cependant, tout le monde vit en général en harmonie car la hiérarchie est connue et respectée par tous les membres du groupe. Les juments dominantes n'ont qu'à se montrer pour que leurs subordonnées leur abandonnent la place ou la touffe d'herbe tant convoitées. Le langage corporel est très important chez le cheval, et les menaces se résument souvent à un simple froncement de naseau et à des oreilles couchées. Les véritables affrontements sont rares mais impressionnants, bien qu'ils comportent une grande part de bluff.

Les amitiés dans la hiérarchie

Les jeunes et les juments d'un rang proche et qui s'apprécient passent beaucoup de temps ensemble à se chasser les mouches ou à se panser mutuellement. Cette interaction est le signe d'une bonne entente entre deux individus. En groupe, les chevaux se rassemblent habituellement par affinités. Les « amis » se grattent mutuellement, mangent ensemble, dorment côte à côte...

Dès ses premiers jours, le poulain commence à s'intéresser à ceux qui l'entourent. Il choisit pour ses jeux des jeunes de son âge et généralement de son sexe (les jeux des mâles et des femelles diffèrent assez tôt). Dans un troupeau important, de petits groupes se forment vite, certains poulains s'entendant mieux que d'autres. Il est amusant de noter que, comme chez les humains, les mères influencent en partie les « fréquentations » de leur progéniture, en les éloignant des « familles » avec lesquelles elles ne s'entendent pas.

Des clans se forment de la même façon dans les groupes de jeunes d'un même sexe, qu'il s'agisse de chevaux d'élevage ou d'une harde de jeunes mâles célibataires. Les rivaux s'évitent généralement, sauf pour de brefs mais violents échanges.

Gérer les affinités

Un jeune cheval qui s'est attaché à un animal plus âgé sera plus facile à éduquer : il suivra partout son aîné et profitera de son expérience. Cette technique du « maître d'école » permet, par exemple, de traverser sans encombres les passages délicats en extérieur avec un jeune cheval, rassuré de se trouver derrière un compagnon bien tranquille. Dans certaines disciplines comme l'attelage à deux ou à quatre chevaux, la poste

Le poulain (à droite) exprime sa soumission face à son aîné.

hongroise ou l'équitation à la turkmène, il est indispensable de tenir compte des relations entre les chevaux que l'on souhaite voir travailler en symbiose.

Un cheval mis au pré avec un compagnon qui le brutalise constamment ne sera pas plus heureux que s'il était tout seul. À l'inverse, un animal que l'on prive de son compagnon préféré sera malheureux même s'il partage une grande pâture avec des dizaines d'autres chevaux. Dans certains cas, des animaux ainsi séparés ne supportent absolument pas la situation et ils font tout pour rejoindre leurs anciens amis, à moins qu'ils ne se laissent tout bonnement dépérir de chagrin. Il est prudent quand on doit séparer ainsi deux compagnons très attachés l'un à l'autre de procéder de façon progressive en les séparant d'abord quelques heures chaque jour. Ensuite, mieux vaut les surveiller avec attention pendant plusieurs jours, tout en leur proposant à chacun le maximum de distractions. Il arrive que malgré tous les efforts, l'attachement soit trop fort pour que l'animal se fasse à la solitude, auquel cas il vaut mieux se résoudre à laisser les amis vieillir ensemble !

L'EMPLOI DU TEMPS NATUREL

◆ Vos nuits sont plus belles que mes jours

Se nourrir et se reproduire, telles sont les préoccupations principales des animaux et le cheval ne fait pas exception à la règle. Manger, dormir, jouer, son emploi du temps ne paraît pas très compliqué.

Alors qu'en liberté, le cheval passe le plus clair de son temps à brouter, quand on le monte, on lui demande souvent de trotter, galoper ou sauter, des activités qu'il ne pratique que très rarement (voire exceptionnellement) dans son milieu naturel. En outre, il ne reçoit généralement au box que deux ou trois repas par jour.

Tout cela fait donc du cheval domestique un animal souvent perturbé, ce qui cause tics et vices divers. Il est par conséquent indispensable de prendre en compte ses besoins naturels pour mieux comprendre ses réactions en captivité. Pour être heureux, un cheval ne doit pas s'ennuyer : au box, on lui donnera des jouets d'écurie et du foin à volonté. Afin qu'il puisse « se dégourdir les jambes » : on le laissera au pré aussi souvent que pos-

La vie au pré se rapproche de celle qu'aurait le cheval à l'état sauvage.

Dans la nature, la plupart des déplacements sont motivés par la recherche de nourriture.

sible et on lui offrira des séances de détente au paddock tous les jours s'il vit en box. Il a besoin du contact de ses congénères : c'est la vie au pré qui lui convient le mieux, ou éventuellement en stabulation libre. Enfin, le travail ne doit pas être pour lui une corvée : on le lui présentera d'une manière ludique, en ne passant pas trop de temps sur un même exercice et en alternant séances de travail, jeux et promenades.

◆ Manger toute la journée

Les chevaux sauvages parcourent parfois de grandes distances pour trouver suffisamment d'herbe pour nourrir le groupe. Animal social, ses déplacements se font en groupe et sont souvent motivés par la recherche constante de nourriture et d'eau.

Le cheval de club, dont l'activité principale est le travail en reprise, ne reçoit généralement que deux ou trois repas par jour alors qu'un cheval en liberté passe environ 80 % de ses jours et 60 % de ses nuits à manger. Et pour cause : son système digestif et son petit estomac ne lui permettent pas d'ingurgiter de grandes quantités de nourriture à la fois. De plus, l'herbe est sa nourriture principale. Si l'on compare la taille d'un brin d'herbe (qui contient 80 % d'eau et est très peu nourrissant) avec celle d'un cheval, on comprend vite que ce dernier a besoin d'une très grande quantité d'herbe pour subvenir à ses besoins.

La petite taille de l'estomac du cheval fait qu'il ne peut contenir en une seule fois les aliments nécessaires à une journée. C'est pourquoi la règle d'or de l'alimentation équine est de donner de petites quantités de nourriture réparties dans la journée. C'est le mode d'alimentation le plus naturel pour les chevaux et les poneys, contrairement aux carnivores comme le chien ou le chat, qui se contentent facilement d'un ou deux gros repas par jour.

Nous l'avons vu, l'alimentation est l'activité qui prend le plus de temps au cheval sauvage : il mange toute la journée ! Qu'en est-il du cheval domestique ? Souvent enfermé au box 23 heures sur 24, il ne reçoit au mieux que deux ou trois rations par jour, qu'il consomme en quelques minutes. Une litière de paille, du foin à volonté et un bloc de sel à lécher sont bien plus que du « lest » et des compléments alimentaires : ils aident le cheval à passer le temps sans prendre de mauvaises habitudes et lui permettent un mode d'alimentation proche du naturel.

Enfin, il faut noter que le cheval a tendance à avaler tout ce qu'il peut, quelle que soit la nourriture qu'on lui propose. C'est pourquoi il est indispensable de garder les réserves d'aliments à l'abri d'une éventuelle visite : un cheval échappé ne doit pas y avoir accès sous peine d'indigestion, de coliques graves ou de fourbure !

◆ Le sommeil

Comme tous les animaux proies, le cheval doit être à même de s'enfuir au moindre signe d'alerte, et donc être toujours en éveil. Pourtant, il a tout de même besoin de se reposer et de dormir. C'est grâce à une parfaite organisation du groupe et à des sens aiguisés que chevaux et poneys parviennent à combiner sommeil et survie. En liberté, c'est souvent à la mi-journée que le groupe fait une petite sieste, en respectant des tours de garde pour s'assurer qu'aucun danger ne menace. Les poulains et les jeunes

Le cheval à l'écurie doit recevoir une alimentation riche en fourrage. Les « concentrés » ne servent que de complément énergétique.

LES DIFFÉRENTES PHASES DU SOMMEIL

On distingue chez le cheval plusieurs phases de repos, allant de la détente au sommeil profond :

– **Le repos éveillé (debout) :** l'animal reste debout et garde les yeux ouverts ou mi-clos. Son attitude générale est détendue et il a un membre au repos. Celui-ci est replié et repose légèrement sur la pointe du sabot s'il s'agit d'un postérieur, dans sa position normale mais sans appui s'il s'agit d'un antérieur. C'est une attitude que les chevaux adoptent très fréquemment et qui leur permet de soulager leurs membres tour à tour, ces derniers ayant un poids considérable à porter par rapport à leur taille.

– **Le sommeil léger (debout) :** le cheval est en station debout, un membre au repos ou non, les articulations bloquées. Il porte son encolure en dessous de l'horizontale, tête basse. Ses yeux sont clos, ses oreilles relâchées, ses naseaux détendus et allongés. Sa lèvre inférieure pend légèrement. C'est la première phase du sommeil. C'est aussi la moins dangereuse : en cas de danger, l'animal se réveille et peut fuir instantanément sans perdre de temps à se relever.

– **Le repos éveillé (couché) :** le cheval est en position couchée, les membres repliés sous la masse, la tête et l'encolure hautes, les yeux ouverts.

– **Le sommeil léger (couché) :** la position est la même que pour la phase précédente mais avec la tête basse, le nez appuyé au sol. L'expression est celle du sommeil : yeux fermés, traits détendus, oreilles portées sur le côté.

– **Le sommeil profond :** le cheval est couché sur le côté, les membres étendus au sol. C'est le stade le plus profond du sommeil et le cheval n'y accède que lorsqu'il se sent parfaitement en sécurité. Un cheval adulte qui reste longtemps dans cette position, surtout s'il ne dort pas, est souvent un cheval malade. En revanche, les poulains dorment très souvent ainsi.

Le repos éveillé.

Le sommeil léger (debout).

Le sommeil léger (couché).

chevaux dorment plus fréquemment et plus profondément que les adultes, mais ceux-ci ont aussi droit à leur moment de repos, chacun à leur tour.

Le cheval passe beaucoup moins de temps à dormir que les prédateurs, tels que le chien, le chat ou l'homme. Son sommeil est aussi moins profond, sauf quand il se couche de tout son long : c'est là qu'il est le plus vulnérable car son temps de réaction est plus long et il peut être surpris par une attaque rapide. C'est pour cette raison qu'un cheval qui passe beaucoup de temps couché est sûrement malade : il adopte un comportement totalement opposé à son instinct naturel. Toutefois, les chevaux domestiques sont souvent plus détendus. Il arrive même qu'un groupe entier soit couché en même temps, c'est alors la preuve qu'il se sent parfaitement en sécurité.

Lorsqu'il dort profondément, le cheval a les mêmes « activités » que les autres animaux : comme eux, il peut ronfler par exemple. Il rêve aussi et si on s'approche discrètement d'un cheval endormi, on peut parfois l'entendre pousser quelques cris étouffés et le voir s'agiter légèrement dans son sommeil, exactement comme un chien qui rêve.

Il dort trop ou pas assez !

Un cheval qui se couche fréquemment ou semble dormir souvent peut être malade. Il se peut aussi qu'il soit fatigué suite à un travail trop dur, ou bien que sa ration ne soit pas suffisante par rapport aux efforts fournis.

À l'inverse, il arrive que des chevaux inquiets ne se couchent presque jamais, ce qui est bien entendu mauvais pour leur santé. Il faut ainsi surveiller les animaux dont la situation a changé récemment pour s'assurer que tout va bien. Changement de pré, de box, départ ou arrivée d'un compagnon de pré ou d'écurie sont autant d'éléments qui peuvent perturber l'animal sensible qu'est le cheval. Il se peut, par exemple, que l'animal soit le souffre-douleur d'un de ses compagnons de pré : celui-ci peut l'empêcher de manger, de boire mais aussi le fati-

Le stress peut parfois empêcher les chevaux de se reposer.

C'est souvent à la mi-journée que les chevaux se reposent.

Le pansage mutuel est un signe d'amitié entre deux Équidés.

guer en le poursuivant constamment et l'empêcher de se reposer. Dans ce cas, si leurs relations ne s'améliorent pas rapidement, il faut absolument les séparer. Un cheval peut aussi se laisser dépérir parce qu'on l'a séparé d'un compagnon auquel il était attaché. Il marche de long en large en hennissant sans cesse, refuse de manger et bien sûr ne dort plus. Là encore, si cette situation est normale pendant quelques heures, voire un jour ou deux, au bout d'une semaine il y a de quoi s'inquiéter ! En bref, il faut assurer au cheval une atmosphère sécurisante, afin qu'il soit suffisamment détendu pour dormir quand il en a besoin.

◆ L'interaction entre les chevaux

Quand il n'est pas en train de manger ou de dormir, le cheval sauvage passe son temps à se déplacer (à la recherche d'eau ou de nourriture), ou à entrer en contact avec les autres membres du troupeau.

Les jeux sont généralement l'apanage des plus jeunes, bien que les adultes se laissent souvent entraîner dans leurs courses-poursuites. Les autres formes de contact consistent à se panser mutuellement (en grattant le garrot et l'encolure du voisin), ou à se chasser les mouches tête-bêche. Ces activités n'ont lieu qu'entre des animaux qui s'entendent bien et sont d'un rang hiérarchique proche. Bien sûr, il y a aussi quelques « accrochages » entre chevaux qui ne s'apprécient pas, mais ils sont rares au sein d'un troupeau déjà constitué et organisé.

L'instinct maternel de la jument (voir page 79) est très fort et elle s'occupe beaucoup de son poulain pendant les premiers mois, allant jusqu'à vérifier ses fréquentations. C'est auprès de sa mère que le poulain apprend les bases de la vie en groupe.

Enfin, le dernier type de contact est celui observé entre l'étalon et ses juments pendant la saison des amours. La cour de l'étalon (voir page 74) est longue et complexe. Ses relations avec les juments du groupe sont souvent

Le premier compagnon de jeu du poulain, c'est sa mère !

Attention à ne pas permettre au poulain des jeux qui lui seront interdits à l'âge adulte : charger ou bousculer par exemple.

tendres, parfois brutales (il a ses têtes et n'hésite pas à expulser du groupe une jument qui ne lui plaît pas). Dans l'ensemble, la vie au sein du troupeau est tranquille et les relations entre les chevaux paisibles.

◆ Le jeu

On le sait, le jeu participe au développement et à l'apprentissage des jeunes humains comme des jeunes animaux. Ce qu'on oublie souvent, c'est que les adultes ont eux aussi besoin de jouer, et le cheval ne fait pas exception à cette règle.

Les poulains jouent beaucoup pendant leur première année et les chevaux continuent à jouer jusqu'à l'âge adulte. Les pouliches affectionnent plutôt les courses-poursuites parsemées de ruades et de bonds joyeux tandis que les jeunes mâles préfèrent les simulacres de combats. C'est notamment grâce au jeu qu'ils apprennent les règles de la vie en société et l'attitude à avoir en cas d'affrontement. À l'état sauvage, en pâture ou au paddock, les adultes ont droit, eux aussi, à leurs « quarts d'heures de folie ».

Quels jeux pour le cheval domestique ?

S'il est habituel de donner des jouets à un chien, le cheval domestique, lui, en est bien souvent privé. Il a pourtant tout autant besoin d'activité et de distractions qu'un canidé. Cette notion est heureusement de plus en plus répandue et on trouve dans le commerce quelques jouets spécialement étudiés pour les Équidés : gros ballon muni d'une poignée, distributeur de nourriture à faire rouler au sol ou grosses pommes en plastique à suspendre dans le box par exemple. À l'écurie,

LES PISTES DE DÉPLACEMENT

Dans la nature comme dans un pré, les chevaux doivent se déplacer pour se nourrir, s'abreuver ou se protéger du soleil. Ces déplacements, anodins à première vue, suivent pourtant des règles que l'on ne devine qu'en les observant avec attention. Si l'on prend l'exemple de chevaux au pré, on y distingue différentes zones : l'abreuvoir, l'arbre sous lequel ils aiment s'abriter, le cercle de poussière dans lequel ils se roulent régulièrement et le bosquet de noisetiers dont ils grignotent les feuilles. Au cours de la journée, le groupe de chevaux se déplace entre ces différentes zones suivant ses envies et ses besoins. Il emprunte pour cela presque toujours les mêmes chemins, qui forment des sortes de sentiers pelés : ce sont les pistes de déplacement.

Pour ces déplacements, les chevaux se placent généralement en file indienne, par ordre hiérarchique ou tout simplement par affinités. C'est souvent une jument dominante qui initie le départ vers un point donné, suivie des autres membres du troupeau. Les pistes sont tracées par les chevaux eux-mêmes, au cours de leurs déplacements. Si l'on part d'un terrain assez accidenté avec une végétation haute, on comprend la logique de se déplacer ainsi en file indienne : le premier choisit la route et repousse les hautes herbes, le second les écrase ainsi que le troisième, et ainsi de suite jusqu'au dernier qui dispose d'une route toute tracée ! À force de passer toujours au même endroit, l'herbe finit par ne plus repousser, formant ces pistes.

Le galop ne sert dans la nature qu'à fuir ou à se détendre.

au paddock ou au pré, ils permettent au cheval de se distraire en s'amusant plutôt qu'en prenant de mauvaises habitudes qui, une fois bien ancrées, seront très difficiles à faire passer On peut aussi jouer avec son cheval, mais en respectant certaines règles. Il ne faut pas oublier que le cheval est un animal lourd et puissant, dont les sabots et les mâchoires sont à même de causer de sérieux dégâts. Prudence, donc ! La règle numéro un est d'apprendre à son cheval le respect de l'homme et de ne tolérer aucune brutalité. Attention aux jeux qui, s'ils sont amusants avec un poulain, deviennent dangereux avec un adulte. Il faut par exemple éviter de le laisser poser ses antérieurs sur les épaules ou mordiller. Une fois les règles établies, le jeu est possible et même bénéfique, nombre de dresseurs s'en servent d'ailleurs habilement.

Le cheval « trop » joueur

Si le jeu peut avoir un effet positif sur l'apprentissage, il peut aussi être un frein au travail s'il n'est pas canalisé. Par exemple, certains chevaux à sang chaud prennent un malin plaisir à partir en sauts de mouton dès qu'on leur monte sur le dos, rendant le travail impossible et semant vite la zizanie dans une reprise. Les « coups de folie », comme la panique, ont en effet tendance à être contagieux ! La solution est relativement simple : il suffit généralement de longer le cheval quelques minutes avant le travail ou de le mettre en liberté pour qu'il se détende. Le cheval est un animal grégaire, nous l'avons vu, mais il saura néanmoins se défouler tout seul si on le lâche au paddock ou s'il a des jouets à sa disposition. Ruades, sauts de moutons et autres bonds de gaieté lui permettront de retrouver calme et bonne humeur en « lâchant son jus ». Une fois la détente terminée, il est temps de passer au travail. Resté de nombreuses heures enfermé, il avait simplement besoin de se défouler avant de pouvoir se concentrer au travail, il est alors bien plus à même d'être à l'écoute de son cavalier.

◆ Les déplacements du groupe

Se déplacer pour vivre

Un cheval a besoin de se nourrir, cette activité occupant la plus grande partie de sa journée, et lorsque tous les végétaux comestibles d'une zone ont été consommés, il lui faut chercher ailleurs. De même, il est indispensable aux chevaux de se rendre régulièrement à un point d'eau pour s'y abreuver (un cheval boit en moyenne 30 à 40 litres d'eau par jour). Que ce soit dans la nature ou dans un pré, la plupart des déplacements sont ainsi motivés par le besoin de boire et de manger.

Au sein des troupeaux « naturels », ce n'est pas, en temps normal, l'étalon qui décide des déplacements du groupe mais la jument dominante. Le mâle, lui, se contente en général de suivre en surveillant les « arrières ». Le troupeau se déplace alors à allure lente : le plus souvent au pas.

En cas de danger, toutefois, l'étalon prend l'initiative et dirige tout le troupeau par-derrière, à grand renfort de coups de tête. C'est ce que l'on appelle le guidage. Celui-ci n'intervient qu'en cas de crise : proximité d'un mâle étranger au groupe, d'un autre troupeau, ou d'un prédateur par exemple. Il s'agit alors de fuir rapidement, au trot ou au galop, en attendant de se retrouver à distance respectable du danger.

Un sixième sens

L'excellent sens de l'orientation du cheval évoque souvent un sixième sens car il est difficilement explicable en se basant uniquement sur les cinq sens connus. Les anecdotes à ce sujet ne manquent d'ailleurs pas : un cheval qui retrouve son chemin alors qu'il n'avait fait le trajet qu'en camion auparavant, un autre qui, après un voyage ayant duré plusieurs heures se met soudain à hennir à quelques kilomètres de son écurie, un troisième qui rentre sans hésiter à la maison alors que son cavalier se croyait complètement perdu... autant d'événements qui ont le don d'intriguer jusqu'aux spécialistes.

Ce qui est sûr, c'est que si ce sens de l'orientation exceptionnel a ses avantages, il a aussi ses inconvénients. Il n'est pas exceptionnel de voir un cheval s'échapper régulièrement de son nouveau pré ou de sa nouvelle écurie, pour retrouver ses anciens quartiers et compagnons, parfois au péril de sa vie, car sa route peut croiser celle d'une voiture.

LES QUATRE SAISONS DU CHEVAL SAUVAGE

Dans la nature, et selon la région du globe où ils se trouvent, les chevaux sauvages doivent affronter des conditions extrêmes. Pluies diluviennes, vent, neige ou soleil de plomb, la météo affecte constamment leur existence et ils doivent y faire face sans aide extérieure. La nature a tout prévu pour protéger chevaux et poneys des intempéries. La plupart des Équidés peuvent ainsi passer le plus clair de leur temps au pré sans précaution particulière. Il y a toutefois des situations qui nécessitent quelques efforts supplémentaires, comme un abri contre le vent, en particulier lorsque l'on a affaire à des chevaux peu rustiques et donc peu résistants.

◆ Le printemps

Le printemps est pour le cheval sauvage la saison des amours et des naissances. La jument portant son poulain pendant onze mois, il n'y a en effet qu'un mois de décalage entre la naissance du poulain et la période

En cas de danger, c'est le troupeau tout entier qui s'enfuit.

La plupart des déplacements s'effectuent généralement au pas.

LE ROULAGE

Se rouler est une des activités favorites des chevaux sauvages et domestiques, mais c'est en liberté que les chevaux se roulent le plus souvent.
Le roulage a beaucoup d'utilités différentes :

- Après un effort ou lorsqu'il fait très chaud, un cheval qui a transpiré se roule pour se gratter et se sécher.
- L'été, une bonne roulade soulage momentanément le cheval des insectes et lui permet de gratter leurs piqûres.
- En période de mue, c'est une façon d'éliminer le poil mort, mais aussi les petites croûtes et les peaux mortes inaccessibles autrement.
- Une bonne couche de boue protège efficacement des parasites externes et du froid.

Chaque aire de vie est « divisée » par le groupe en différentes zones : de pâturage, de refus (crottins) et de roulage. Ces dernières sont souvent dépourvues de végétation. Chevaux et poneys apprécient particulièrement de se rouler dans la poussière et dans la boue. Attention ! au box, se rouler est beaucoup plus risqué. L'espace réduit cause parfois des situations délicates, le cheval restant coincé contre un mur, incapable de se relever.
En général, un cheval qui se roule est en bonne santé. Il commence par gratter le sol d'un antérieur, s'affaisse tout d'un coup, se roule d'un côté puis de l'autre, avant de se relever et de se secouer vigoureusement. Toutefois, de même qu'un cheval qui dort beaucoup est peut-être malade, un cheval qui se roule constamment est à surveiller de près ! S'il regarde ses flancs d'un air inquiet avant de frapper le sol d'un antérieur puis de l'autre ; s'il semble agité, s'il est en sueur ; s'il se roule sans cesse et ne s'ébroue pas quand il se relève : il a probablement une colique. Il faut alors faire venir un vétérinaire en urgence car l'animal risque de mourir.

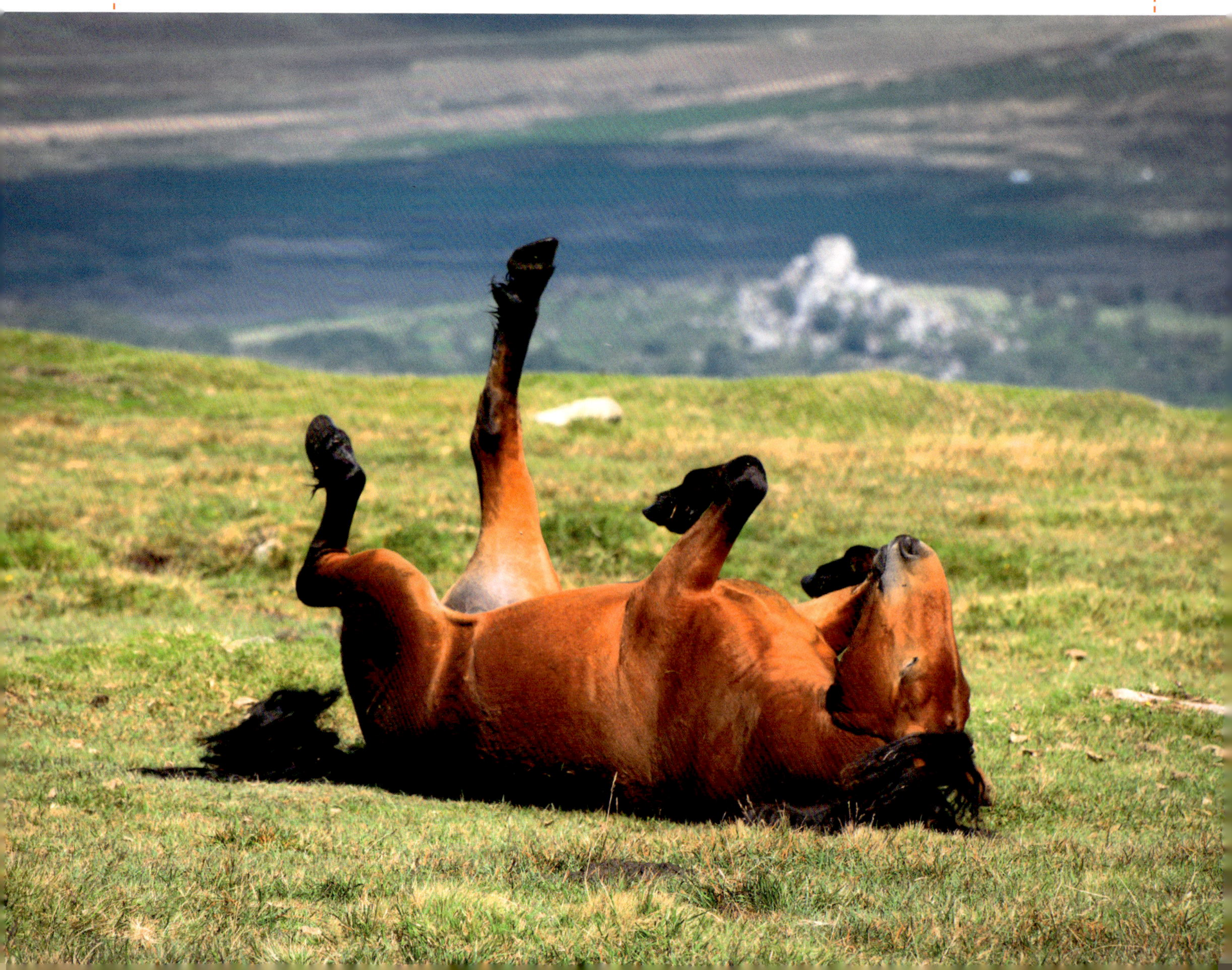

des chaleurs (voir le chapitre sur la reproduction, pages 72-79). C'est la période idéale pour donner le jour à un petit animal, qui a ainsi tout le reste de l'année pour grandir et forcir avant de devoir affronter les frimas. Les chevaux domestiques se reproduisent eux aussi généralement au début du printemps, bien qu'il arrive que des poulains (souvent « accidentels ») voient le jour en plein hiver. Les périodes de chaleurs des juments sont l'occasion d'affrontements plus ou moins violents entre les étalons, et c'est souvent à cette époque que les jeunes mâles sont exclus du troupeau.

Par beaucoup d'aspects, le printemps est la saison du renouveau. La nature renaît et donne une végétation luxuriante et nourrissante. Affaiblis par les rigueurs de l'hiver, les chevaux sauvages profitent de ces nouvelles ressources et de températures plus clémentes pour se remettre en état et commencer à faire des réserves de graisse pour l'hiver suivant. Cette abondance d'eau et de végétation a en outre l'avantage de limiter le besoin pour le troupeau d'effectuer de grands déplacements. Les poulains nouveau-nés sont ainsi moins sollicités, même s'ils sont déjà agiles et rapides seulement quelques heures après la naissance.

◆ L'été

Contrairement à ce que l'on pourrait croire, les chevaux résistent généralement mieux au froid qu'à une chaleur torride. Outre l'assaut des rayons du soleil, les attaques incessantes des insectes font que l'été n'est pas vraiment la saison préférée des Équidés sauvages ou domestiques. La journée est souvent passée à se chasser les mouches, tête-bêche, à l'ombre d'un bouquet d'arbres ou, au contraire, en plein soleil. Pourquoi ? Tout simplement parce que les insectes sont moins nombreux au beau milieu d'un grand espace qu'en bordure de pré ou à la lisière d'un bois.

Les chevaux passent les heures les plus chaudes à l'ombre.

Les grosses chaleurs ne sont pas propices aux efforts violents, et le groupe se déplace généralement « à la fraîche », tôt le matin ou tard le soir. Les chevaux domestiques apprécient de la même façon d'être laissés au box dans la journée pendant les grosses chaleurs : ils travailleront mieux aux heures les moins chaudes et passeront d'agréables nuits au pré, sans insectes. Dans une pâture, un bouquet d'arbres et une haie sont des protections naturelles indispensables mais un abri couvert sera apprécié : les insectes y sont souvent moins virulents.

L'herbe et l'eau se font parfois rares en été et les chevaux sauvages sont souvent contraints de faire des déplacements plus fréquents et plus longs qu'au printemps. Les poulains de l'année ont déjà pris des forces et sont tout à fait à même de suivre le troupeau.

Au pré, une herbe trop rase sera complétée par un apport de foin. Une rotation des pâtures permet de répliquer le système naturel, les zones «épuisées» étant laissées en repos

C'est à l'automne que les chevaux se préparent progressivement à affronter les rigueurs de l'hiver.

pendant que des zones bien fournies en végétation sont exploitées.

◆ L'automne

C'est une période de transition avant l'hiver. Les chevaux commencent à se préparer pour affronter les grands froids : leur poil se fait plus épais, ainsi que la couche de graisse située sous la peau. Si l'humidité est plus à craindre pour les chevaux qu'un froid sec, les races rustiques la supportent généralement très bien. Il n'est pas rare de voir des chevaux au pré continuer de brouter tranquillement sous une pluie battante, alors qu'ils disposent d'un abri couvert. En effet, l'implantation de leur poil est faite de telle manière que celui-ci dirige l'eau vers l'extérieur et vers le bas, en la faisant ruisseler sans qu'elle atteigne la peau. De plus, la protection naturelle de la peau, le sébum, rend le poil pratiquement imperméable. C'est aussi pour cela qu'il est déconseillé de laver trop souvent son cheval – surtout l'hiver – les shampooings trop fréquents ayant tendance à débarrasser le poil de ses huiles naturelles. Pour la même raison, il vaut mieux éviter d'étriller un cheval resté au pré.

L'humidité provoque une repousse de l'herbe qui, si elle est moins nourrissante qu'au printemps, permet tout de même au cheval d'améliorer son état, afin d'affronter l'hiver en parfaite condition physique.

Les chevaux se couvrent l'hiver d'une épaisse toison protectrice.

◆ L'hiver

L'hiver est une saison très dure pour les animaux sauvages. La végétation se fait de plus en plus rare (les feuilles tombent, l'herbe est rase et parfois gelée ou couverte de neige) et le froid demande une dépense importante d'énergie aux espèces à sang chaud. Celles-ci doivent en effet utiliser les calories tirées de leur alimentation pour conserver leur température corporelle. C'est pourquoi les chevaux et beaucoup d'autres animaux sauvages sortent souvent de cette saison très amaigris.

Pour se protéger du froid et limiter les pertes d'énergie, les chevaux se couvrent l'hiver d'une épaisse toison. Le poil d'hiver protège très bien du froid sec, et les poneys en particulier résistent à des températures très basses. La tête elle-même se couvre de longs poils, même autour des naseaux où la peau reste nue l'été. Certains poneys sauvages et chevaux de trait (comme les shires) arborent même par temps froid une véritable moustache sur la lèvre supérieure. Celle-ci leur permet en outre de brouter sans se piquer aux végétaux comme le houx et le genêt, très nourrissants et toujours verts, même lorsque le reste de la végétation est en sommeil ou recouverte de neige. Quant aux races primitives, la taille de leur tête permet à l'air inhalé de se réchauffer, en effectuant un plus long trajet avant d'atteindre les poumons. Pour combattre les effets du vent

glacé, chevaux et poneys se placent dos au vent, afin de ne lui présenter qu'une petite partie de leur corps.

Si les races rustiques résistent généralement à tout, ce n'est pas le cas de toutes les races domestiques et certains chevaux de selle ont la peau très sensible et un poil d'hiver insuffisant pour supporter les grands froids. Mieux vaut alors les sortir le jour et les rentrer la nuit pendant l'hiver. Une couverture de prairie peut également être nécessaire dans ce cas, ou pour des chevaux âgés ou malades.

Les chevaux domestiques qui travaillent régulièrement pendant l'hiver sont souvent tondus. En effet, leur épais poil d'hiver leur tient chaud et les fait transpirer. Après le travail, s'ils restent mouillés (plus le poil est épais, plus il est long à sécher), ils risquent d'attraper froid.

Certains chevaux de selle ne peuvent rester dehors toute l'année.

UNE RÉSISTANCE À TOUTE ÉPREUVE

Si les chevaux domestiques vivent dans un environnement contrôlé par l'homme, il n'en est pas de même pour leurs cousins sauvages. Ceux-ci doivent compter sur leurs propres ressources pour survivre dans un environnement parfois hostile. Ils font preuve d'une résistance impressionnante, réussissant à s'adapter à des conditions extrêmes (températures très basses, végétation quasi inexistante, points d'eau inaccessibles…).
D'instinct, des chevaux domestiques revenus à l'état sauvage sont capables d'assurer seuls leur survie. Ils apprennent à gratter la neige pour faire apparaître de l'herbe, mangent des racines, de la terre ou de vieux crottins pour survivre lorsque les végétaux manquent, trouvent des trous d'eau dans le désert, bref, ils doivent parfois leur survie à une capacité d'adaptation extraordinaire.
Avec le temps, les Équidés vont même jusqu'à évoluer pour mieux correspondre à leur environnement : c'est le cas par exemple des poneys shetland, devenus petits et trapus afin de mieux résister au climat inhospitalier et de se contenter du peu de végétation disponible sur leurs îles natales.

DANS L'INTIMITÉ DU CHEVAL

La plus belle conquête de l'homme est sans doute cet animal complexe qu'est le cheval. Sa vie privée au sein du troupeau est fascinante à observer et à étudier. De son comportement naturel découlent ses réactions en captivité. Il est donc important de comprendre ses motivations lorsqu'on souhaite passer du temps en sa compagnie.

C'est à ses sens aiguisés que le cheval sauvage doit sa survie.

LES SENS DE LA COMMUNICATION

À l'état sauvage, le cheval est à la merci de nombreux prédateurs, sans parler des dangers que recèle la nature : marais, ravins, plantes toxiques... Il doit donc se fier à ses cinq sens pour garder la vie sauve. Ces sens, s'ils sont les mêmes que les nôtres, sont dans l'ensemble beaucoup plus développés chez l'animal. C'est pourquoi on peut parfois être surpris de voir réagir violemment son cheval à un signal presque imperceptible : c'est à sa sensibilité qu'il doit sa survie.

◆ La communication visuelle

Un large champ visuel

Le cheval voit presque tout autour de lui, seules les zones situées juste sous son nez et juste derrière lui lui sont invisibles. C'est pourquoi il est recommandé de ne jamais s'approcher d'un cheval par-derrière. Ses yeux, situés à l'extérieur de la partie supérieure de sa tête, lui permettent de voir lorsqu'il a le nez plongé dans les hautes herbes. Sa vision n'est cependant pas excellente… Pour ce qui est des couleurs, les avis divergent. En fait, le cheval perçoit les couleurs mais avec moins d'acuité que l'œil humain. Ainsi il distingue relativement mal les couleurs pastel.

Son large champ de vision lui permet de surveiller tout ce qui se passe autour de lui et de repérer très vite un éventuel prédateur. À l'état domestique, la vue lui sert aussi, bien sûr, à évaluer les distances, notamment à l'obstacle, mais aussi à reconnaître les personnes et animaux qu'il aime… ou n'aime pas !

Savoir observer

Contrairement à ce qu'on pourrait penser, le cheval est un animal très expressif. Ses yeux, sa bouche, ses naseaux et son attitude corporelle en disent long sur son état d'esprit. La communication visuelle, basée sur l'interprétation du langage corporel, est probablement celle qui est le plus souvent utilisée par le cheval. Le premier signe qu'apprennent à observer cavaliers et soigneurs débutants est la position des oreilles (voir encadré page 68). Le reste du corps fournit cependant des indications utiles sur l'humeur de l'animal.

Quand on aborde un cheval, au pré ou à l'écurie, mieux vaut savoir prévoir ses réactions. Il n'est pas rare de rencontrer des chevaux un peu brutaux ou « mal lunés » et un coup de dents ou un coup de pied sont vite partis. Si le cheval accueille son cavalier de face, avec les oreilles droites, pas de problème : il est plutôt content de le voir. Par contre, s'il couche les oreilles en le voyant, méfiance, surtout s'il fait mine de tourner la croupe vers l'arrivant et soulève un de ses postérieurs ! De même, pendant le pansage, on voit vite ce qui plaît au cheval et ce qu'il aime moins ! Mieux vaut en tenir compte : le pansage est un moment privilégié que le cheval devrait apprécier. S'il couche les oreilles quand on l'étrille ou quand on lui brosse la tête, c'est probablement parce qu'il est un peu délicat et n'aime pas ce contact trop dur sur sa peau fine. Il faut alors essayer de lui passer une brosse douce sur les zones sensibles. Enfin, quand on pose la selle sur son dos et quand on la sangle, attention à faire preuve de douceur et à garder un œil sur les oreilles du cheval, certains ayant la fâcheuse habitude de mordre dans ces moments-là.

◆ La communication sonore

La communication est un élément très important de la vie de toute communauté humaine ou animale. Chez le cheval, les différents types de hennissement correspondent à la communication sonore. Le répertoire vocal du cheval est plus riche qu'il n'y paraît. En tendant l'oreille, on peut distinguer une bonne dizaine de sons différents, ayant chacun leur signification. Du soupir amical de la jument à son poulain au rugissement féroce de l'étalon face à son rival, en passant par les couinements de la jument en chaleur, cette communication sonore est un des éléments clés de l'organisation sociale du troupeau. Combinée aux signaux visuels, tactiles et olfactifs, elle permet une parfaite compréhension entre les individus de l'espèce équine.

Le vrai hennissement est un appel audible de très loin. Il est émis bouche ouverte. Le cheval laisse échapper un son modulé et d'assez longue durée grâce aux vibrations de ses cordes vocales. Les divers ronflements, eux, sont émis bouche fermée, avec ou sans vibration des cordes vocales. Dans ce cas, l'air s'échappe par les naseaux et c'est de là que provient le son.

Le hennissement proprement dit est un appel de détresse, émis par un cheval isolé en attente d'une réponse d'un congénère. C'est l'appel de la jument à son poulain ou d'un cheval séparé de son compagnon de box, par

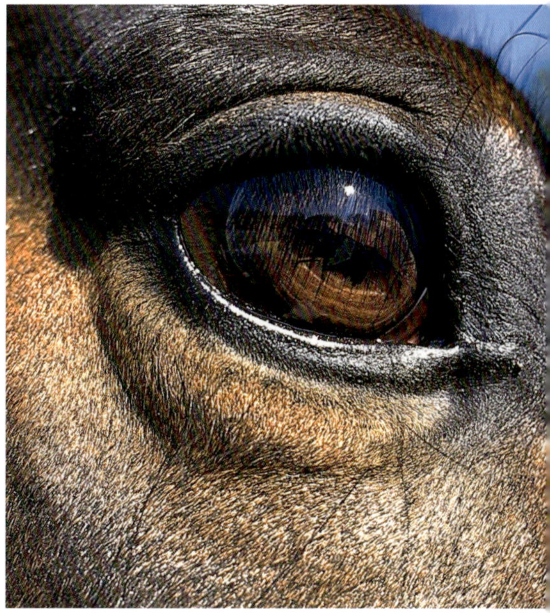

La forme particulière de la pupille du cheval lui permet une large vision périphérique.

La vue est l'un des sens les plus utilisés par le cheval.

Enfin, tout cavalier communique avec son cheval grâce aux sens de celui-ci. Les aides principales sont en effet axées sur le sens du toucher : pression du mollet, rêne d'appui, poids du corps…

Le flehmen

Les odeurs (et les goûts) sont en réalité constituées de multitudes de petites molécules. Celles-ci transportent un message chimique qui est perçu par les organes des sens. L'un de ces organes, appelé organe de Jacobsen ou organe voméro-nasal permet au cheval de mieux « traduire » ces messages chimiques, en particulier ceux provenant d'autres individus. En relevant ainsi la tête et en retroussant sa lèvre supérieure, en même temps qu'il retient l'air inspiré, l'animal facilite la progression des molécules odoriférantes vers cet organe, et donc leur analyse – c'est le flehmen.

Les molécules d'odeurs émises par les animaux transportent beaucoup d'informations sur l'âge, le sexe et l'état de l'individu. Ce sont

LE MARQUAGE

Dans la nature ou à l'état domestique, les chevaux utilisent leurs excréments pour faire passer toutes sortes de messages. Du marquage de l'étalon au poulain qui consomme les déjections de sa mère, les comportements liés au crottin sont nombreux et parfois difficiles à interpréter.
Les crottins servent notamment à l'étalon à « marquer son territoire ». Les Équidés ne disposent pas, contrairement aux Canidés (les chiens et les loups) d'un territoire à proprement parler. Cependant, ils appartiennent à un groupe composé de jeunes, de juments et d'un étalon qui « possède » le reste du troupeau. En recouvrant les crottins de ses juments avec les siens, il mêle son odeur aux leurs et signifie aux intrus qu'ils se trouvent sur une chasse gardée. Lors des rencontres entre mâles, le plus fort défèque souvent sur un tas existant pour marquer sa dominance. On trouve ainsi dans la nature de véritables piles de crottins.
En reniflant les crottins laissés par un autre individu, un cheval peut savoir s'il s'agit d'un de ses amis, d'un étalon rival, d'une jument en chaleur ou non… Selon les informations obtenues, il aura un comportement différent : ignorer ou recouvrir le crottin du sien, par exemple.

La jument urine beaucoup lorsqu'elle est en chaleur pour signaler son état à l'étalon.

les fameuses phéromones, qui sont perçues et analysées par les autres animaux d'une même espèce, voire d'autres espèces. Il y a donc une véritable communication olfactive. C'est l'étalon qui utilise le plus fréquemment le flehmen, qu'il effectue en présence d'une jument en chaleur ou après avoir reniflé son urine.

Le cheval n'est pas le seul à posséder et à utiliser l'organe voméro-nasal. La plupart des autres animaux (notamment bovins et caprins) ont une mimique très similaire à celle des Équidés. Le chien et le chat se servent eux aussi de cet organe mais leur façon d'y faire circuler les odeurs est différente. Le chat se contente de garder sa gueule entrouverte en retenant sa respiration. Pour le chien, c'est en général un claquement régulier des mâchoires. Quant à l'homme, c'est un « sous-doué » ! Non seulement son odorat est très peu développé, mais en plus il ne sait pas se servir de son organe voméro-nasal... à de très rares expressions près, paraît-il.

◆ Les émotions et la douleur

Contrairement à ce que pensent certains humains, les chevaux réagissent non seulement à la douleur, mais éprouvent de nombreuses émotions. Celles qu'ils partagent avec nous sont variées et peuvent être de nature positive ou négative : peur, gaieté, détresse, colère, dégoût...

En haut : Cette drôle de mimique permet au cheval de mieux analyser une odeur étrange ou agréable.

Ci-contre : C'est grâce au toucher que le cavalier transmet la plupart de ses demandes à sa monture.

Les lèvres du cheval lui servent à étudier ce qui l'entoure.

Les émotions sont extrêmement transmissibles d'un cheval à un autre (d'où les débandades générales lorsqu'un cheval du groupe prend peur), en particulier entre deux animaux proches (jument et poulain par exemple). Le cheval est également tout à fait capable de ressentir les émotions des humains qu'il côtoie. C'est ainsi que la peur, par exemple, est très difficile à cacher à l'animal, qui y réagit selon son tempérament et la situation : soit il prend peur lui-même, soit il prend le dessus et se montre agressif.

L'inquiétude est facilement perçue par le cheval et elle est extrêmement communicative.

LES RELATIONS AMOUREUSES

◆ Le cycle de la jument et ses avances au mâle

« La nature fait bien les choses »

Contrairement au mâle, qui est fertile de façon constante dès sa maturité, la jument n'est féconde que pendant ses périodes de chaleurs. Les premières chaleurs apparaissent généralement aux alentours de 18 mois, mais la nature est bien faite, et la plupart des étalons sauvages ne s'intéressent pas à une jument aussi jeune. L'espace entre les chaleurs est de 21 jours et chaque période de chaleurs dure de 7 à 8 jours.

La gestation dure 11 mois, ce qui fait qu'un poulain conçu au mois d'avril naîtra au mois de mars de l'année suivante. C'est pour cela qu'en général, la période de chaleurs s'étend du printemps à l'automne, un poulain ayant plus de chances de survivre s'il voit le jour à la belle saison. Pourtant, certaines juments continuent à avoir leurs chaleurs pendant l'hiver, ce qui donne parfois lieu à des naissances inattendues.

La jument est à nouveau en chaleur très brièvement, de 7 à 10 jours après la naissance, puis le cycle normal reprend et elle peut à nouveau être saillie et concevoir un poulain qui naîtra l'année suivante.

Bien que vivant en troupeaux, les chevaux sauvages ne restent pas souvent en groupes réellement familiaux. Les jeunes mâles partent fonder leurs propres harems ou tentent d'en conquérir un. Les jeunes femelles quittent elles aussi souvent le troupeau pour rejoindre un autre étalon. Il y a donc très peu de relations père-fille, mère-fils ou frère-sœur, ce qui évite une trop forte consanguinité et assure le brassage des gènes et donc le renouvellement de l'espèce.

Les avances de la jument

Si l'étalon fait une cour active à ses fiancées, celles-ci ne sont pas passives pour autant. Quand elle est en chaleur, la jument fait son possible pour attirer les mâles. Elle annonce ouvertement son état en urinant fréquemment, après quoi elle dégage sa queue sur le côté et « cligne » de la vulve. C'est un appel irrésistible pour l'étalon qui vient immédiatement inspecter l'état de la jument en la reniflant. Par contre, lorsqu'elle n'est pas prête, elle n'hésite pas à éconduire sans ménagement son prétendant. Celui-ci n'insiste généralement pas et attend patiemment le bon moment pour lui faire à nouveau des avances.

Il arrive cependant que l'étalon décide d'ignorer les tentatives de séduction les plus poussées. C'est en général le cas si la jument est trop jeune ou tout simplement si elle ne lui plaît pas. Ce n'est pas, en effet, parce qu'une jument est en chaleur que le mâle va nécessairement la saillir. Même si elle se montre très persuasive, il arrive que celui-ci la rejette. Les étalons ont parfois des exigences particulières : certains ne supportent pas les juments d'une certaine robe, ou au contraire n'acceptent que celles qui sont d'une couleur donnée. D'autres peuvent refuser de saillir des juments d'un type (ou d'une race dans un élevage) différent du leur. La plupart du temps, un étalon sauvage ne s'intéressera pas à ses filles, ni à des juments trop jeunes ou trop âgées. Rien n'y fait, aussi aguicheuse qu'elle puisse être, si la jument ne lui plaît pas, l'étalon s'en détourne... quand il ne la chasse pas carrément du troupeau avec perte et fracas !

La saillie chez la jument domestique

Si le cheval domestique ne vit pas aussi près de l'homme que le chien, il a toutefois une existence bien différente de celle des troupeaux sauvages. Séparé de ses congénères, enfermé dans un box à longueur de journée, forcé de manger et de se re-

Le printemps est la saison de la reproduction et des naissances.

La cour de l'étalon est longue et pleine de tendresse.

Une fois domestiqué, le cheval conserve un certain nombre d'instincts liés à la reproduction.

poser à heure fixe (souvent à l'inverse de celles qu'il choisirait dans la nature), bref, obligé de se conformer aux désirs de l'homme, il lui est parfois difficile de réagir naturellement. C'est ainsi que certaines juments peuvent avoir une peur panique de l'étalon quand on souhaite les faire saillir. Une jument qui refuse l'accouplement le fait en général parce que ce n'est pas le bon moment, mais dans certains cas, il peut s'agir d'une véritable phobie. Peu habituée au contact avec ses congénères, une jument très sédentarisée peut en effet ne pas comprendre ce que lui veut cet animal imposant et souvent très agité qu'est l'étalon d'élevage. Malheureusement, dans la plupart des cas, elle sera alors entravée et maintenue pour la saillie qui, loin d'être consentie, se rapproche plus d'un viol que d'un acte naturel. La peur de la jument risque d'empirer et sa réaction sera généralement encore plus violente la fois suivante.

◆ L'étalon fait sa cour

Pour tous les animaux, la survie de l'espèce est la priorité numéro un. La reproduction est une façon d'assurer cette survie à long terme en produisant régulièrement de nouveaux individus. Pourtant, cette fonction de base n'est pas aussi simple qu'il y paraît : chez le cheval comme dans beaucoup d'autres espèces, elle est régie par de nombreuses règles.

Le rôle de l'odorat

C'est surtout grâce à son odorat que l'étalon reconnaît les chaleurs d'une

jument. Celle-ci n'étant pas prête à être fécondée pendant toute sa période de chaleurs, c'est elle qui, par son attitude, va indiquer à l'étalon le moment idéal pour la saillie. Comme nous l'avons vu au chapitre précédent, une mimique appelée flehmen sert au cheval à analyser les goûts et, surtout, les odeurs. C'est l'étalon qui en fait le plus souvent usage, en particulier pendant la saison des amours. Son odorat très développé lui permet ainsi de déterminer le moment de l'ovulation, seule période ou la jument en chaleur est réceptive et peut être fécondée. Il renifle d'abord les naseaux, puis les flancs et enfin l'urine de chacune des juments de son troupeau, et sait ainsi laquelle est prête à accepter la saillie.

Un véritable don Juan

Avant de saillir une jument, l'étalon se doit de lui faire une cour en bonne et due forme : il ne s'agit pas de lui sauter dessus sans préambule ! Quelques jours avant l'œstrus, il se rapproche de sa promise et passe plus de temps à ses côtés qu'auprès des autres juments du troupeau. L'étalon est loin d'être un mufle ! Séducteur, il déploie tout son éventail de tactiques pour faire craquer sa belle. Mordillements, grattouilles, léchage, tout y passe. Et si la jument est sa favorite, on peut presque parler d'une véritable tendresse entre les deux amoureux ! Les séances de grattage et de toilettage mutuel se font plus fréquentes, l'étalon léchant et mordillant fréquemment l'encolure et les flancs de sa bien-aimée. Celle-ci répond plus favorablement à ses avances à mesure qu'elle se rapproche du moment de l'ovulation.

Une fois domestiqué, l'animal conserve un certain nombre d'instincts liés à la reproduction. Selon l'espèce, son degré de domestication et son mode de vie, ces instincts sont plus ou moins forts et influent de façon plus ou moins importante sur ses relations avec l'homme. Le cheval garde habituellement une approche très naturelle des relations amoureuses, ce qui n'est pas sans poser quelques problèmes... Ce sont d'ailleurs ces inconvénients qui ont amené l'homme à castrer la plupart des chevaux mâles destinés au travail.

Les étalons sont souvent de véritables séducteurs.

◆ La saillie

Chez les chevaux sauvages

Les chevaux vivent en groupe et partagent tout. Seule la naissance des poulains se passe un peu à l'écart du troupeau. Pour ce qui est des ébats amoureux, ils ont lieu au beau milieu du groupe, devant tout le monde : chez les Équidés, on ne s'embarrasse pas pour si peu ! Il faut noter que la gestation pendant onze mois chez la jument, la saison des amours correspond à celle des naissances. La jument est donc souvent suitée au moment de la saillie. Le poulain de l'année est alors simplement repoussé devant sa mère pour ne pas risquer de blessure.

Les premières tentatives d'accouplement sont souvent vaines, la ju-

ment repoussant un étalon trop entreprenant à grand renfort de coups de pieds. Une fois le jour J atteint, cependant, la jument se laisse faire sans protester.

Chez les chevaux domestiques

Chez les chevaux domestiques, c'est l'homme qui décide si une saillie aura lieu ou non. Lorsque la jument est en chaleur et qu'on souhaite la faire reproduire, généralement au début du printemps, on l'amène à l'étalon choisi pour la saillie. Il est souvent possible de la laisser en pension sur place quelque temps.

Pour ce qui est des saillies proprement dites, il existe deux solutions, selon les préférences du propriétaire de l'étalon. Pour les races rustiques (poneys, chevaux de loisirs ou de trait), la solution la plus courante est la saillie en liberté, l'étalon et la jument étant lâchés ensemble au pré et laissés libres de faire connaissance. Pour les chevaux de sport et de sang, on procède souvent à des saillies en main, assistées par deux personnes. L'une tient la jument au licol, celle-ci pouvant être entravée pour éviter qu'elle botte l'étalon, l'autre amène ce dernier en main.

La saillie en liberté est bien sûr la méthode la plus naturelle. Les deux animaux ont tout le temps de faire connaissance et de se faire la cour avant de procéder à une saillie sans contraintes. Par contre, l'étalon peut parfois prendre un coup de pied ou mordre la jument. Cette solution n'est donc pas sans risque

En haut : Les chevaux domestiques conservent la plupart de leurs instincts naturels.

Au centre et ci-contre : Si les élevages de poneys (comme ces welshes) pratiquent surtout les saillies en liberté, les chevaux de selle ont souvent droit à des saillies « assistées ».

de blessures pour l'un et l'autre des partenaires. Dans le cas d'une saillie en main, en particulier lorsque la jument est entravée (on protège aussi parfois son encolure contre les coups de dents du mâle), les risques de blessure sont minimes. Le manque de préliminaires peut toutefois paniquer une jument sensible ou peu expérimentée, qui sera de plus en plus difficile à tenir les fois suivantes. De plus, la monte en liberté permet une plus grande certitude de fécondation, l'étalon reconnaissant à coup sûr le « bon moment ».

Les besoins de la jument pleine augmentent surtout pendant les derniers mois de gestation.

◆ La gestation

Chez les mammifères, la mise bas intervient lorsque le petit est suffisamment évolué pour survivre dans le milieu extérieur. La gestation, période pendant laquelle le poulain se développe à l'intérieur de la jument, dure environ onze mois : ce n'est que près d'un an après sa conception que le poulain voit enfin le jour. Les poulains conçus au printemps naissent donc également à cette saison, ce qui leur donne le maximum de temps pour grandir et prendre des forces avant de devoir affronter leur premier hiver.

Dans la nature, les juments pleines continuent à suivre le rythme du troupeau jusqu'à la naissance de leur poulain. Ce rythme est cependant plus lent que celui imposé à beaucoup de chevaux domestiques. Lorsqu'on possède une jument pleine, il faut donc savoir s'en occuper convenablement afin qu'elle ne manque de rien. Elle peut continuer à travailler pendant la première moitié de sa grossesse, puis il vaut mieux diminuer progressivement le travail pour l'arrêter complètement au sixième mois de gestation. La jument pourra à nouveau travailler dès que son poulain sera en mesure de la suivre, on dit alors qu'elle est suitée.

Côté alimentation, la jument sauvage sait profiter au maximum des ressources qui l'entourent. Elle prend du poids au printemps et à l'automne, lors de la pousse de l'herbe, pour vivre en grande partie sur ses réserves pendant l'hiver. Elle a tout juste le temps de se remettre en état au début du printemps, avant la naissance de son poulain. Pour les juments domestiques, on augmente progressivement la ration dès les premiers mois de gestation, sans pour autant surcharger la future maman. Un complément en vitamines et minéraux est bénéfique, ainsi que le passage à un aliment spécifiquement destiné aux juments gravides et en lactation. Tout ceci évite que la poulinière se retrouve en piteux état avant de donner le jour à son petit.

◆ La mise bas

Lorsqu'elle sent que son poulain est prêt à naître, la jument recherche un endroit isolé pour mettre bas tranquillement. Elle choisit souvent de faire son petit la nuit, aux heures les plus calmes.

Les signes annonciateurs

Certains signes permettent de savoir si la mise bas est proche. Les mamelles augmentent progressivement de volume, puis, quelques jours avant la mise bas, leur extrémité se

Chez la jument, la gestation dure onze mois.

La jument choisit généralement un coin isolé pour mettre bas.

Le sac qui entoure le poulain se déchire à la naissance.

Sa mère le lèche pour le sécher et le stimuler.

recouvre d'une substance cireuse, qui n'est autre qu'un bouchon de colostrum (le premier lait). Quelques heures seulement avant le poulinage, le bouchon cireux tombe et laisse couler un peu de lait. La vulve se relâche et les muscles de l'arrière-main se détendent, donnant l'impression que la croupe s'affaisse. À l'approche de la mise bas, la jument semble agitée, transpire et cherche à s'isoler. La plupart du temps, elle se couche pour donner naissance à son petit. Certaines juments restent debout pour la mise bas, se contentant d'écarter légèrement les postérieurs pour dégager le passage.

Le travail et la naissance

Le travail qui précède la naissance peut durer de 1 à 4 heures environ. Une fois que la jument commence à avoir de fortes contractions, destinées à repousser le poulain vers l'extérieur, tout se passe assez vite. Les premières contractions provoquent la rupture de la poche des eaux, puis le poulain apparaît dans l'heure qui suit. À partir du moment ou l'on aperçoit les sabots (généralement antérieurs) du poulain, on peut s'attendre à sa

Le poulain se lève moins de deux heures après sa naissance.

sortie dans les minutes qui suivent. Celui-ci naît entouré d'un sac, qui se déchire à la naissance. De même, le cordon ombilical qui le relie à sa mère est coupé ou arraché. La jument peut enfin prendre soin de son petit en le léchant pour le sécher.

Le placenta est expulsé dans un délai d'environ 2 heures. C'est également le temps qu'il faut pour que le poulain se lève, urine et se mette à téter. Ce premier lait, le colostrum, est très important pour lui : il contient en effet les anticorps maternels, qui l'aideront à lutter contre les maladies pendant ses premiers mois de vie.

Chez les juments domestiques, les mises bas naturelles au pré, sans surveillance particulière, sont assez rares. L'éleveur préfère souvent garder la jument dans un grand box lorsqu'il sait que la naissance du poulain est proche. Il surveille l'évolution des choses et se tient prêt à assister la jument si besoin est, ou à appeler le vétérinaire en cas de problème. Faute d'une surveillance de tous les instants

Le poulain suit sa mère partout, sous son œil protecteur et sous sa surveillance constante.

L'INSTINCT MATERNEL

Il existe chez les juments, comme chez la plupart des femelles du règne animal, un fort instinct maternel. Sans apprentissage, la mère sait naturellement s'occuper de son poulain et le protéger des dangers qui le menacent. Il lui arrive même parfois d'étendre cette protection à un petit orphelin ou de risquer sa vie pour sauver celle de son petit.

À mesure que le terme approche, la jument pleine change peu à peu de comportement. Quelque temps avant la mise bas, elle s'isole des autres chevaux puis se couche dans un endroit tranquille pour donner naissance à son petit. Elle sait d'instinct qu'il lui faut couper le cordon ombilical et lécher son poulain afin de le sécher, de stimuler sa circulation sanguine, mais aussi de l'imprégner de sa propre odeur. Elle saura ensuite reconnaître son petit entre mille. Après avoir repris des forces et avoir nettoyé consciencieusement son poulain, la jument l'incite à se lever. Encore titubant, le petit doit alors trouver les mamelles afin de boire le colostrum qui lui apporte les anticorps maternels. S'il ne parvient pas à trouver les pis de lui-même, sa mère l'y aide en le poussant doucement avec sa tête dans la bonne direction. Très vite, le petit poulain suivra sa mère partout, sous son œil protecteur et sous sa surveillance constante.

L'instinct maternel de la jument est très puissant. Si elle sent son poulain en danger, elle n'hésite pas à le protéger en toutes circonstances, parfois au péril de sa vie. Elle repousse les autres chevaux (y compris les poulains) et n'accepte de se laisser approcher que par son propre petit. Toutefois, dans certains cas, il arrive qu'une jument accepte d'adopter un poulain orphelin et de l'élever comme s'il était le sien. Dans la nature, cela n'arrive que très rarement et dans des circonstances exceptionnelles (jument ayant elle-même perdu son poulain). Dans un environnement plus propice, où la nourriture ne manque pas, on voit parfois des juments accepter le poulain d'une autre en plus de son propre petit, les deux poulains partageant alors son lait.

à l'approche du terme, il ne faut pas espérer être présent pour assister à la mise bas. En effet, les juments choisissent généralement un moment et un endroit tranquille et isolé pour donner naissance à leurs petits. Il est de toute façon préférable de se tenir à l'écart et de n'intervenir qu'en cas de problème, afin de permettre à la jument de mettre bas calmement et sans stress.

LES ÂGES DU CHEVAL

◆ Naissance et imprégnation naturelle

À peine né, le poulain se lève et trouve les mamelles, avec l'aide de sa mère si nécessaire. Celle-ci le lèche consciencieusement afin de le sécher, de le réchauffer, de stimuler sa circulation sanguine, mais aussi de le recouvrir de sa propre odeur. Les deux animaux partagent ainsi une odeur qui leur permet de se reconnaître sans hésitation.

En quelques heures, le poulain est capable de suivre sa mère, puis de la reconnaître parmi les membres du troupeau et d'évoluer aux trois allures. Il ne faudra que quelques jours pour qu'il commence à jouer avec sa mère, puis avec les autres poulains, et pour qu'il s'intéresse à l'herbe du pré ou au seau de granulés.

Il apprend vite comment se comporter avec les autres chevaux, et à reconnaître ses amis et ses ennemis, grâce à l'influence de sa mère. C'est elle qui, dès que le lien olfactif est créé avec son poulain, influence ses déplacements, son alimentation, mais aussi ses peurs et ses relations avec les autres. C'est pourquoi lorsqu'on élève des chevaux il est essentiel que les poulinières soient d'un tempérament sociable et équilibré, et que les poulains reçoivent un maximum de contacts humains dès leur naissance. En leur présentant de nombreux éléments nouveaux dès les premières heures de leur vie et en les familiarisant avec l'homme et avec les autres espèces (chiens, chats...) avec lesquelles ils seront amenés à cohabiter plus tard, on en fait des animaux plus adaptables et aux capacités d'apprentissage accrues. On parle alors d'imprégnation comportementale, le poulain apprenant très tôt, avant d'être sujet à la peur ou à la méfiance, à tolérer les êtres et les objets qu'il côtoiera plus tard sans sourciller.

◆ Les poulains sous la mère et dans la famille

Les chevaux adultes vivant en groupe suivent des règles bien établies lors de leur vie de tous les jours. Les jeunes ont eux aussi leurs habitudes, leurs mimiques et leur emploi du temps propre, qu'ils évoluent au sein d'un groupe sauvage ou domestique.

Le mouthing, ou snapping

Poulains et jeunes chevaux se situent tout en bas de la hiérarchie du groupe. Les adultes se placent au-dessus d'eux et n'hésitent pas à les rappeler à l'ordre s'ils « poussent le bouchon » un peu loin lors de leurs jeux. Pour désactiver toute agressivité de la part d'un adulte, le poulain dispose d'une mimique spéciale, appelée mouthing ou snapping. Face à un adulte un peu impressionnant, le jeune étend son encolure et se met à faire claquer ses mâchoires en découvrant sa langue. C'est sa façon de dire qu'il accepte la dominance de son aîné et de demander sa clémence.

L'apprentissage par le jeu

Dès les premiers jours de sa vie, le poulain joue seul, avec sa mère, puis avec les autres jeunes du troupeau. Les jeux sont de natures diverses selon l'âge du poulain, son sexe et ses partenaires. Les courses poursuites, avec arrêts nets et démarrages « express », entrecoupés de sauts de mouton et de ruades, sont la spécia-

Le jeu est un exutoire pour le poulain.

Dans la nature, la rupture entre la mère et le petit est très progressive, contrairement à ce qui se passe dans beaucoup d'élevages.

lité des plus jeunes et des pouliches. Les jeux de bagarre sont préférés par les jeunes mâles, qui se préparent ainsi aux affrontements qu'ils auront à l'âge adulte. Dans tous les cas, le poulain apprend en jouant à bien contrôler ses mouvements et sa vitesse. Il apprend aussi jusqu'où il peut aller avec ses différents compagnons de jeu, et comment « faire semblant » sans faire mal.

Si le jeu est source d'apprentissage, il en est de même pour toutes les formes d'interaction du poulain avec les autres chevaux. Entre eux, les poulains passent du temps à se panser mutuellement, à se renifler, à effectuer des tentatives de monte... autant de comportements qui persistent jusqu'à l'âge adulte et préparent les jeunes aux relations sociales et sexuelles de leur vie d'adulte.

Contrairement aux chevaux adultes qui ne dorment que très peu et se couchent rarement, les poulains passent beaucoup de temps à se reposer. Leur organisme a besoin de temps de repos entre les poursuites effrénées et les tétées. C'est pourquoi on voit très souvent les jeunes chevaux couchés « en vache » ou de tout leur long, sur le flanc, notamment aux heures chaudes de la journée. Pas d'inquiétude à avoir : leurs mères sont là pour monter la garde et les protéger en cas de danger.

LE SEVRAGE NATUREL

Le poulain commence très tôt à grignoter quelques brins d'herbe en complément de son régime lacté. Dans la nature, sa mère le laisse téter très tard, attendant bien souvent la naissance du poulain suivant pour repousser définitivement le plus vieux. La rupture est donc très progressive, contrairement à ce qui se passe dans beaucoup d'élevages. Le poulain qui quitte sa mère trop tôt et brutalement souffre beaucoup de cette séparation forcée et il est préférable d'effectuer un sevrage progressif, à l'image de celui qui se produit naturellement.

Dans les élevages ou dans les clubs, les jeunes mâles peuvent vivre ensemble au pré : ils recréent les groupes qui existent dans la nature et, une fois la hiérarchie instaurée, tout se passe plutôt bien.

Le poulain et l'homme

Si le poulain apprend au sein de son groupe le comportement qu'il peut et doit avoir avec ses congénères, c'est au contact direct de l'homme qu'il apprendra à s'adapter à lui. Un cheval adulte ne tolère pas de se faire brutaliser par un jeune, et il le remet bien vite à sa place. De même, le poulain domestique doit apprendre le plus tôt possible ce qui est permis avec les humains et ce qui ne l'est pas. Plus il est manipulé jeune, plus le poulain sera décontracté dans ses rapports avec l'homme. Mais attention, c'est une situation à double tranchant : s'il est élevé comme un chien et habitué à l'homme dès son plus jeune âge, mais qu'on ne lui pose aucune limite, l'animal une fois adulte sera insupportable, voire dangereux. L'idéal est un contact précoce et répété avec l'homme, accompagné de règles simples et strictes (ne pas mordiller, ne pas monter sur les épaules, etc.). Moyennant cela, on obtiendra un cheval équilibré, bien dans sa tête et agréable à vivre.

◆ Les groupes de jeunes célibataires

Les jeunes mâles quittent le groupe où ils sont nés dès qu'ils ont atteint leur maturité sexuelle (vers 2 ou 3 ans) et partent fonder un nouveau groupe où s'intègrent à un groupe de jeunes célibataires.

Ils ont passé une bonne partie de leur jeunesse à s'entraîner au combat en jouant à lutter les uns contre les autres et sont donc préparés aux affrontements de la vie d'adulte. Leur

Dans la nature, les jeunes quittent souvent leur harde pour composer des groupes de célibataires.

apprentissage se poursuit en général pendant quelques années au sein de petits groupes de jeunes célibataires. Ce mode de vie leur évite de se retrouver seuls à la merci des prédateurs, tout en leur donnant le temps nécessaire pour finir de devenir des adultes. Ces groupes sont organisés comme des troupeaux miniatures, avec une hiérarchie et une organisation similaires, bien qu'ils ne comportent que des mâles.

Un jour peut-être, ils oseront se mesurer à un étalon pour lui prendre son groupe, ou ils parviendront à former leur propre harem en séduisant des juments qui se sont éloignées de leur groupe.

Dans les élevages ou dans les clubs, il arrive que des entiers soient mis ensemble dans le même pré ou dans le même box. S'ils ne sont pas en compétition pour une ou plusieurs juments, tout peut très bien se passer. C'est surtout le cas pour les groupes de jeunes mâles parqués ensemble à l'élevage : ils recréent ainsi les groupes qui existent dans la nature et, une fois la hiérarchie instaurée, tout se passe plutôt bien. Toutefois, il ne faut pas songer à mettre ensemble des entiers reproducteurs ou des mâles en la présence de juments : le risque d'affrontement serait alors bien réel.

◆ La jument

Dans un groupe de chevaux sauvages, chaque individu a son rôle. L'étalon protège les siens des agressions pendant que les juments s'occupent des jeunes. Les groupes sont très bien hiérarchisés : chacun connaît sa place et y reste généralement sans broncher.

Les femelles qui composent le harem de l'étalon, qui est polygame, sont plus ou moins nombreuses selon les groupes et c'est autour d'elles que s'organise la hiérarchie.

On pense habituellement que l'étalon est le chef de son groupe. Ce n'est pas tout à fait vrai. Bien sûr, en cas de danger ou en présence d'un élément extérieur au troupeau, c'est lui qui intervient. Pourtant, dans la majorité des autres cas, le troupeau est dirigé par une jument. C'est en effet la jument dominante qui décide des déplacements du groupe à la recherche d'eau et de nourriture ; les autres juments s'écartent de son chemin et c'est souvent elle qui reste aux côtés de l'étalon.

Le rôle principal des juments au sein d'un troupeau est la reproduction de l'espèce. Ce sont elles qui élèvent les poulains, les surveillent et jouent avec eux. Leur instinct de protection est très développé et beaucoup de juments domestiques hésitent à laisser approcher quiconque de leur poulain. Les petits orphelins sont parfois adoptés par une autre jument ayant déjà un poulain ou ayant perdu le sien.

Si les relations entre mâles sont souvent tendues, les juments se tolèrent plus facilement. Ce n'est pas pour autant qu'elles s'apprécient toutes sans heurts. Dans le troupeau, la hiérarchie est généralement bien établie et seules les juments d'un rang proche se côtoient. Il existe des affinités entre certains individus du groupe et ce sont les amies que l'on verra le plus souvent manger ensemble ou se panser mutuellement.

LA TENDANCE À SUIVRE

La tendance à suivre est un des premiers comportements instinctifs du poulain nouveau-né, qui suit n'importe quel cheval (ou autre animal !) qui passe à proximité, apprenant du même coup à se méfier des autres juments, pas toujours ravies d'être adoptées par un poulain qui n'est pas le leur. L'expression qui accompagne leur réaction hostile est assez vite reconnue par le jeune, qui finit, au bout de quelques jours par reconnaître sa mère et ne suivre qu'elle. C'est à ses côtés qu'il fera la plus grande partie de son apprentissage.

La jument tient un rôle capital au sein du troupeau.

Contraintement à une idée reçue, les étalons sont généralement très pacifiques.

Au centre : Les juments vivent généralement en parfaite harmonie.

À l'état domestique, si les chevaux entiers ne sont pas toujours faciles à monter et à manipuler, les juments sont généralement plus douces et plus maniables. Elles sont moins guidées par leur instinct sexuel que les étalons et peuvent être intégrées à une reprise sans souci majeur.

Les périodes de chaleurs sont cependant parfois un peu délicates. Certaines juments deviennent alors assez ombrageuses, voire franchement mal lunées. Elles refusent de se laisser approcher par des congénères, tournent les fesses, poussent de petits couinements peu engageants, quand elles ne passent pas carrément à la phase « publicitaire », annonçant leur état à tout mâle (castré ou non) des environs.

Les petits défauts et mauvaises habitudes des juments sont habituellement plutôt à l'inverse de ceux des mâles : elles bottent plus facilement qu'elles ne mordent, sont souvent assez « chatouilleuses » et sont moins portées à se cabrer que les entiers.

Dans l'ensemble, à part quelques cas particuliers, les juments font des montures calmes et dignes de confiance.

◆ L'étalon

Protéger et se reproduire

Dans la nature, les groupes de chevaux sont organisés autour de l'étalon et d'une jument dominante. C'est le mâle, toujours aux aguets, qui s'occupe de protéger son troupeau contre les dangers extérieurs. Les chevaux entiers domestiques (et même certains hongres) ont conservé une partie des comportements instinctifs de leurs cousins sauvages.

Loin d'être un tyran, l'étalon est généralement très doux avec les siens. Les rapports entre le mâle et ses juments ne sont pas dépourvus de tendresse : pansage mutuel, reniflements, grattouilles amicales sont autant de manifestations de douceur entre l'étalon et ses belles.

L'étalon n'est pas un chef absolu. Ce n'est d'ailleurs pas lui qui décide des déplacements du troupeau ou de son organisation hiérarchique. Il est pourtant une situation où son autorité n'est pas contestée : s'il pressent la présence d'un danger. Son attitude est alors très claire : tous les membres du troupeau se doivent de suivre ses instructions à la lettre. Pour rassem-

Le rôle de l'étalon est de protéger son troupeau.

bler son troupeau ou récupérer une jument égarée, il utilise une attitude sans équivoque, connue sous le nom de guidage. Une fois le danger écarté, il se laisse à nouveau mener par le bout du nez !

Avec la fonction de reproduction, le rôle principal de l'étalon est la protection du troupeau. Sa place de chef a un prix : la contestation régulière de mâles seuls à la recherche d'un harem. Le propre du jeune mâle est en effet de souhaiter à tout prix devenir « calife à la place du calife » !

Les combats entre étalons sont impressionnants mais rarement dangereux. Toutefois, ils laissent aux combattants de nombreuses cicatrices et parfois de graves blessures. Comme pour la plupart des autres espèces, c'est la loi du plus fort qui prévaut, et l'étalon vieillissant laisse un jour ou l'autre sa place à un plus jeune.

Hongre ou étalon ?

Pour certains, un cheval domestique mâle devrait systématiquement être castré s'il n'est pas destiné à la reproduction. Pour d'autres au contraire, l'entier a une noblesse inégalable. Tout est en fait une question de sensibilité personnelle, d'expérience et de niveau équestre. Il est certain que les hongres ont tendance à être plus maniables que les entiers : ils restent généralement calmes en présence d'autres mâles ou de juments, même si celles-ci sont en chaleur.

Les entiers prennent bien souvent de mauvaises habitudes et peuvent être carrément intenables en présence d'une jument. Leurs spécialités : mordre et se cabrer… ils ne sont donc pas à mettre entre des mains inexpérimentées.

Tout cela est toutefois à nuancer : de même qu'on rencontre des hongres intenables, certains entiers sont adorables. Tout dépend de leur éducation et de leur caractère : chez certaines races à sang froid telles que le fjord, le highland ou la plupart des races de trait, les étalons sont souvent doux comme des agneaux et peuvent être manipulés et montés sans peine.

Si certains entiers sont de véritables furies, d'autres au contraire peuvent être assez timorés. Ce peut être le cas de mâles peu dominants qui, à l'état sauvage, n'auraient jamais formé de harem et donc jamais sailli, ou de chevaux trop proches de

Les mâles entiers sont parfois délicats à manipuler…

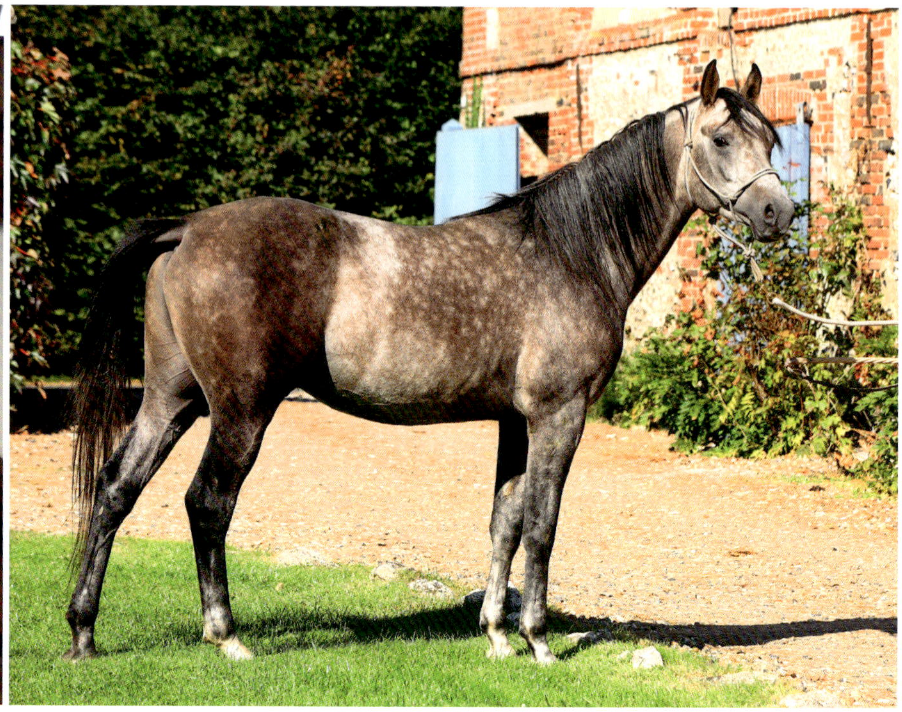

… mais lorsqu'ils sont bien éduqués, ils peuvent se montrer très doux.

l'homme, ne s'identifiant plus vraiment à l'espèce équine.

S'il est généralement établi que les mâles non castrés sont plus difficiles à manier, c'est souvent parce qu'ils sont privés des contacts sociaux nécessaires à leur équilibre comportemental. Beaucoup d'étalons d'élevage vivant toute l'année avec des juments sont très doux et très équilibrés dans leurs rapports avec l'homme. Il arrive même que l'on ait l'occasion de monter des entiers dans certains clubs hippiques. Souvent, ils sont utilisés pour la reproduction et participent également aux reprises. Dans ce cas, ils ont pris l'habitude de côtoyer les autres chevaux et de garder leur calme. Quelques précautions élémentaires sont toutefois à prendre : l'entier sera de préférence placé en tête de la reprise ou entouré de hongres. Mieux vaut éviter de le mettre juste derrière une jument, même s'il semble d'un calme olympien. Il sera de préférence monté par un cavalier expérimenté. Malgré un tempérament parfois un peu « chaud », les entiers peuvent être des montures tout à fait fiables et s'insérer sans problème dans une reprise.

◆ Les chevaux âgés

L'emploi du temps du cheval âgé

Comme dans la plupart des autres espèces, le cheval modifie son comportement au fil des années. L'expérience, mais aussi l'évolution de ses capacités physiques influent sur son mode de vie et ses réactions à certaines situations. Passé un certain âge, sa vie se calme de façon progressive. Moins actif, il apprend à économiser ses efforts pour profiter au maximum de l'énergie apportée par son alimentation. Plus de galops effrénés ni de sauts de mouton désordonnés juste pour le plaisir, juste ce qu'il faut d'exercice pour garder la forme et se rendre d'un point stratégique à un autre : au point d'eau une ou deux fois par jour, à l'abri des intempéries pour ne pas trop se fatiguer, etc. Le cheval âgé dort plus fréquemment et plus profondément que ses congénères. Il sait profiter des rayons du soleil pour se réchauffer en hiver pendant qu'il pique un petit somme, ou rester à l'ombre en été pour échapper aux assauts des insectes piqueurs. Son rythme de vie se ralentit et il garde toute son énergie pour combattre le froid, les parasites ou la maladie et rester en bonne condition physique.

La place au sein du troupeau

L'étalon sauvage est probablement celui dont l'âge a le plus d'influence sur son statut social. Trop jeune, il ne peut accéder au titre de seigneur d'un troupeau, ne parvenant à fonder son propre harem qu'après plusieurs années d'efforts et de combats infructueux. Sa place au sommet de la hiérarchie est chère et il ne la conserve que tant qu'il reste le plus fort, impressionnant suffisamment ses adversaires pour les mettre en fuite. Un jour pourtant, ses forces ayant progressivement diminué, il se trouve dépassé par la pugnacité d'un rival à qui il doit céder sa place. Exclu du troupeau qui était le sien, il se retrouve solitaire ou rejoint d'autres seigneurs déchus dans un groupe de vieux mâles.

Si l'étalon se retrouve banni du troupeau dès qu'il n'a plus la force nécessaire pour le défendre contre les envahisseurs, la jument, elle, y reste bien souvent jusqu'à la fin de sa vie. Ne connaissant pas la ménopause, elle peut avoir des poulains jusqu'à un âge avancé (au-delà de 20 ans). Si elle intéresse moins l'étalon passé un certain âge ou si sa fertilité diminue, elle demeure néanmoins au sein du troupeau et conserve même souvent son rang dans la hiérarchie. Une jument dominante peut parfois le rester jusqu'à la fin de sa vie.

L'âge et l'amitié

Plus leur âge avance, plus les liens qui unissent deux amis sont solides et il n'est pas rare de voir deux chevaux devenir quasiment inséparables. Deux chevaux âgés très attachés l'un à l'autre auront tendance à rester constamment ensemble, à se suivre partout, et ils seront très agités si on les sépare. Il arrive aussi qu'un cheval handicapé (notamment un cheval aveugle) compte sur son copain pour le guider dans ses déplacements quotidiens.

Dans tous les cas, une séparation brutale (décès d'un des deux chevaux, par exemple) peut profondément affecter le vieux cheval qui, dans certains cas, reste inconsolable et peut même se laisser dépérir.

La compagnie devient essentielle lorsque le cheval prend de l'âge.

LES SOINS AUX CHEVAUX

UNE RELATION QUOTIDIENNE À ENTRETENIR

Nous l'avons vu, la compréhension de l'univers naturel du cheval permet de mieux appréhender les besoins du cheval domestique. Cela est vrai en ce qui concerne le travail (équitation ou autre), mais aussi et surtout la vie de tous les jours et les relations homme-cheval.

Le grattage mutuel est un signe d'amitié entre deux chevaux.

APPRENDRE À PENSER CHEVAL

Au travail ou en main, les sens aiguisés de cet animal-proie lui font percevoir des choses que son cavalier ou soigneur peuvent ignorer. Inutile, donc, de le punir s'il fait un écart ou s'il fait demi-tour dans une situation inattendue : c'est pour lui une réaction normale face à un danger potentiel, et seule la patience de son cavalier et sa confiance en lui parviendront à lui faire vaincre sa peur. Frapper un cheval qui a peur, c'est augmenter encore sa détresse et risquer des réactions de plus en plus violentes. Il est bien plus constructif de le rassurer en lui parlant et de lui montrer par l'exemple qu'il n'y a pas de danger. Pour bien communiquer, il est indispensable de « penser cheval ».

Passer beaucoup de temps en sa compagnie, le côtoyer à pied et non seulement au travail, telles sont les conditions pour espérer arriver à une véritable symbiose.

LES SOINS QUOTIDIENS, DES MOMENTS À PRIVILÉGIER

Les soins quotidiens sont loin de ne représenter que des corvées fastidieuses. Ils permettent au cavalier de se rapprocher de sa monture et de s'en faire un véritable ami. Dans la nature, seuls les chevaux qui s'apprécient se pansent les uns les autres. Ils utilisent leurs dents pour se gratter mutuellement le garrot et l'encolure, ou se placent tête-bêche afin de se chasser les mouches avec leur queue. Passer du temps à panser et à soigner son cheval, c'est donc se faire accepter par lui, lui montrer que l'on est digne de confiance et qu'il peut se sentir en sécurité en compagnie de son soigneur et cavalier. C'est utile dans les moments difficiles : s'il a peur, il acceptera plus volontiers de faire un effort pour celui en qui il a une confiance quasi aveugle, que pour un inconnu qu'il ne côtoie que pour de brèves séances de travail.

Bref, s'occuper de son cheval ne signifie pas seulement lui offrir une vie plus confortable. C'est aussi un moyen de s'en faire un allié et d'améliorer la communication avec lui, afin de parvenir à lui faire donner le meilleur de lui-même.

ADAPTER SON ENVIRONNEMENT À SON MODE DE VIE

Les véritables besoins du cheval sont très souvent mis de côté pour des raisons pratiques, économiques et sportives. Heureusement, de plus en plus de propriétaires ont à cœur le bien-être de leur animal et ont pris conscience de ses caractères fondamentaux.

Il a été prouvé que de nombreux troubles du comportement (tics, agressivité, rétivité...) sont liés à une inadéquation du mode de vie et de travail de l'animal par rapport à ses besoins. Il est donc non seulement cruel, mais aussi illogique, de ne pas fournir à son cheval un hébergement et des soins adaptés.

LE JEU : UN DÉFOULOIR TRÈS ÉQUILIBRANT

Le cheval est un animal grégaire, nous l'avons vu. Il n'empêche qu'un cheval domestique saura se défouler tout seul s'il est lâché au paddock ou s'il a des jouets à sa disposition. Coups de cul, sauts de moutons et autres bonds de gaieté lui permettront de retrouver sa bonne humeur en se défoulant avant ou après le travail. Décontracté, détendu, débarrassé de son stress, il sera alors prêt à affronter une séance de travail ou à rentrer au box se reposer.

Les « démarrages canon » et autres séances de rodéo permettent au cheval de se défouler et de garder la forme.

◆ L'équilibre psychologique est à rechercher

Un cheval enfermé vingt-trois heures sur vingt-quatre dans un box exigu, sans compagnie, ne recevant qu'une grosse ration et une heure de travail intensif par jour, a un mode de vie qui va complètement à l'encontre de sa nature profonde.

Le cheval a besoin de compagnie

Le très fort instinct grégaire du cheval en fait un animal qu'il est difficile d'élever tout seul. La compagnie de ses semblables est pour lui une attirance constante, et se retrouver loin d'eux peut provoquer une véritable détresse. La vie isolée en box ou en paddock et le travail individuel vont totalement contre la nature de l'animal, qui ne les accepte de bonne grâce que si on lui procure des compensations importantes : compa-

Comprendre et respecter son cheval sont deux qualités essentielles au bon homme de cheval.

gnie d'un autre animal (âne, chèvre, chien...), confiance absolue en son cavalier, etc.

L'habitude a aussi une part importante dans l'acceptation de la solitude. Plus il est habitué à travailler seul, moins cette situation procure d'angoisse au cheval, surtout s'il apprend qu'il retourne vers ses congénères une fois le travail achevé. Un cheval vivant et travaillant continuellement en groupe, en particulier s'il fréquente toujours les mêmes chevaux, retrouve une situation proche de ce qu'il aurait dans la nature et devient en quelque sorte membre d'un troupeau. On comprend mieux pourquoi certains chevaux de club ont beaucoup de mal à se séparer des autres et refusent, parfois violemment, de partir travailler seuls. Le cavalier se doit de tenir compte de cet état de fait et d'habituer progressivement sa monture à ce type d'exercice. Son meilleur atout : se rapprocher de son cheval afin que celui-ci apprenne à le considérer comme son allié et à lui faire entièrement confiance. Une fois cette complicité gagnée, grâce notamment à un contact fréquent hors du cadre du travail, l'animal suivra son « mentor » jusqu'au bout du monde.

Respecter et se faire respecter

Le soigneur comme le cavalier doivent en outre apprendre à décrypter les expressions et attitudes de leurs chevaux pour savoir comment y réagir. Se laisser impressionner par une tentative d'intimidation mène bien vite à un cercle vicieux, le cheval sachant très bien à qui il a affaire et ce qu'il peut ou non se permettre. Sans jamais être brutal, il faut donc apprendre à se faire respecter de ce massif animal, afin qu'il ne se sente pas en droit de riposter violemment à une sollicitation quelconque.

Pour cela, le travail à pied est au moins aussi important que le travail monté. Depuis l'abord, à l'écurie ou au pré, jusqu'au montoir, chaque étape de la relation homme-cheval a son importance. Un cheval qui tourne la croupe vers la personne qui pénètre dans son box doit être traité avec fermeté (une voix ferme suffit généralement à lui montrer que sa menace n'a pas eu l'effet escompté). De même, s'il bouscule celui qui le mène, lui marche sur les pieds ou bouge constamment lors du pansage, il montre un manque de respect qui ne saurait être toléré. Les gestes ont leur importance, le langage corporel étant très bien compris et utilisé par le cheval : un simple mouvement du bras suffit bien souvent à le remettre à sa place s'il est un peu trop brutal et désinvolte.

La patience : une règle d'or

Patience et discernement sont indispensables pour faire un bon homme de cheval. Le fait que ce gros animal soit avant tout un herbivore et une proie ne saurait être ignoré quand on partage sa vie. L'acuité de ses sens et sa rapidité de réaction sont deux clefs de sa survie à l'état sauvage. Le cheval domestique conserve un très fort instinct de fuite et une grande sensibilité aux stimuli visuels, auditifs ou olfactifs. L'attache est par exemple une épreuve difficile : dans l'impossibilité de fuir, le cheval peut paniquer et « tirer au renard » violemment. Là encore, seule la patience et la confiance sauront venir à bout de ce très puissant instinct.

◆ Hébergement et nourriture adaptés

Le mode de vie du cheval doit également prendre en compte ses besoins naturels : compagnie, espace, mode d'alimentation, ne doivent donc pas être décidés au hasard. Pour un cheval domestique, le mode d'hébergement idéal est celui qui se rapproche le plus de son habitat naturel : c'est le pré, en compagnie de ses semblables. La stabulation libre (sorte de grand box hébergeant plusieurs animaux) est toutefois un bon compromis entre le pré et l'écurie pour les chevaux destinés à travailler souvent.

Côté alimentation, s'il ne peut pas brouter l'herbe d'un pré à longueur de journée comme il le ferait à l'état naturel, le cheval devra bénéficier d'un apport important de fourrage (foin et paille), ainsi que d'une ration fractionnée en plusieurs petits repas. Son système digestif et son équilibre mental dépendent de ce type de considérations, trop souvent ignorées. Cette ignorance fait du cheval domestique un animal souvent perturbé, ce qui cause tics et vices divers.

Des jouets pour l'occuper

Au box, au paddock ou au pré, le cheval a besoin de se distraire. Sa vie est bien organisée, mais même quand il a la chance de disposer d'espace et de compagnie, il apprécie de disposer de plages de jeu.
Les jeunes chevaux sont souvent très joueurs et beaucoup le restent jusqu'à l'âge adulte.
Les jouets inventés par l'homme ont plusieurs utilités selon leur nature.
Au box, ils sont surtout destinés à distraire l'animal et à le détourner d'éventuelles mauvaises habitudes (mobiles, roulettes, pommes en plastique ou friandises suspendues), mais peuvent également proposer une certaine interaction entre les chevaux hébergés côte à côte (bâtons reliés par une chaîne coulissant entre deux box).
Au paddock ou au pré, on privilégie le côté défoulement (ballons), mais il existe aussi des jouets « éducatifs » qui forcent l'animal à réfléchir et font travailler son intelligence. Les plus simples sont de grosses boules remplies de nourriture et percées d'un ou plusieurs trous par lesquels l'aliment s'écoule. Le cheval apprend à les pousser du nez pour faire tomber la nourriture qu'il ramasse sur le sol au fur et à mesure.

L'hébergement en box ne respecte pas les besoins fondamentaux du cheval.

◆ L'ennui, source de bien des déséquilibres

Il est indispensable de prendre en compte ses besoins naturels pour mieux comprendre ses réactions. Pour être heureux, le cheval ne doit pas s'ennuyer, ce qui est forcément le cas s'il passe vingt-trois heures sur vingt-quatre dans un box exigu et ne reçoit qu'une ration par jour, avalée en quelques minutes. Lui donner des jouets d'écurie et du foin à volonté, ainsi que des rations fractionnées, l'aide à tromper son ennui. Il doit aussi se sentir libre de se défouler quand il en ressent le besoin. Il est préférable de le laisser au pré aussi souvent que possible et de lui offrir des séances de détente au paddock tous les jours s'il vit en box. Le cheval a besoin du contact de ses semblables : c'est donc la vie au pré qui lui convient le mieux, éventuellement la stabulation libre. Faute de congénères, la compagnie d'un autre animal peut l'aider à ne pas se sentir trop seul. Les visites fréquentes de son soigneur, avec lequel il passera des moments privilégiés, lui permettront de se rapprocher de lui et de se sentir entouré et en sécurité. Enfin, le travail ne doit pas être pour lui une corvée. Il vaut mieux le lui présenter d'une manière ludique, en ne passant pas trop de temps sur un même exercice et en alternant séances de travail, jeux et promenades. Plusieurs séances brèves au contenu varié sont préférables à une seule, traînant en longueur.

À gauche : Le fourrage représente la partie la plus importante du régime d'un Équidé.

En bas, à gauche : C'est en groupe que les chevaux s'épanouissent le mieux.

En bas, à droite : Si la compagnie de ses semblables lui est indispensable, le cheval sait aussi apprécier les visites de son cavalier.

LE LOGEMENT DU CHEVAL

Bien qu'il ne s'agisse pas, a priori, de la forme d'hébergement idéale pour un animal grégaire, habitué à vivre en groupe, le box est pourtant la solution la plus utilisée. Il permet de garder le cheval dans un environnement plus contrôlé (hygiène, alimentation, exercice...), mais il ne doit pas pour autant devenir une prison. Sorties et contacts doivent être offerts quotidiennement au cheval à l'écurie.

L'harnachement propre et entretenu est déposé dans un endroit spécifique.

L'HABITAT

Que vous mettiez votre cheval en pension ou que vous ayez votre propre écurie, il est bon de définir les critères essentiels qui vont permettre à votre compagnon d'être logé dans des conditions satisfaisantes.

◆ Le bâtiment d'écuries

Les écuries doivent être bien aérées, claires et spacieuses. Une orientation judicieuse du corps de bâtiment est souhaitable. Le volume d'air nécessaire à un cheval est de 50 m^3 par heure, ce qui explique l'importance d'une bonne ventilation en toute saison, et plus particulièrement en été. Les fenêtres sont situées au-dessus de la tête du cheval pour éviter les refroidissements par courants d'air.

La hauteur « sous barrots » du bâtiment est à l'échelle de ses hôtes. La pose d'un nombre suffisant d'anneaux dans l'allée et aux abords du bâtiment est appréciable.

Le sol, d'un entretien facile, collecte les urines et les eaux usées vers un puisard. Les matériaux constituant les parois verticales sont lisses et lavables et, suivant les exigences sanitaires, elles sont désinfectées au Crésyl. Les aspérités saillantes présentant des dangers potentiels sont évidemment absentes.

On pourra laisser les araignées tisser leurs toiles et piéger ainsi les insectes indésirables. Les vieilles toiles poussiéreuses devenues inefficaces seront enlevées. En cas d'invasion le recours à des pièges, ou encore à des insecticides doux, s'impose.

Les rongeurs s'installent vite dans une écurie, aussi la présence d'un chat est la bienvenue, à moins que vous ne préfériez l'usage du bon vieux piège. Les grains empoisonnés sont bien sûr à exclure.

L'installation électrique étanche et hors de portée des pensionnaires permet d'y voir clair !

Aucun matériel, comme les brouettes, les fourches, les balais, ne doit encombrer l'espace réservé aux chevaux. Un local approprié leur est consacré, tout comme pour les aliments stockés qui doivent impérativement rester inaccessibles aux gourmands, dans un endroit sec. Un vieux congélateur permet de vider les sacs et évite la visite des rongeurs !

Un extincteur à portée de main réduira les risques d'extension d'un début d'incendie, et nous profitons de ce point de sécurité pour vous rappeler qu'il est interdit de fumer dans les écuries pour des raisons évidentes de proximité de matières sèches inflammables.

Le coin douche, équipé d'un tuyau d'eau, peut se situer soit à l'intérieur, soit à l'extérieur sur un sol bétonné conçu pour récupérer l'eau. Certaines écuries poussent le luxe en offrant un séchoir à lampe infrarouge...

Le cheval est un animal routinier, qui prend vite des habitudes, bonnes ou mauvaises.

Quel que soit le type de « logement » choisi, la propreté du lieu est primordiale.

◆ Les stalles

Dans un compartiment de 3 m x 1,80 m, le cheval est à l'attache, séparé de son voisin par une paroi verticale appelée bat-flanc.

◆ Les box

Compartiment individuel de 3 m x 3 m, le cheval est laissé libre de tout mouvement dans cet espace. L'aménagement d'un système laissant la possibilité de sortir la tête offre une vue sur l'extérieur et évite au cheval de souffrir de claustrophobie. La porte est constituée de deux battants ou d'un large V dans une grille à barreaux verticaux qui donnent la possibilité de voir dehors ce qui se passe !

◆ La sellerie

L'harnachement propre et entretenu est déposé dans un endroit spécifique. Les porte-selles évitent d'abîmer les quartiers et de laisser traîner le matériel sur le sol. Les bridons sont suspendus à des crochets fixés à bonne hauteur. Les tapis de selle, secs et dépoussiérés, sont soigneusement empilés ou encore couvrent la selle.

◆ Les mangeoires

Pour le foin

Nous ne sommes guère favorables aux râteliers qui présentent quelques inconvénients. Les poussières tombent sur les yeux du cheval lorsqu'il tire le foin, ce qui peut provoquer des allergies. Souvent métalliques, les râteliers peuvent blesser. Le cheval mange naturellement le plus souvent au sol, aussi une mangeoire de type bac, installée dans le coin du box, suffisamment haute pour que l'animal ne passe pas ses antérieurs et assez volumineuse pour contenir une ration de foin, donne toute satisfaction. Au début, votre cheval hésitera à y introduire la tête pour accéder à la nourriture, mais l'habitude vient vite quand il s'agit de se nourrir. La formule qui consiste à mettre le fourrage à même le sol ne nous satisfait guère puisque le foin se mélangeant avec la litière, la proportion de refus est alors importante.

Pour le grain et les concentrés

Une auge suspendue ou fixée à hauteur d'épaule fait l'affaire. Un seau non calé est souvent renversé et la nourriture perdue pour tout le monde. Les magasins spécialisés vendent des auges que l'on peut accrocher à la porte du box.

L'abreuvoir

Accessoire indispensable, ce peut être un seau calé dans un cercle de métal fixé à bonne hauteur sur une paroi. Plus répandu, l'abreuvoir automatique présente l'avantage d'une mise à disposition permanente du breuvage : il suffit que votre cheval appuie avec son nez sur une pédale. Attention au gel en hiver !

LA PROPRETÉ

Dès votre arrivée aux écuries, posez-vous la question de savoir si vous vous coucheriez sur la litière de votre cheval. Si la réponse est négative, hâtez-vous de la nettoyer ou de la rendre plus moelleuse. Avant toute chose et quel que soit le type de « logement » choisi, la propreté du lieu est primordiale. Une litière de paille de blé, sèche et épaisse, ou un bon matelas de sciure de bois sec sont raisonnables. L'humidité, les salissures sur les parois du box deviennent vite un nid à bactéries. Malgré la tentation de laisser la vieille litière et de compléter avec un nouvel apport de paille, nous préférons conseiller un renouvellement complet de la litière souillée, après un brossage énergique du sol, et ce au moins une fois tous les 2 jours. Les litières « bouillons de culture » altèrent les chances de garder un animal sain.

Le fumier est entreposé à bonne distance des écuries et soigneusement entassé pour accélérer sa fermentation et sa décomposition. Le dégagement de chaleur d'un bon tas de fumier bien tassé évite la présence de larves de mouches. Prenez soin cependant de respecter le confort de vos voisins et les règlements sanitaires. Renseignez-vous auprès de votre mairie.

◆ Le choix d'une pension

En fonction des éléments que nous venons de vous livrer, vous allez choisir l'écurie qui présente de solides garanties de surveillance et d'entretien. Si vous pouvez assurer une partie du travail d'écurie, ceci vous permettra de réduire le coût et surtout de ne pas

Ci-dessous : Un abri permet aux chevaux de se protéger du vent et de la pluie en hiver, mais aussi de la chaleur en été !

En bas : L'eau doit de préférence être distribuée à volonté.

DES ANIMAUX DE BONNE COMPAGNIE

Le cheval supporte très mal la solitude. Quel que soit son mode d'hébergement, il vaut donc mieux lui offrir un ou plusieurs compagnons avec lesquels passer ses journées. Lorsqu'il est impossible de faire cohabiter l'animal avec l'un de ses congénères (manque de place, de moyens, etc.), on peut envisager de le mettre avec un ou plusieurs animaux d'une autre espèce. Il s'habitue généralement très vite à son nouveau compagnon et lie avec lui des relations qui peuvent être très profondes. Lorsqu'il s'agit d'une espèce proche (âne) ou d'un autre herbivore (chèvre, mouton…), les moyens de communication sont souvent similaires et les deux animaux semblent vite se comprendre et partager des moments privilégiés, au même titre que deux chevaux ou poneys. Les besoins des uns et des autres étant bien souvent complémentaires, la cohabitation est bénéfique à plus d'un titre.
Avec des espèces plus éloignées (carnivores domestiques, lapin, poule…), l'adaptation est plus longue et la compréhension limitée, mais les rapports n'en sont pas nécessairement moins solides.

perdre le contact avec votre compagnon. Vous assurerez un suivi correct et conforme à vos désirs.

N'oubliez pas qu'un professionnel sérieux peut vous guider et vous conseiller quant au choix d'une pension. Souvent, un simple coup d'œil sur l'écurie est révélateur ; dans tous les cas, choisissez le lieu de séjour de votre cheval comme si vous choisissiez votre appartement.

Vous pouvez aussi faire appel à un fermier voisin qui peut, pour un prix raisonnable, prendre votre monture en pension avec souvent beaucoup de savoir-faire. Renseignez-vous sur les risques couverts par le contrat d'assurance de la pension et fixez par écrit les conditions de séjour afin que tout soit bien clair.

LE CHEVAL AU PRÉ

Le pré est la solution idéale pour l'hébergement d'un animal grégaire comme le cheval. Mais attention ! mise au pré ne signifie pas abandon et toutes les pâtures ne se valent pas. À deux, à trois, ou en troupeau, les Équidés retrouvent un environnement et un mode de vie proche de ceux qu'ils auraient dans la nature. Seuls dans une grande prairie, ils ne sont cependant pas tellement mieux lotis que s'ils étaient à l'écurie. Faute de pouvoir offrir à son cheval la compagnie de ses semblables, on l'aidera en lui offrant celle d'une chèvre, d'un mouton ou de bovins, mais c'est avec ses congénères qu'il sera le plus heureux.

◆ La gestion du pré

Loin de se résumer à une simple aire de jeu, une prairie doit surtout apporter une alimentation complète et équilibrée à ses habitants. Un paddock dénué d'herbe permettra aux chevaux de se défouler, mais pas de se nourrir ni (et c'est presque aussi important !) de passer le temps en broutant à longueur de journée.

Dans la nature, les chevaux se déplacent pour trouver de l'herbe en abondance. Au pré, ils sont forcés de rester sur un espace relativement réduit pour y puiser leur nourriture. Celle-ci doit donc être suffisamment riche pour subvenir à leurs besoins. Pour produire une herbe de qualité, la pâture doit répondre à deux conditions essentielles : une surface minimum

À gauche : Il faut savoir reconnaître les plantes bénéfiques des mauvaises herbes.

À droite : De l'eau claire doit être accessible à tout moment.

Clôtures et abris sont des éléments importants lors du choix d'une pâture.

par rapport au nombre de chevaux qui s'y trouvent et un sol de qualité satisfaisante. En pratique, ces deux conditions ne seront remplies que si l'on effectue une rotation des pâturages en réservant à chaque fois une parcelle d'un hectare minimum par cheval. En effet, un pré surpâturé s'appauvrit très rapidement et cesse alors de produire la végétation nécessaire à l'alimentation de ses occupants. Lorsqu'on dispose d'une grande prairie, l'idéal est de la diviser en plusieurs parcelles séparées par une clôture électrique mobile. Si on dispose de plusieurs petits prés, le système de rotation est le même, chaque parcelle ayant droit à un temps de repos afin d'assurer une bonne repousse de l'herbe. Ce temps de repos varie selon les saisons : plus long en été, il pourra être réduit à environ deux semaines dans les périodes où la pousse est rapide (printemps).

Pour parfaire l'alimentation et pour occuper les animaux, on leur donne du foin lorsque l'herbe est rare, et on laisse à leur disposition un bloc de sel à lécher. L'eau doit de préférence être distribuée à volonté. Si la pâture est traversée par une rivière ou un ruisseau, les chevaux iront s'y abreuver et s'y rafraîchir d'eux-mêmes. Une mare d'eau stagnante doit par contre être interdite d'accès (il est d'ailleurs peu probable que les animaux souhaitent s'y abreuver). Faute de point d'eau naturel, un abreuvoir automatique est idéal, mais on peut également utiliser un grand bac en plastique. L'abreuvoir, quel qu'il soit, doit être nettoyé régulièrement et on y brise la glace en hiver.

Certaines plantes sont particulièrement bénéfiques pour le cheval par leur qualité nutritionnelle : ce sont les plantes fourragères, et d'autres, qu'on pourrait facilement prendre pour de mauvaises herbes. Le pissenlit, le trèfle blanc ou la luzerne (en quantités raisonnables) font partie de ces plantes utiles. Attention en revanche aux plantes toxiques. Si dans la nature elles sont délaissées par les chevaux, le manque de variété et d'espace dans une pâture peut amener les animaux à en consommer et à s'intoxiquer. Certains végétaux comme l'ortie, le chardon, ou le plantain ne sont pas appréciés par le cheval sans pour autant être toxiques. Ils ne sont que rarement consommés et évoluent rapidement vers des zones de « refus ». Ces zones s'étendent rapidement pour finir par envahir le pré si on n'y prend pas garde : il faut donc nettoyer régulièrement les régions « boudées » par les chevaux en enlevant les crottins et les mauvaises herbes qui s'y trouvent. Il est également très bénéfique d'effectuer une rotation entre chevaux et bovins : ceux-ci ne mangent pas les mêmes herbes et aideront à réduire les zones de refus. De plus, les vaches ingèrent les œufs de parasites équins sans que ceux-ci les affectent ; c'est donc un double service rendu aux chevaux. À la saison chaude, les mouches et les taons harcèlent constamment les animaux au pré. Certains chevaux à la peau très sensible se transforment en véritables furies sous l'assaut des insectes : il est alors plus sage de ne les sortir que la nuit et de leur faire passer la journée à l'écurie.

◆ Les clôtures et les abris

L'instinct de fuite du cheval étant très fort lorsqu'il se croit en danger, les clôtures doivent être très dissuasives sans être trop solides. En effet, un cheval affolé (et à plus forte raison un troupeau tout entier !) a tendance à foncer droit devant lui et à tout traverser. L'idéal est une haie vive bien dense – qui a en outre l'avantage de former un écran naturel contre le vent – ou une clôture en bois solide. La clôture électrique (ruban de préférence, à cause de sa visibilité) est très efficace et sans risque de blessure pour le cheval. Elle peut être utilisée seule ou en complément des deux précédentes. Les barbelés, cause de nombreux accidents graves, sont à éviter.

Dans la nature, les chevaux se contentent de haies et d'arbres pour se protéger des intempéries. Un box ou un abri de prairie leur permet de se protéger du vent et de la pluie en hiver, mais aussi de la chaleur et des mouches en été. Le sol de l'abri doit rester sec et peut être recouvert d'une litière de paille ou de copeaux. Il est judicieux de renforcer les parois à l'aide de grosses planches placées à la hauteur des croupes des chevaux, afin d'éviter qu'ils ne les endommagent en s'y appuyant (pour se gratter, par exemple). Attention aux abris exigus, ou dont l'ouverture est trop étroite : un cheval risque de se faire coincer à l'intérieur par un animal plus dominant et de prendre un coup de pied qu'il ne pourra pas esquiver.

Un bouquet d'arbres donne de l'ombre l'été et permet aux chevaux de se gratter.

Enfin, si la compagnie est indispensable au bien-être du cheval, celui-ci ne doit être mis au pré qu'avec des congénères avec lesquels il s'entend bien. L'espace étant réduit et délimité par des clôtures, un cheval chassé du troupeau n'a nulle part où fuir et se retrouve bien souvent blessé par son assaillant. Le pré recrée certes un environnement proche du naturel, mais il ne faut pas oublier ses limites !

Les chevaux qui sont tondus ou âgés devront porter une couverture pour les protéger du froid.

L'ALIMENTATION DU CHEVAL

Le volume d'aliments ingérés en une seule fois par un cheval « libre » est minime

La nourriture pour les chevaux est composée d'une part de fibres (herbe et foin), qui leur apportent le volume et les fibres indispensables à la digestion, et d'autre part de concentrés qui donnent de l'énergie. Le secret d'une bonne alimentation consiste à déterminer la juste proportion de fibres et de concentrés de façon à satisfaire les besoins propres à chaque cheval en fonction de sa race, de sa taille, de son âge, de son tempérament, de sa condition physique et du travail que l'on exige de lui.

LE SYSTÈME DIGESTIF DU CHEVAL

L'alimentation est l'activité qui prend le plus de temps au cheval sauvage. Ses déplacements sont pour la plupart liés au besoin de trouver de l'herbe et de l'eau, et sa vie tourne autour de ces nécessités vitales.

L'estomac du cheval est très petit par rapport à la taille de l'animal, à l'inverse de celui des carnivores, qui se contentent facilement d'un gros repas par jour. Outre ce petit estomac, les Équidés possèdent un intestin très long, qui permet aux aliments de circuler lentement. La digestion est donc très lente, au même titre que l'ingestion elle-même.

Ce mode d'alimentation permet au cheval de profiter au mieux d'une nourriture pauvre. L'herbe contient en effet principalement de l'eau et de la cellulose : elle est donc très peu nourrissante. De plus, le volume ingéré en une seule fois est minime, et le « repas » est étalé sur toute la journée. En conséquence, l'estomac n'est jamais plein. Il fonctionne d'ailleurs parfaitement lorsqu'il est rempli aux deux tiers. L'animal est ainsi tout à fait à même de faire un exercice violent (comme fuir un prédateur ou mettre en chasse un rival), sans risque pour sa santé.

NOURRIR LE CHEVAL DOMESTIQUE

Nous l'avons vu, l'alimentation est l'activité qui prend le plus de temps au cheval sauvage : en clair, il mange toute la journée ! Qu'en est-il du cheval domestique ? Souvent enfermé au box une journée entière, il ne reçoit au mieux que deux ou trois rations par jour, qu'il consomme en quelques minutes. Une litière de paille, du foin à volonté et un bloc de sel à lécher représentent alors bien plus que du « lest » et des compléments alimentaires : ils aident le cheval à passer le temps sans prendre de mauvaises habitudes et lui permettent un mode d'alimentation proche du naturel.

Même au pré, lorsque le cheval fournit un travail plus ou moins intensif, sa consommation d'herbe devient insuffisante pour assurer l'ensemble de ses besoins énergétiques. L'homme lui apporte alors en complément des aliments dits « concentrés », plus riches et plus nourrissants que le fourrage. Si, de plus, l'animal est hébergé dans une écurie, il lui faut recevoir quasiment à volonté un apport de foin de bonne qualité, qui remplacera l'herbe fraîche à laquelle il n'a pas accès. En effet, si les aliments concentrés (grain, granulés ou floconnés) permettent de fournir au cheval de l'énergie en grande quantité, ils doivent être uniquement considérés comme des compléments de l'alimentation de base, c'est-à-dire du fourrage, indispensable au bon fonctionnement du système digestif du cheval. En pratique, le rapport fourrage/concentrés ne descend jamais en dessous de 30-70 % pour un cheval de compétition de très haut niveau.

◆ Du traditionnel à l'industriel

Aujourd'hui, si le fourrage est toujours composé d'herbe, de foin et de paille, les concentrés ont, eux, beaucoup évolué. Autrefois composés de grain (orge, avoine, maïs), l'arrivée d'aliments complets sous forme de granulés ou de floconnés a révolutionné les pratiques traditionnelles. Leur variété importante fait qu'ils sont adaptés à pratiquement tous les cas de figures, ce qui rend le déséquilibre d'une ration de moins en moins pardonnable. L'alimentation traditionnelle, composée de foin et de céréales, perd aujourd'hui du terrain au profit d'aliments industriels « pointus ». En effet, si l'alimentation équine industrielle n'a pas encore atteint l'importance de son équivalent canin, elle n'en est plus très loin et l'on trouve des produits adaptés à tous les types de chevaux, à tous les âges, selon le travail fourni, le mode d'hébergement, le tempérament et le métabolisme de chaque animal. Quels que soient les besoins de votre cheval, ils sont forcément couverts par un aliment complet d'une marque ou d'une autre, la marge d'erreur étant ainsi de plus en plus réduite. Plus étonnant, certains aliments considérés depuis des années comme bénéfiques sont aujourd'hui délaissés alors que d'autres, boudés auparavant, font leur apparition.

◆ Friandises et récompenses

Si le cheval est naturellement herbivore, cela ne veut pas dire qu'il ne s'est pas adapté à d'autres types d'aliments. Outre le grain, pain, sucre, « succulents » et autres biscuits pour chevaux sont couramment utilisés comme récompenses ou complément. Devenu gourmand, le cheval réagit très bien au dressage par la nourriture et sera, par exemple, beaucoup plus facile à attraper au pré s'il a l'habitude de recevoir une friandise quand on va le chercher. Le revers de la médaille, c'est que trop ou mal utilisées, les friandises peuvent être néfastes pour la santé et donner de mauvaises habitudes. Véritable « enfant gâté », le cheval risque alors de se mettre à réclamer ce qu'il considère comme un « dû » et non plus

Le cheval sait tirer parti de la moindre touffe d'herbe pour la transformer en énergie.

Les aliments concentrés doivent être distribués avec parcimonie.

Le foin représente plus de 50 % de la ration du cheval domestique.

comme une récompense. Résultat, il fouillera dans les poches, bousculera et mordra quiconque s'approche de lui ! Il faut donc éviter d'abuser des friandises, une caresse étant souvent tout aussi appréciée.

L'importance d'une alimentation diversifiée

Si l'on souhaite élaborer soi-même la ration de son cheval, ou tout simplement si l'on veut choisir le produit complet le plus adapté à son cas, il est important de connaître la nature des éléments à incorporer au mélange ainsi que leur utilité. Le mieux étant l'ennemi du bien, il faut faire attention à ne pas surdoser. Dans le doute, il vaut mieux prendre contact avec un nutritionniste ou un vétérinaire. Il existe également plusieurs ouvrages spécialisés qui peuvent aider à y voir plus clair.

En pratique, le cheval a habituellement besoin d'éléments des familles suivantes : les fibres, les protéines, les sucres, les graisses, les vitamines, les minéraux, les probiotiques et les acides gras. La plupart de ces familles comportent divers éléments ayant chacun leur importance et leur utilité à des doses données. Certains sont stockés par l'organisme, d'autres doivent impérativement être présents chaque jour dans l'alimentation, d'autres encore ne sont utiles qu'à certaines périodes de la vie de l'animal. Les aliments courants contiennent une partie de ces éléments et doivent être complétés afin de correspondre au mieux aux besoins de chaque animal.

Les aliments courants

◆ Le fourrage

Il forme la plus grosse partie de l'alimentation du cheval. Composé d'herbe fraîche, de foin (herbe séchée), éventuellement de paille (tiges de céréales séchées), il est indispensable à un bon transit intestinal et c'est lui qui apporte la majorité des fibres dont le cheval a besoin. La qualité du fourrage est importante : une herbe pauvre fournira un foin pauvre. Du foin trop jeune (moins de 6 mois), trop vieux, ou qui a pris l'humidité ne doit pas être donné aux chevaux. L'ensilage, couramment donné aux bovins, ne convient pas à l'alimentation des Équidés.

◆ Le grain et les aliments « concentrés »

Ils représentent une source importante d'hydrates de carbone et ont l'avantage d'apporter beaucoup d'énergie dans un petit volume d'aliment. Ils sont utiles aux chevaux qui travaillent ou qui ont du mal à rester en bonne condition physique (vieux chevaux par exemple). Le grain peut être donné tel quel, aplati (pour faciliter la digestion), trempé, germé ou encore cuit. On utilise couramment l'orge, l'avoine (très énergétique mais aussi excitant pour le cheval), parfois le maïs. Le blé, par contre, doit être évité car il peut être dangereux. On peut toutefois ajouter du son de blé à la ration, bien que celui-ci n'ait qu'une faible valeur nutritionnelle.

La pulpe de betterave séchée en granulés peut apporter de l'énergie tout en rendant la ration plus appétente. Les granulés de betterave doivent toutefois tremper 12 à 24 heures dans quatre à cinq fois leur volume d'eau avant d'être intégrés à la ration. En effet, ils gonflent beaucoup et risquent de provoquer des coliques s'ils sont donnés secs.

◆ Les « succulents »

Ce sont les fruits et légumes appréciés par le cheval. Les plus couramment distribués sont les pommes, les carottes et les betteraves fourragères. Ils contiennent surtout du sucre et de l'eau, ainsi que des vitamines et des fibres, et sont souvent donnés comme friandise ; mais ils peuvent également faire partie intégrante de la ration.

◆ Les aliments complets

Il en existe de deux formes : les granulés et les floconnés. Ces derniers sont plus récents mais apportent les mêmes éléments que les granulés.

Les aliments complets permettent de simplifier considérablement le travail du soigneur : ils comportent tout ce dont le cheval a besoin (sauf le fourrage !) et évitent des calculs de rations compliqués. De plus, leur variété fait que l'on peut facilement trouver le type d'aliment qui convient à chaque cas particulier.

Le foin est composé d'herbe séchée.

Selon leur composition, les aliments concentrés sont plus ou moins énergétiques.

Les aliments complets sont souvent présentés sous forme de granulés.

LES PIERRES À SEL

La transpiration entraîne une perte en sel et impose de mettre en permanence à disposition du cheval une pierre à sel. Il existe une panoplie de blocs à lécher. Le bloc, souvent percé d'un trou, doit être suspendu à bonne hauteur afin qu'aucune gymnastique ne soit nécessaire pour l'atteindre. Au pré, protégez-le de la pluie pour éviter de le voir se dissoudre.

Il est possible que le cheval, en raison d'une irritation de la langue, refuse de lécher le bloc. Dans ce cas, introduisez le sel dans son alimentation ou dans son eau, en alternance afin d'éviter un refus. Une cuillerée à soupe suffit amplement pour des conditions normales de travail. Certains aliments composés déjà salés peuvent éviter la mise à disposition permanente de pierres à sel.

ÉQUILIBRER UNE RATION TRADITIONNELLE

Lorsqu'on choisit d'opter pour une alimentation à base de foin et de grain, il est important de se soucier des besoins du cheval, quitte à avoir recours à une complémentation industrielle.

◆ Les fibres

Elles forment une partie très importante du régime d'un herbivore comme le cheval. Les chevaux hébergés au box sur une litière non comestible doivent impérativement consommer du foin en grosse quantité ou un complément de fibres industriel : foin haché, haylage, etc.

Le foin haché, mélassé ou non, est également un complément appréciable dans le cas de chevaux gloutons : mélangé à la ration, il force le gourmand à mâcher et limite les risques de coliques et d'occlusions.

Les repas doivent être adaptés à chaque cas particulier.

◆ Les graisses

Les graisses représentent une source d'énergie très concentrée et stockable par l'animal. La ration moyenne d'un cheval comporte environ 4 % de matières grasses... contre plus de 50 % pour beaucoup de menus humains ! Les apports en huile ou en graisse sont très précieux pour les chevaux d'endurance, par exemple. À titre d'exemple, 30 cl d'huile représentent l'équivalent énergétique de 1 kg d'avoine !

En outre, les huiles et graisses sont bénéfiques pour la peau et le poil. On utilise fréquemment de l'huile de foie de morue, réputée pour son apport en vitamine D. L'huile de lin (présente également dans les graines de lin ajoutées aux mashes) facilite la digestion et améliore l'état de la robe.

◆ Les sucres

Il est rarement nécessaire de complémenter en sucres lents : ceux-ci forment en effet l'essentiel d'une ration traditionnelle à base de céréales. Les sucres rapides, généralement distribués sous forme de miel, de mélasse ou de « succulents » (pommes, carottes, betteraves...) permettent de soutenir un effort violent. Ils servent également de récompense (morceau de sucre) ou à améliorer le goût d'un aliment ou la prise d'un médicament (mélasse, miel...).

◆ Les vitamines

Elles se séparent en deux groupes. Celles qui sont solubles dans l'eau (hydrosolubles) et que le cheval ne peut pas stocker – elles doivent donc lui être apportées quotidiennement – et celles qui se dissolvent dans les graisses (liposolubles) et qui y sont conservées quelque temps avant d'avoir besoin d'être remplacées.

Vitamines hydrosolubles

Vitamine C (acide ascorbique), vitamines du groupe B, vitamine PP (niacine ou acide nicotinique), acide pantothénique, acide folique, biotine, choline.

Vitamines liposolubles

Vitamine A, vitamine D, vitamine E (tocophérol), vitamine K.

ÉVALUER SES BESOINS

Le calcul de la ration est difficile à faire par un novice et demande la prise en compte de nombreux éléments. Les indications qui suivent ne représentent que des exemples.

Cheval au repos
Fourrage : 70 à 100 % ; Concentrés : 0 à 30 %
On choisira de préférence un aliment peu énergétique adapté au repos ou au travail léger. Éviter l'avoine.

Chevaux d'élevage (jument pleine, étalon, jeunes…)
Fourrage : 50 à 100 % ; Concentrés : 0 à 50 %
Aliment non chauffant. Le volume d'aliment concentré dépend de la qualité et de la quantité de fourrage disponible, ainsi que du métabolisme particulier de chaque animal. Il existe des aliments complets spécialement formulés pour les chevaux d'élevage.

Travail léger (une promenade quotidienne ou exercice à allure lente)
Fourrage : 60 à 70 % ; Concentrés : 30 à 40 %
Éviter l'avoine et les autres excitants. Un aliment complet de type « club » convient à ce genre de cas.

Travail moyen (travail régulier aux trois allures une à deux heures par jour)
Fourrage : 50 à 60 % ; Concentrés : 40 à 50 %
Opter pour un aliment complet « club » ou un mélange orge-avoine par exemple.

Travail soutenu (compétition : obstacle…)
Fourrage : 40 à 50 % ; Concentrés : 50 à 60 %
L'aliment concentré représente un apport important. Choisir un mélange complet spécialement adapté à un travail soutenu.

Travail intense (compétition de haut niveau : endurance, courses, CCE…)
Fourrage : 30 à 40 % ; Concentrés : 60 à 70 %
Pour un travail intense, on peut arriver à un volume d'aliment complet concentré ou de grain (avoine, orge, maïs) nettement supérieur au volume de fourrage.
Choisir un aliment spécialement adapté à la compétition sportive.

◆ Les minéraux

On distingue les macro-éléments, dont les besoins sont exprimés en grammes, des oligo-éléments, exprimés en milligrammes. Les macro-éléments sont les sels (sodium), le calcium, le phosphore (chez le cheval, le rapport phospho-calcique idéal est de 1/1.6 à 1/2), le magnésium, le soufre et le potassium. Les principaux oligo-éléments, dont les besoins chez le cheval sont assez mal connus, sont le cuivre, le zinc, le manganèse, le fer, le sélénium, l'iode et le cobalt.

◆ Les probiotiques, les enzymes et les levures

Ils aident le cheval à profiter au maximum de ses aliments en améliorant sa digestion. À la suite d'une maladie ou d'un traitement antibiotique, par exemple, ils peuvent permettre le renouvellement de la flore intestinale. La levure de bière et le yaourt sont ainsi des compléments appréciés, ainsi que la montmorillonite qui limite les risques de diarrhées.

DES EFFETS INATTENDUS

Cela semble une évidence : l'alimentation doit être adaptée aux besoins du cheval. Ces besoins sont déterminés par le travail fourni et le mode de vie de l'animal, mais aussi par sa taille, son poids, sa morphologie et son type de métabolisme. Les poneys, par exemple, se contentent souvent de très peu d'aliments par rapport à un cheval de sang fournissant le même travail. L'alimentation n'influe pas uniquement sur le physique du cheval, mais également sur son comportement. C'est ainsi que beaucoup de chevaux très « chauds » le seraient beaucoup moins si on leur donnait une alimentation moins riche en aliments « concentrés » (en particulier l'avoine), alors que d'autres, trop « mous » gagneraient au contraire à bénéficier de rations plus énergétiques. À ce sujet, il est important de s'assurer qu'au pré ou en stabulation chaque cheval puisse consommer la totalité de sa ration. Les groupes d'équidés sont soumis à une certaine hiérarchie, et sans surveillance, les plus faibles se voient bien souvent voler leur « picotin ».

◆ L'abreuvement

Comme pour toutes les espèces, l'eau joue un rôle essentiel dans la vie du cheval. Il est donc fondamental de veiller à ce que tout animal ait un accès direct permanent à une source d'eau potable. Il faut savoir qu'un cheval a besoin de 20 à 25 litres de boisson par jour au minimum, cette quantité pouvant s'élever à 50 litres, voire 75 litres d'eau par jour en période de forte chaleur ou lors d'efforts soutenus.

Au pré, on veillera à ce que le cheval ait facilement accès à un point d'eau permanent. Ce peut être une rivière, si les berges de celle-ci sont en pente douce et suffisamment stables. On peut également aménager un conteneur d'eau, que l'on prendra soin de nettoyer régulièrement et dont on changera l'eau tout aussi régulièrement, afin d'éviter que le cheval ne s'abreuve d'eau stagnante. À ce sujet, il est à remarquer que les eaux pluviales, recueillies directement des toits dans des récipients, sont trop pures, car dépourvues d'éléments minéraux, et ne conviennent pas aux chevaux.

Au box, l'abreuvement du cheval se fait essentiellement selon deux modes de distribution : abreuvoirs automatiques et distribution au seau. Le cheval étant très sensible aux odeurs, il faut veiller quotidiennement à la propreté de l'abreuvoir, dont l'eau peut être croupie ou mélangée avec le crottin. Cela permet également de vérifier le bon fonctionnement de l'abreuvoir. Lorsque la distribution se fait au seau, il faut aussi changer régulièrement l'eau, pour les mêmes raisons que précédemment.

L'observation des chevaux à l'état naturel révèle qu'ils boivent en tenant

leur tête dans le prolongement direct de leur encolure, et en aspirant l'eau (et non pas en lapant comme le font les chiens et les chats). Il ne faut donc pas placer trop haut les abreuvoirs automatiques ou les seaux, en particulier pour les chevaux de petite taille, qu'ils soient des poneys ou des poulains.

DES COMPLÉMENTS INDUSTRIELS À LA PHYTOTHÉRAPIE…

Les herbes sont utilisées depuis des siècles pour soigner diverses affections chez l'homme et les animaux. Le cheval, comme tous les herbivores, dispose normalement dans la nature d'un large éventail de végétaux qu'il choisit avec soin selon ses besoins afin de se constituer un régime complet et équilibré. Le cheval domestique n'a pas cette possibilité : au mieux, il dispose d'une pâture dont la diversité des végétaux est assez limitée, au pire il est au box et n'a pas accès à une prairie, dépendant alors entièrement des aliments fournis par l'homme (fourrage et concentrés). Il est de plus en plus facile de se procurer des herbes à mélanger à la ration de son cheval, et certains fabricants d'aliments complets (britanniques notamment) n'hésitent pas à incorporer certaines d'entre elles dans leurs produits. Chacune a une ou plusieurs utilités bien spécifiques et l'on trouve des mélanges destinés à couvrir des besoins bien particuliers, de la fourbure à l'hyperexcitabilité, en passant par les problèmes respiratoires ou cutanés.

Les végétaux présents dans un pré ne couvrent pas nécessairement l'ensemble des besoins.

Les juments gestantes et les poulains ont des besoins plus spécifiques.

Une autre possibilité consiste à prendre en compte les effets bénéfiques de certaines herbes et à les incorporer à la composition de la prairie lors du semis. Cette méthode a cependant deux inconvénients : elle ne convient que si les chevaux sont au pré constamment ou une grande partie du temps, et il n'y a aucune garantie qu'ils choisiront de consommer les herbes sélectionnées plutôt que d'autres...

◆ Les compléments alimentaires

Un cheval nourri toute l'année avec un aliment complet de bonne qualité adapté à son cas particulier (sportif, âgé, en croissance, au repos, etc.) peut tout à fait se passer de compléments minéraux et vitaminés. Les compléments représentent toutefois un marché important, en particulier à la mauvaise saison. Dans beaucoup de cas, en effet, une complémentation peut être utile pour pallier à un problème donné : carence, sabots friables, hyperexcitabilité, affection respiratoire, fourbure... Il est aujourd'hui possible de cibler une grande quantité de petits ou gros soucis en agissant sur la nourriture. Attention, il ne s'agit pas de se substituer au vétérinaire ! L'alimentation n'entre qu'en partie dans l'apparition et le contrôle des problèmes de santé du cheval ; elle ne remplace ni les médicaments ni l'attention du spécialiste.

Outre les problèmes précis rencontrés ici et là, il peut bien sûr être utile de complémenter régulièrement ou ponctuellement (cures) l'alimentation en herbe d'un cheval, nourri de façon traditionnelle ou ayant à fournir un travail particulièrement éprouvant. Cette complémentation peut prendre la forme d'un seul additif complet ajouté à la ration, ou d'un mélange d'éléments dosés individuellement. La première solution est bien souvent la plus sûre, chaque fabricant ayant sa « recette » de complément comprenant généralement vitamines, minéraux et acides gras essentiels.

Quel que soit le type de complément choisi, il est important de respecter les doses recommandées par le fabricant et de ne pas combiner plusieurs additifs sans vérifier qu'ils sont bien compatibles entre eux. L'excès est souvent aussi nocif qu'une carence, même lorsqu'il s'agit de produits naturels comme les herbes.

ALIMENTATION ET MAUVAISES HABITUDES

Une mauvaise alimentation peut entraîner des troubles graves, mais aussi nombre de comportements indésirables. Les chevaux ont souvent tendance à grignoter le bois occasionnellement, mais un cheval qui ronge constamment son box doit être surveillé. Outre les dégâts matériels évidents, il risque de s'abîmer les dents, voire de se blesser avec une écharde. Les causes sont variables et il est possible qu'un complément alimentaire aide à résoudre le problème. Dans la plupart des cas, toutefois, c'est un trouble causé par l'ennui, et qui peut être supprimé si l'on propose au cheval d'autres choses à « grignoter ».

De même, la coprophagie (cheval qui mange du crottin) n'est probablement pas uniquement un signe de déficience en minéraux et nutriments, même si des observations ont montré que cette « mauvaise habitude » existait chez les chevaux sauvages.

Enfin, il faut noter qu'en raison de son mode d'alimentation naturel, le cheval a tendance à avaler tout ce qu'il peut, quelle que soit la nourriture qu'on lui propose. C'est pourquoi il est indispensable de garder les réserves d'aliments à l'abri d'une éventuelle visite : un cheval échappé ne doit pas y avoir accès sous peine de coliques graves ou de fourbure !

Le cheval ne sait pas se modérer : il peut manger jusqu'à se rendre malade.

Un cheval qui ronge le bois souffre peut-être de carences.

LES SOINS DU CHEVAL

Que l'on soit propriétaire ou simple cavalier de club, il faut savoir s'occuper de son cheval entre les périodes de travail. Loin d'être une corvée inutile, le pansage et l'entretien courant permettent au cavalier et à sa monture de se rapprocher en partageant des moments privilégiés.

Les poneys et les chevaux qui vivent dehors toute l'année ne doivent pas être pansés trop souvent.

LE PANSAGE « NATUREL »

Le cheval a besoin d'un minimum d'hygiène pour se sentir bien dans sa peau. Ses ennemis principaux ne sont pas les microbes, mais plutôt les insectes, les parasites externes (poux et tiques) et internes (vers), contre lesquels il ne peut pas faire grand-chose. Il tente ainsi de son mieux de repousser les premiers et s'accommode généralement des seconds.

Jamais brossé et encore moins douché, il conserve dans son pelage toutes les huiles nécessaires à sa bonne isolation thermique et à son imperméabilité. Ses crins épais et longs le protègent des intempéries et lui permettent de chasser les insectes. Son poil est implanté de façon à éliminer rapidement l'humidité en dirigeant le ruissellement de l'eau vers l'extérieur et vers le sol. En hiver, en plus de son long poil isolant, sa lèvre supérieure se pare parfois d'une véritable moustache, qui lui permet de manger sans se piquer sur les seules plantes non recouvertes par la neige, souvent des épineux comme le houx ou le genêt.

LES INSTRUMENTS DE PANSAGE

On panse l'animal avant et après le travail, pour le nettoyer, vérifier son état général, mais aussi pour renforcer ses liens avec le cavalier. En effet, comme nous l'avons vu plus haut, le pansage a un rôle social non négligeable. Si la plupart des centres équestres disposent de matériel de pansage à la disposition de leurs adhérents, l'achat d'un kit de pansage est bien souvent l'une des premières dépenses du débutant. C'est généralement lui qui s'occupe de brosser son cheval et de lui curer les pieds avant et après chaque reprise, et il se lasse vite de devoir chercher partout du matériel souvent en mauvais état.

L'idéal pour débuter est d'opter pour l'achat d'un ensemble complet, vendu dans un petit sac ou dans une boîte rigide, et que l'on complétera au fil du temps. Du premier kit de pansage du débutant à la malle du groom professionnel, les outils nécessaires aux soins quotidiens du cheval ont chacun un rôle bien précis.

◆ Le matériel de base

Le matériel de base se compose d'une étrille, d'un bouchon, d'une brosse douce, d'une ou deux éponges, d'un cure-pied et d'un peigne. Il existe différentes tailles, matières et formes pour la plupart de ces outils, dont voici l'utilité :

L'étrille

Ovale, ronde ou carrée, en métal, en plastique ou en caoutchouc, elle sert à décoller la saleté et s'utilise uniquement sur les parties charnues (encolure, croupe, etc.). Les modèles ovales se frottent en tournant, tandis que ceux qui possèdent un manche s'utilisent en mouvements rectilignes.

L'étrille.

L'éponge humide.

Le cure-pied.

La brosse magique.

Le pinceau à onguent.

Le peigne.

Le bouchon
C'est une brosse à poils longs et durs, en chiendent ou en nylon. Il sert à éliminer la boue sèche et la sueur, éventuellement à démêler les crins.

La brosse douce
En soies naturelles ou en synthétique, elle possède des poils plus courts et souples. Elle permet d'éliminer les derniers poils morts et la poussière, en faisant briller la robe.

L'éponge humide
Elle s'utilise pour nettoyer le tour des yeux, des naseaux, de l'anus et des parties génitales.

Le cure-pied
Il sert à retirer le fumier, la boue et les cailloux qui ont pu se coincer sous les sabots. Il peut comporter une petite brosse destinée à nettoyer à fond le pied (avant d'appliquer un onguent par exemple).

Le peigne, en métal ou en plastique
Il sert uniquement à démêler une crinière peu fournie. La queue et les crinières « tous crins » se font à la brosse.

◆ Les outils complémentaires
D'autres outils peuvent venir compléter ce kit initial :

L'étrille finlandaise
Sorte de brosse à picots en plastique, elle sert principalement à démêler les crins.

L'étrille américaine
Formée de plusieurs cercles de métal crantés réunis par un manche, elle fait des miracles quand il s'agit de décoller la boue sur un poil épais.

La brosse magique
C'est un bouchon à poils très longs et souples, qui élimine rapidement la poussière et fait briller la robe.

L'époussette
Chiffon doux, elle sert à ôter la poussière sur un poil court (poil d'été ou tondu) et à le lustrer.

Le bloc de pansage (pierre ponce)
Il sert à éliminer taches de fumier et œufs de mouches.

Le couteau de chaleur
Sorte de longue lame courbe, il permet d'éliminer la sueur ou l'eau de la robe du cheval.

La brosse à sabots
Elle sert à décoller les traces de boue et de fumier des pieds du cheval après le curage.

Le pinceau à onguent
Il permet d'appliquer les produits de soin sur les sabots.

Les ciseaux de pansage
Ils servent à raccourcir la queue (jamais la crinière qui s'égalise au peigne) et à dégager un passage de têtière en coupant à ras les crins situés derrière les oreilles du cheval.

Le peigne à natter
Muni de trois longues dents, il sert à séparer les mèches de la crinière lorsqu'on la tresse pour un concours.

La tondeuse
Elle sert à éliminer les poils disgracieux et, bien sûr, à tondre l'animal l'hiver.

LE MATÉRIEL DE PANSAGE

L'étrille.

Le bouchon.

La brosse douce.

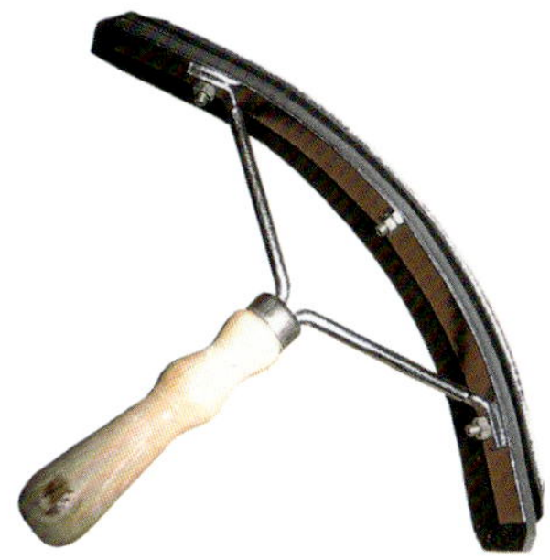
Le couteau de chaleur.

Le cure-pied.

L'étrille finlandaise.

La tondeuse permet non seulement de tondre le cheval en hiver, mais aussi d'ôter les poils disgracieux.

On trouve dans le commerce des kits de pansage complets.

◆ Les produits adaptés au pansage

Les onguents

On les utilise pour l'entretien courant des pieds (voir Les soins aux pieds, pages 122-131). On emploie parfois une sorte de laque pour la présentation en concours.

Les shampooings

Il existe de nombreux types de shampooings adaptés à la peau du cheval, notamment des soins spécifiques : insectifuge, antipelliculaire, spécial robes claires, etc.

Le détachant

Un détachant à sec ou en spray peut venir à bout des taches rebelles sur les chevaux clairs.

Le lustrant

Il fera briller la robe avant une sortie en concours.

Le démêlant

Il permettra de bien brosser les crins sans les arracher et en leur donnant un aspect soyeux.

L'huile d'amande douce

Elle fera ressortir la peau sombre autour des yeux et des naseaux avant une présentation.

PANSER LE CHEVAL AU PRÉ

Un cheval hébergé au pré en permanence ou pendant la majeure partie du temps ne se panse pas comme un cheval élevé à l'écurie. Comme un cheval sauvage, il aura besoin de conserver ses défenses naturelles (poil, crin, sébum, etc.) afin de résister aux insectes et aux intempéries. Si l'été demande certaines précautions, c'est l'hiver que la différence sera la plus importante entre les deux types d'hébergements. En effet, alors qu'on aura tendance à conserver son aspect impeccable au cheval de box en le tondant et en le toilettant, l'animal qui vit au pré ne devra bénéficier que d'un entretien minimum.

◆ Une priorité : préserver les défenses naturelles

Nous l'avons vu, son poil épais, implanté de façon à repousser l'humidité, le protège du froid et du vent. Il permet une bonne isolation thermique grâce à son épaisseur, qui enferme une couche d'air contre la peau de l'animal, mais aussi grâce à son imperméabilité. En effet, si le cheval résiste très bien au froid, sec, il est beaucoup plus sensible aux variations de température quand il est mouillé. C'est pourquoi il est important que son pelage conserve ses huiles naturelles (le sébum), qui lui donnent son caractère imperméable. Un pansage trop énergique et trop fréquent élimine, à la longue, ces huiles naturelles et rend la robe perméable et moins isolante. La douche est bien sûr à proscrire, car elle nettoie elle aussi le poil trop en profondeur, lequel aura besoin de temps pour parvenir à renouveler sa protection naturelle de sébum. Quant à la tonte, elle ne peut se concevoir que dans des circonstances bien particulières.

◆ Le pansage quotidien

Au pré, le cheval doit rester le plus près possible de son état naturel. Le pansage s'effectuera donc avec parcimonie, uniquement lorsqu'il apparaît comme indispensable. Un cheval au repos ne sera pansé qu'une fois de temps en temps, sans utiliser l'étrille (sauf éventuellement par beau temps, en période de mue). L'outil idéal pour éliminer les poils morts sans avoir besoin de frotter trop en profondeur est l'étrille américaine (voir page 116). Les pieds doivent être faits régulièrement, surtout si le terrain est rocailleux ou

LA DOUCHE

Doucher son cheval sert à le rafraîchir par temps chaud, à le laver avant un concours ou à appliquer un produit de soin. On ne douche un cheval que par beau temps et à l'abri des courants d'air, afin d'éviter les coups de froid. L'idéal est de pouvoir avoir accès à de l'eau tiède, mais beaucoup de chevaux ne peuvent être douchés qu'à l'eau froide. On commence par mouiller entièrement l'animal, en faisant bien attention à ne pas faire entrer d'eau dans ses oreilles. On répartit le shampoing sur l'ensemble de la robe, à la main ou à l'aide d'une éponge, puis on frotte pour éliminer la saleté. Dans certains cas, il peut être nécessaire de renouveler l'opération après un premier rinçage. Les crins de la queue et de la crinière sont lavés séparément, l'application d'un démêlant étant possible pour faciliter le brossage.

Pour la queue, le plus simple est de remplir un seau d'eau additionnée de shampoing et d'y faire tremper les crins avant de les frotter vigoureusement.

Le rinçage doit être parfait, des résidus de savon risquant d'irriter la peau et de causer des démangeaisons.

On élimine ensuite le trop-plein d'eau de la robe en la raclant avec un couteau de chaleur ou avec le plat de la main. Le cheval doit finir de sécher au soleil ou au moins dans un endroit chaud, à l'abri des courants d'air.

La douche peut aussi servir à détendre les membres après le travail. On utilise alors un jet d'eau froide sous pression, dirigé de bas en haut contre les tendons. Dans tous les cas, il est préférable de sécher soigneusement le pli du paturon afin d'éviter l'apparition de crevasses.

Doucher les tendons de son cheval après le travail permet une bonne récupération.

Peu d'écuries disposent d'un tel système pour sécher les chevaux après la douche.

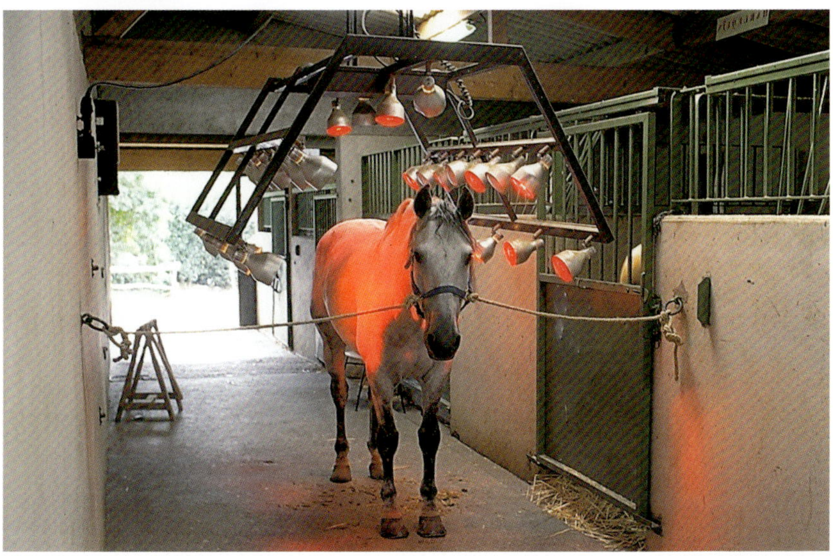

Les chevaux tondus en hiver doivent être couverts lorsqu'ils ne travaillent pas afin d'éviter un coup de froid.

détrempé (voir Les soins aux pieds, pages 122-131).

Le cheval qui travaille sera pansé succinctement avant et après chaque reprise ou promenade. Le bouchon ou l'étrille américaine élimineront la boue aux endroits en contact avec le harnachement afin d'éviter les risques de blessures par frottement. Les crins seront éventuellement démêlés, mais surtout pas raccourcis ni désépaissis : ils servent de protection contre les insectes et les intempéries. De même, les poils situés à l'intérieur des oreilles doivent être laissés intacts afin de protéger le pavillon des attaques des insectes piqueurs, comme pour les fanons (longs poils situés à l'arrière du boulet), qui servent de gouttière naturelle protégeant le paturon de l'humidité génératrice de crevasses.

L'épais poil d'hiver des races rustiques leur permet de lutter efficacement contre le froid.

◆ Les soins d'hiver

Au pré, le cheval est à la merci des intempéries. S'il supporte assez bien le froid sec, il lui faut néanmoins une bonne protection pour y résister, et pour empêcher l'humidité de compromettre l'isolation de son poil. C'est donc à la mauvaise saison que les soins seront paradoxalement les plus réduits. Le pansage ne sera effectué qu'au bouchon, en évitant l'étrille et en ne dégageant que les zones en contact avec le harnachement. La douche est à proscrire et, en cas de besoin, on utilisera de préférence un détachant, sec ou en spray, pour éliminer d'éventuelles taches rebelles sur une robe claire.

Une attention particulière sera portée à l'état du poil, des crins et de la peau, afin de les tenir à l'abri des parasites et de préserver leur rôle de protection. Les pieds seront soignés régulièrement et éventuellement passés au goudron pour éviter à la corne de trop se ramollir.

Dans le cas d'un cheval qui travaille, une tonte très succincte est éventuellement envisageable, mais elle devra être limitée à la partie inférieure de l'encolure, au poitrail, éventuellement au ventre. Bien entendu, le port d'une couverture de prairie (bâche ou synthétique) est alors indispensable. Il est également recommandé de couvrir les chevaux âgés, malades ou particulièrement sensibles au froid (chevaux de sang par exemple). Après le travail, si l'animal est en sueur, il faudra le sécher du mieux possible en le bouchonnant avec de la paille fraîche ou en le frottant avec une serviette, avant de le faire marcher jusqu'à ce qu'il soit suffisamment sec pour pouvoir regagner son pré.

◆ Les soins d'été

L'été, les principaux ennemis du cheval sont les insectes et autres parasites. Il s'en protège comme il peut, mais ses armes les plus efficaces sont les crins de sa queue et de sa crinière. Il va sans dire que ceux-ci doivent par conséquent être aussi longs et aussi fournis que possible, afin de limiter le supplice de l'animal face notamment aux mouches et aux taons. Tout au plus peut-on dégager le passage de têtière en coupant ou en tondant les crins sur 2 ou 3 cm au niveau de la nuque. Un entretien régulier des crins, en utilisant éventuellement un démêlant adapté, permet de préserver au maximum l'efficacité de ces « chasse-mouches » naturels.

La douche est souvent appréciée des chevaux par temps chaud, mais il faut éviter de shampouiner l'animal trop fréquemment, afin de ne pas endommager la couche de sébum. Il ne faut bien sûr doucher que par beau temps et faire sécher l'animal au soleil, à l'abri du vent. L'utilisation d'un shampooing insectifuge et/ou antiparasitaire est indiquée. Il existe aussi des insectifuges liquides, en gel, en stick ou en spray qui, s'ils n'ont qu'une efficacité limitée, représentent tout de même une aide appréciable pour l'animal. Le port d'une chemise et d'un filet anti-mouches peut être utile dans le cas de chevaux particulièrement sensibles aux insectes. Enfin, attention aux zones de ladre (peau rose), qui sont parfois sujettes aux coups de soleil !

PANSER LE CHEVAL AU BOX

Si le cheval vivant toute l'année à l'extérieur doit être laissé quasiment tel quel afin de lui permettre de se défendre contre les agressions extérieures, l'animal élevé à l'écurie peut supporter un toilettage plus poussé. Que ce soit pour sortir en concours ou tout simplement pour le plaisir de son cavalier, il se transformera volontiers en cheval des villes, par opposition au cheval des champs resté nature.

◆ Le pansage quotidien

Le pansage sera fait méticuleusement aussi souvent que nécessaire, en utilisant l'ensemble du matériel disponible.

La robe

On commence par passer l'étrille sur les parties charnues (une étrille en caoutchouc suffit généralement pour un cheval au box, sauf en période de mue, s'il n'est pas tondu). Le bouchon, puis la brosse douce finissent de nettoyer la robe, et un dernier passage de l'époussette (éventuellement complété d'une vaporisation de produit lustrant) la fait briller.

Les crins

Les crins sont faits régulièrement, la crinière généralement coiffée de façon à retomber d'un seul côté de l'encolure. La queue peut être raccourcie, l'extrémité des crins coupés en biais à environ un travers de main sous le jarret. La crinière est souvent égalisée et désépaissie. On utilise pour cela le peigne et non les ciseaux, qui

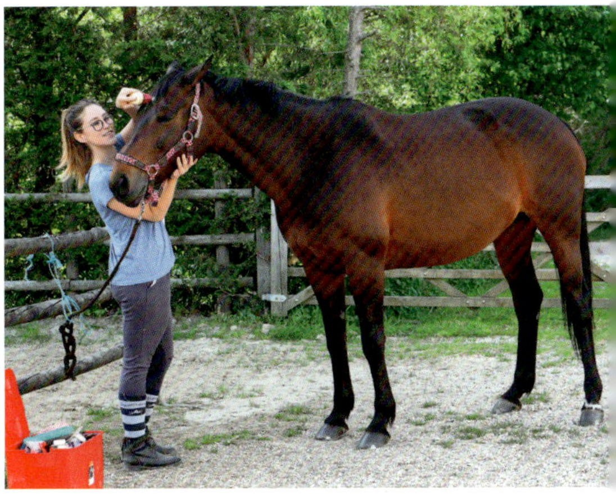

On panse de préférence les chevaux à l'extérieur de leur box.

Les crins sont idéalement peignés afin de retomber du côté gauche de l'encolure.

La brosse douce permet d'éliminer la poussière et de lustrer la robe efficacement contre le froid.

L'été, une douche ou une baignade sont rafraîchissantes pour le cheval, en particulier après le travail.

ont tendance à faire des « échelles ». Pour faire la crinière, il suffit d'enrouler une petite mèche de crins à la fois autour des dents du peigne et de l'arracher en tirant d'un coup sec. Pour les concours, la crinière et la queue peuvent aussi être nattées afin de leur donner un aspect irréprochable.

◆ Les soins saisonniers

L'été, le cheval hébergé au box pourra être douché assez souvent. Attention toutefois à ne le mouiller que par beau temps et à le faire marcher au soleil, à l'abri des courants d'air, jusqu'à ce qu'il soit sec.

L'hiver, il sera tondu afin de ne pas trop transpirer pendant le travail. Il existe différentes tontes (voir encadré page de droite) selon le type et l'intensité du travail pratiqué.

LES SOINS DES PIEDS

Le cavalier doit très vite apprendre à curer les pieds de son cheval. Il utilise pour cela une sorte de petit crochet de métal (ou parfois de plastique) appelé cure-pied, avec lequel il gratte la sole des sabots avant et après le travail. Cette habitude permet non seulement de vérifier le bon état des sabots et de repérer rapidement un éventuel problème (pourriture de la fourchette, abcès...), mais aussi et en premier lieu de nettoyer le pied. Sa forme creusée en fait en effet un véritable piège à saletés, de la boue au fumier, en passant par les cailloux. Une pierre coincée sous la sole risque de gêner l'animal, voire de le blesser si elle n'est pas enlevée à temps. Quant à la boue et au fumier, ils ont tendance à faire macérer le pied, ce qui cause parfois un effritement de la corne de la sole et de la fourchette, allant jusqu'à la pourriture de celle-ci.

◆ Comment procéder ?

Pour curer les pieds du cheval, il faut les soulever l'un après l'autre et gratter la sole et le contour de la fourchette à l'aide de la pointe du cure-pied.

Soulever un antérieur

Pour l'antérieur gauche, se placer au niveau du membre, le long du cheval mais tourné vers son arrière-main, en tenant le cure-pied dans la main droite. Se baisser et passer le bras gauche sous le cheval, le long du membre. Prendre l'avant du boulet dans la main gauche et soulever doucement l'antérieur. Maintenir le pied en place avec la main gauche pendant qu'on le cure avec la main droite.

Soulever un postérieur

Pour le postérieur droit, se placer au niveau de l'arrière-main du che-

LES DIFFÉRENTS TYPES DE TONTE

Le type de tonte dépend du travail fourni par le cheval et de son mode d'hébergement. On ne tond en principe que les chevaux à l'écurie, mais une tonte légère peut convenir à un cheval au pré s'il porte une bonne couverture.

En principe, plus le travail est poussé (donc plus l'effort est violent et plus le cheval transpire), plus la tonte est importante, jusqu'à une tonte complète pour certains chevaux de concours hippique.

Tonte de course ou tonte en manteau : cette tonte convient aux chevaux effectuant un travail léger mais régulier.

Tonte « couverture » ou tonte en sac : ce type de tonte est plus particulièrement adapté aux chevaux qui travaillent le week-end ou pendant les vacances, et qui vivent au pré le reste du temps.

Tonte de chasse : cette tonte est particulièrement adaptée aux chevaux utilisés en chasse à courre ou en sports équestres. En effet, ces derniers travaillent beaucoup et ont donc besoin d'être tondus, à l'exception des jambes et de l'emplacement de la selle qui seront bien mieux protégées des épines et des chocs et frottements divers par un pelage long.

val, tourné vers l'arrière. Se baisser légèrement en passant le bras droit vers l'intérieur du membre et attraper l'avant du boulet. Passer ensuite celui-ci dans la main gauche et curer avec la droite.

Pour un gaucher, inverser les manœuvres. Si le cheval refuse de soulever son pied, utiliser l'ordre « donne ! » d'une voix ferme, tout en appuyant de façon répétée (mais non constante) sur son épaule ou sa cuisse.

Attention, lorsque l'on cure les pieds d'un cheval, il ne faut jamais s'agenouiller à ses côtés, ni se placer derrière ou devant le membre que l'on tient : en cas de mouvement brusque du cheval, on risquerait alors de prendre un coup de pied ou de genou.

Les soins des pieds sont extrêmement importants : ne dit-on pas « pas de pied, pas de cheval » ?

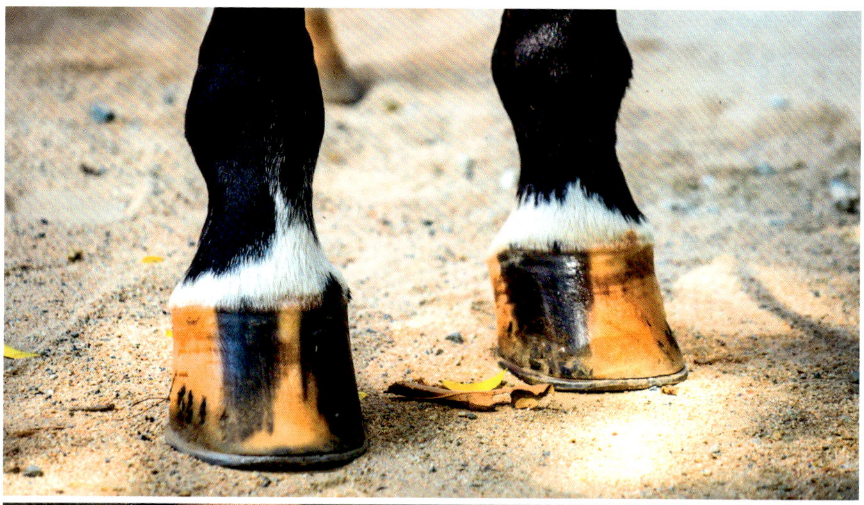

La sole et la fourchette doivent être examinées et nettoyées chaque jour afin d'éviter des lésions longues à guérir.

Il est conseillé de toujours curer les sabots du talon vers l'extérieur (la paroi), afin de ne pas risquer de blesser le cheval par un faux mouvement. Dans tous les cas, il faut éviter de gratter trop énergiquement la fourchette et surtout les glomes, qui sont assez sensibles. Se contenter de débarrasser la sole et les lacunes de la boue, du fumier ou des cailloux qui s'y trouvent.

◆ Problèmes courants affectant les pieds

« Pas de pied, pas de cheval », ce vieux dicton anglais résume bien l'importance des soins à apporter aux sabots du cheval. Les problèmes affectant les pieds du cheval sont souvent longs à guérir, handicapants et douloureux pour l'animal. Un cheval qui a de mauvais pieds ne peut pas travailler correctement et ne se déplacera qu'avec peine, en particulier si la douleur est importante. Comme dans beaucoup d'autres domaines, mieux vaut prévenir que guérir !

Le « clou de rue »

Il s'agit d'une perforation accidentelle de la sole, par un clou ou tout autre objet pointu. Il faut alors retirer l'objet s'il est resté planté dans le pied, puis désinfecter soigneusement la blessure (à la teinture d'iode ou à l'essence de térébenthine par exemple). La sole sera ensuite utilement recouverte d'une plaque de protection, fixée entre le pied et le fer, afin d'éviter une surinfection. L'administration d'un sérum antitétanique est préférable, même si l'animal est déjà vacciné.

L'abcès

Il arrive que des abcès se forment sous la surface de la sole et fassent boiter le cheval. On les localise en sondant le pied avec une pince spéciale, puis on les perce, après avoir aminci la corne à l'aide d'une rénette, pour les vider et éliminer la pression qui cause douleur et échauffement. Selon le type d'abcès rencontré, le traitement sera plus ou moins long et contraignant. Une désinfection locale, l'application de sulfate de cuivre et un sérum antitétanique sont nécessaires dans la plupart des cas. Les cas les plus sérieux (présence de pus) nécessitent l'intervention du vétérinaire.

Les bleimes

Ce sont de petites atteintes de la sole (comme un bleu) causées par une pression (corps étranger) ou un choc. Une bulle de sang colore la corne et l'endroit devient douloureux. Les bleimes sont sans gravité et se résorbent généralement toutes seules en quelques jours. Si ce n'est pas le cas, il faut faire intervenir le maréchal-ferrant.

Les seimes

Ce sont des fissures verticales dans la paroi du sabot. On en distingue deux types, selon qu'elles démarrent en bas du sabot (cas le plus fréquent) ou au niveau du bourrelet périoplique. Les seimes d'herbage, partant du sol, peuvent facilement être « barrées » par le maréchal, qui empêche la fente de s'étendre en faisant à la râpe ou à la rénette une rainure perpendiculaire à son sommet. La seime partant de la couronne est plus délicate à soigner ; elle est le symptôme d'un choc ou d'un défaut du périople. Dans les cas les plus sérieux, il peut être nécessaire de poser des agrafes afin de rapprocher les bords de la seime, voire d'appeler le vétérinaire à la rescousse.

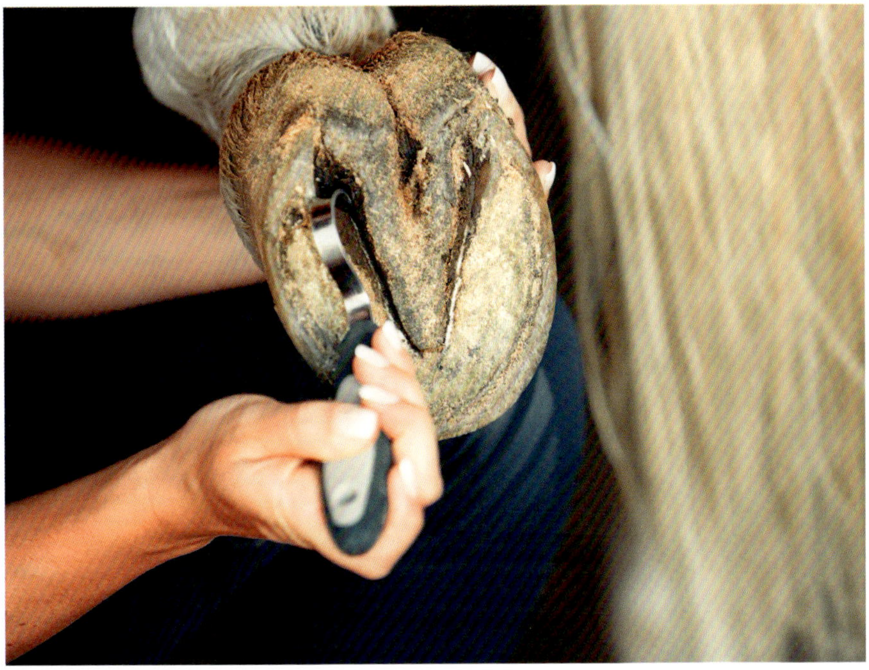

Curer les pieds est la partie la plus importante du pansage.

La fourmilière

C'est un décollement de la muraille (ou paroi) du sabot, suite à un choc ou à partir d'une simple seime. Il se forme alors une cavité remplie de sang ou de pus entre la corne et la chair. Le maréchal-ferrant doit intervenir en nettoyant la cavité, puis en la remplissant d'un coton imbibé d'antiseptique. Le cheval devra ensuite porter un fer spécial jusqu'à sa guérison.

La pourriture de la fourchette

Elle est causée par une macération du pied en milieu humide (boue, fumier...) et est plus facile à prévenir qu'à guérir. Il faut curer les pieds soigneusement en prenant soin d'éliminer des lacunes toutes traces de fumier, afin de laisser l'air circuler et assécher le pied. L'application de goudron de Norvège ou de produits spéciaux en petites burettes permet d'assainir le pied et d'éviter une trop forte macération. Des morceaux de coton imbibés de liqueur de Villatte ou d'une solution de sulfate de cuivre, glissés dans les trous, permettent de traiter un début de pourriture.

Les seimes peuvent généralement être « barrées » par le maréchal-ferrant.

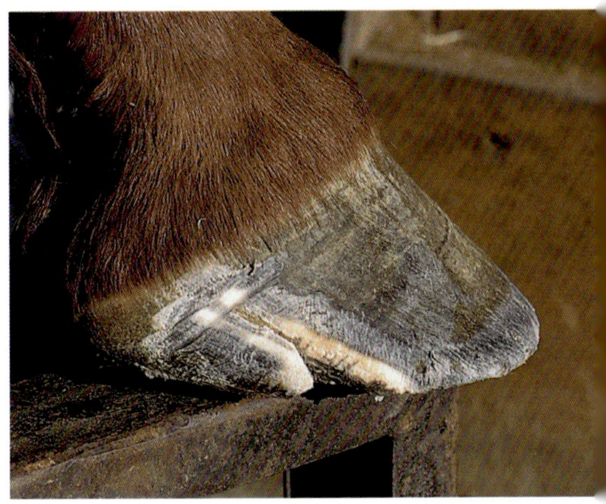

À gauche : Une macération du pied en milieu humide peut causer une pourriture au niveau de la fourchette.

À droite : Le bon état des pieds est essentiel. Il passe par un entretien et une surveillance réguliers.

La fourbure

C'est une inflammation des pieds (généralement limitée aux antérieurs) souvent causée par un excès de nourriture, parfois par une station debout prolongée ou par un excès de travail. La chair comprimée à l'intérieur des sabots fait souffrir l'animal qui reporte alors son poids sur son arrière-main et prend une posture caractéristique. Cette affection est très grave et peut devenir chronique si l'on n'intervient pas à temps. Dans les cas les plus aigus, la troisième phalange bascule et comprime la sole, allant parfois jusqu'à la perforer. L'intervention du vétérinaire est indispensable. Celui-ci prescrira un traitement, éventuellement une saignée, qui sera utilement complétée par des douches froides sur les membres atteints.

Même s'il n'est pas ferré, le cheval doit être paré régulièrement. Sans soins, ses pieds peuvent aller jusqu'à se déformer.

◆ Les produits de soin

Pour entretenir la corne, il est recommandé de passer régulièrement de la graisse ou du goudron sur les sabots.

La graisse ou onguent

Elle peut être de différentes couleurs et qualités. Elle contient en général de l'huile de laurier, qui favorise la repousse de la corne. Son rôle est principalement d'hydrater la paroi du sabot afin qu'elle ne se fendille pas et qu'elle reste relativement souple. On s'en sert de préférence l'été.

L'onguent blond ne colore pas le sabot et permet surtout une bonne hydratation de la corne tout en évitant les débordements (notamment sur les chevaux aux extrémités claires).

L'onguent vert est le plus riche en huile de laurier. Il accélère la repousse et hydrate en profondeur.

Les huiles

L'huile de laurier pure favorise la repousse de la corne lorsque celle-ci est très abîmée.

L'huile de foie de morue pénètre en profondeur et hydrate la corne. Elle est, en outre, riche en vitamine D.

L'onguent blanc au zinc sert principalement à soigner crevasses et gerçures. Il n'est pas à proprement parler destiné aux sabots.

Un liquide de soin pour la fourchette existe dans de petites burettes. C'est un produit visqueux, de couleur sombre, qui permet de limiter les risques de pourriture. On l'applique au cœur des lacunes médianes et latérales grâce à son embout.

La liqueur de Villatte, qui sert à traiter la pourriture de la fourchette, se trouve en pharmacie. On en imbibe de petits cotons que l'on bourre dans les lacunes et dans les trous causés par la macération du sabot.

Les compléments alimentaires

Il existe aussi des compléments alimentaires qui améliorent l'état des sabots (ainsi que des crins et des poils, eux aussi composés de kératine). Il s'agit principalement de la biotine, qui s'administre en cure (30 jours) par voie orale. Elle se présente généralement sous forme de poudre à mélanger à la nourriture, mais peut aussi faire partie des composants d'un complément plus général.

En résumé, quand les pieds sont vraiment très secs et s'effritent (paroi qui se fendille et se brise), un bon onguent est essentiel. On l'appliquera de préférence après avoir douché les membres, de façon à « enfermer » l'humidité entre la corne et l'onguent pour mieux hydrater les sabots.

À gauche : L'onguent permet d'hydrater la corne du pied.

À droite : Il est recommandé de graisser les pieds régulièrement.

De nombreux types d'onguents et d'huiles pour sabots sont disponibles sur le marché.

Qu'il soit ou non ferré, le cheval doit voir le maréchal régulièrement pour être paré.

Si la corne ne se renouvelle pas assez vite, l'idéal est d'appliquer de l'huile de laurier sur la paroi, en insistant sur le bourrelet périoplique. Et dans le cas de fourchettes pourries (des morceaux se détachent et le pied suinte et dégage une odeur nauséabonde), il n'y a guère que la liqueur de Villatte pour y remédier.

PARAGE ET FERRURE

S'il est tout à fait possible de laisser un cheval « pieds nus », les fers lui permettent de travailler sur sol dur et rugueux (routes, chemins caillouteux...) sans dommage pour la corne de ses sabots.

◆ Le parage

Le maréchal-ferrant adapte parfaitement la forme des fers aux pieds du cheval avant de les poser et de les clouer en place. Le pied doit être mis en forme auparavant, par une opération appelée parage. À l'aide de différents outils (rogne-pied, rénette, râpe...), le maréchal coupe l'excès de corne, égalise la corne de la sole, dégage les lacunes de la fourchette et aplanit le pied afin qu'il puisse recevoir le fer.

◆ La ferrure

On ferre en général les chevaux dès qu'ils fournissent un travail régulier. En effet, si la corne s'use alors plus vite qu'elle ne repousse, l'animal finit par avoir mal aux pieds. Le fer empêche cette usure et protège le pied des chocs et des frottements répétés qui pourraient l'endommager. Cependant, la corne pousse alors sans s'user, ce qui explique qu'il faille régulièrement déferrer l'animal afin de le parer, puis de le ferrer à nouveau. Des pieds trop longs sont inconfortables pour le cheval, déforment ses aplombs et peuvent le faire trébucher.

En principe, on referre environ toutes les 6 à 8 semaines. Le fer n'étant pas éternel, il faut le remplacer régulièrement lorsqu'il s'use. La fréquence des remplacements de fers

LES DIFFÉRENTS OUTILS DU MARÉCHAL-FERRANT

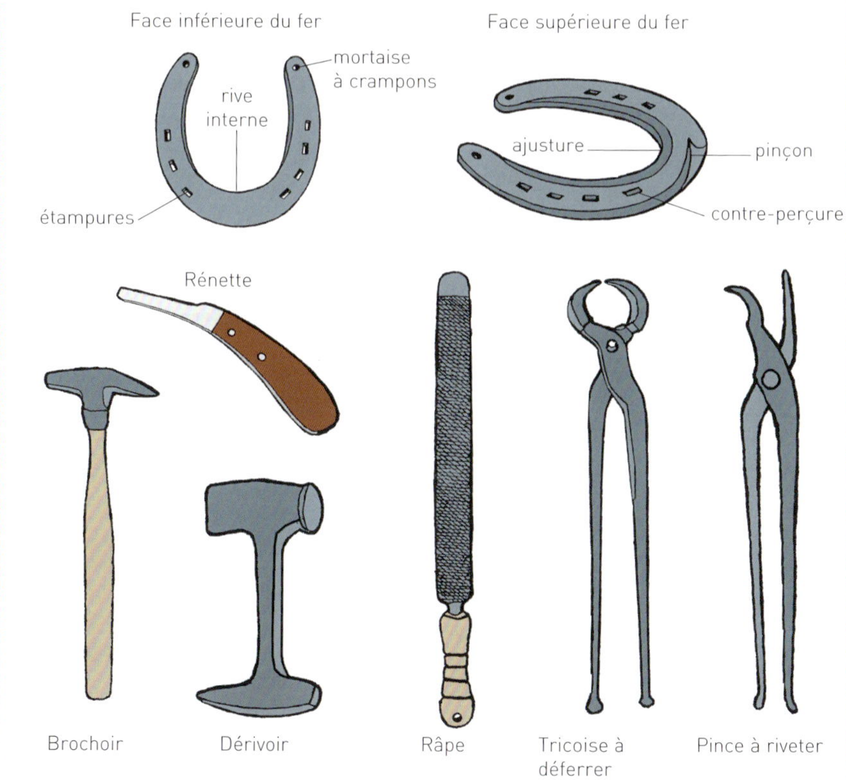

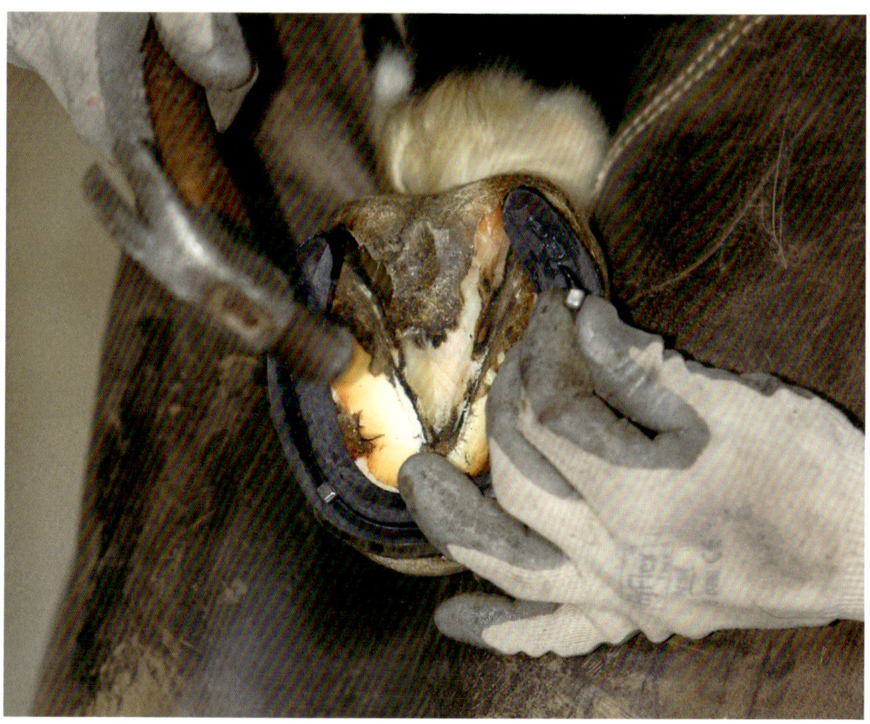

On ferre un cheval qui travaille toutes les 4 à 6 semaines environ.

l'ingestion de certaines plantes. Leur peau réagit alors à la lumière, en particulier lorsque cette dernière est très forte comme en été. Attention aussi aux zones de peau rose (ladre) qui sont sujettes aux coups de soleil. L'application de crème solaire sur ces parties sensibles (tour des naseaux et des lèvres, bout du nez, contour des yeux...) peut éviter ce genre de désagrément. Pour aider l'animal à supporter la chaleur, on peut prendre l'habitude de le doucher aux heures chaudes. Certains chevaux prennent vite goût à ce rafraîchissement et viennent eux-mêmes se placer sous le jet d'eau froide lorsqu'on le met en marche.

Le pansage

Le pansage d'été est le moins contraignant. Le poil est court et facile à brosser, et la relative absence d'intempéries permet de panser le cheval à fond si on le souhaite, même si celui-ci vit au pré nuit et jour. Seule contrainte : débarrasser régulièrement les membres des petits œufs jaunes qui y sont déposés par les gastrophiles. Pour cela, l'idéal est de disposer d'un bloc de pansage (type pierre ponce) ou d'un couteau spécial.

La douche est non seulement une façon de rafraîchir le cheval, mais aussi, bien sûr, un moyen de le laver. Utiliser pour cela un shampoing spécialement adapté au poil et à la peau des équidés. L'utilisation d'un shampoing insectifuge et d'autres produits du même type (sous forme de lotions, gels, sprays, sticks...) permet d'éloigner quelque temps les insectes, très virulents en cette saison. À noter que la crinière et la queue des chevaux au pré doivent impérativement être laissées longues pour leur permettre de chasser les insectes.

Le cheval au pré ressent plus l'influence des saisons que celui qui vit à l'écurie.

ɜs naissances, les
ɲéralement le jour
ɲente, qui leur per-
naximum de forces
onter les frimas de

mps

de la température
de perdre progres-
toison qu'il avait
chevaux couverts
pas être tondus)
ur couverture petit
encera par l'enle-
ux heures les plus
a ranger définitive-
ambiante n'est pas
les chevaux, il faut
u'ils disposent d'un
ntempéries, même
que rarement. Les
de boue et autres
a pluie et à la boue,
à l'aide de pom-
en veillant à sécher
tout travail en mi-

consiste à éliminer
partent en quantité
e mue saisonnière.
e est alors l'étrille
fait des miracles
débarrasser le che-
iver (ainsi que de la
beau, il est envisa-
les chevaux vivant
qui passent la nuit
attendre l'été.

les pieds

us l'avons vu, sont
à l'humidité : atten-
s et aux gales de
en cette saison.
passés au goudron
ne transition vers
sant par une bonne
onguent noir étant
sible. Attention aux

Les membres et les pieds

Le sol détrempé de la mauvaise saison s'est transformé en une surface dure comme de la pierre. La poussière a remplacé la boue et les pieds sont mis à rude épreuve, en particulier lors d'un travail à allure soutenue ou en terrain varié. Une bonne hydratation est indispensable pour éviter le dessèchement de la corne, menant à des seimes et à un effritement des sabots. Pour les chevaux vivant au pré, l'idéal est qu'ils disposent d'une zone humide où ils mettront régulièrement leurs pieds. Un point d'eau naturel (rivière) est parfait, mais il est possible de créer une zone de débordement en inclinant le bac à eau. Les chevaux auront alors les pieds à l'humidité dès qu'ils iront boire. Un bon onguent complétera l'hydratation de la corne, et sera de préférence passé sur pieds mouillés, une à deux fois par semaine (plus souvent si les pieds sont très secs et se fendillent). Les tendons sont très sollicités sur sol dur, et il est nécessaire d'en prendre le plus grand soin. On limitera les allures vives et les sauts au manège et à la carrière, et l'on préférera les sorties sur sol souple mais ferme (herbe dense, sable mouillé, etc.). Une bonne douche des membres après le travail les soulagera.

Insectes et parasites

L'été est leur saison de prédilection. Les mouches et les taons harcèlent constamment les chevaux, qui doivent pouvoir les chasser à l'aide de leur crinière (toupet inclus) et de leur queue, en se mettant tête-bêche pour profiter des crins du voisin. Les chevaux aux crins peu fournis peuvent être équipés d'un licol léger, agrémenté d'un frontal à franges chasse-mouches. Ceux qui sont particulièrement sensibles aux insectes à cause de leur peau fine (pur-sang...) pourront porter un filet protecteur autour de la tête, éventuellement sur tout le corps. Dans les cas extrêmes, mieux vaut rentrer le cheval à l'écurie pendant la journée et ne le sortir au pré que la nuit. Les parasites internes sont également très actifs en été. On vermifugera en juillet contre les ténias, puis en août avec un vermifuge polyvalent, éventuellement de l'Ivermectine, pour lutter contre les gastrophiles. Ces derniers ne sont pas des vers, mais des insectes ressemblant à de grosses mouches rayées de jaune, qui pondent leurs œufs l'été sur les membres des chevaux. Ceux-ci sont ingérés par l'animal quand il se gratte ou se lèche, et les larves se développent alors à l'intérieur du cheval-hôte avant de ressortir dans les crottins, puis de se transformer en adulte volant. Attention aussi à la dermite estivale, qui provoque des démangeaisons au niveau de l'attache de la queue et parfois des membres. Un traitement précoce dès les premiers symptômes (cheval qui se gratte l'arrière-train) est recommandé.

L'alimentation

L'herbe verte du printemps s'assèche peu à peu et perd ses qualités nutritionnelles. Si l'on ne dispose pas de beaucoup de terrain, on constate ra-

Le masque est destiné à protéger le cheval des insectes au pré et lui éviter une infection oculaire.

L'été amène aussi son cortège de désagréments.

Avec les beaux jours, revient la saison des randonnées en pleine nature.

pidement les effets du surpâturage : prairies desséchées, herbe rase... Il faut alors donner du foin pour compenser la pauvreté des végétaux disponibles. L'idéal est de disposer de plusieurs parcelles et de procéder à un roulement, afin de permettre une bonne repousse entre deux pâturages et de limiter le piétinement des végétaux fragilisés par la sécheresse. Un apport à volonté d'eau fraîche et propre est bien entendu indispensable.

◆ L'automne

Les jours raccourcissent. Le temps se fait plus maussade et les arbres perdent leurs feuilles. La nature se prépare progressivement à reprendre son sommeil hivernal. Pour les chevaux, c'est une saison agréable jusqu'aux premiers frimas. Leur poil reprend peu à peu du volume et devient de plus en plus isolant.

L'influence du temps

Le rafraîchissement consécutif à la fin de l'été est plutôt un soulagement pour les chevaux. Les insectes se font moins virulents et la température est plus supportable. L'arrivée des intempéries apporte cependant avec elles d'autres désagréments, qui sont similaires à ceux rencontrés au printemps : humidité et fraîcheur. Les chevaux au pré doivent pouvoir s'abriter de la pluie et du vent, grâce à un abri de prairie, à une haie, etc. Les petits soucis liés à la pluie et à la boue reviennent, et il faut surveiller l'éventuelle apparition de croûtes, dépilations et autres lésions cutanées.

Le pansage

Les chevaux au pré doivent être brossés de moins en moins souvent et profondément. Malgré l'épaississement du poil et l'arrivée de la boue, mieux vaut éviter l'étrille afin de préserver la couche de sébum protectrice. Pour les chevaux au box, la fin de l'automne est souvent le moment d'effectuer la première tonte. Le cheval devra ensuite porter une couverture plus ou moins épaisse en fonction de la température ambiante.

Les membres et les pieds

Retour à l'application de goudron sur la sole des chevaux, au pré comme à l'écurie. Attention aux fourchettes qui doivent rester saines. Doucher les membres après le travail, sans oublier de les sécher soigneusement au niveau du pli du paturon. Surveiller l'apparition de crevasses et ne pas hésiter à appliquer de la vaseline sur les zones sensibles.

Insectes et parasites

Si l'activité des insectes se calme progressivement à mesure que la température baisse, les autres parasites continuent à sévir. Attention aux poux, qui se plaisent dans un poil d'hiver de plus en plus fourni, et aux gales qui apprécient l'humidité. Vermifuger en octobre contre les ténias, puis en novembre au Fenbendazole contre les cyathostomes.

L'alimentation

Il est temps de préparer l'arriver de l'hiver. Une complémentation en vitamines, minéraux et acides gras permet de mettre le cheval en condition pour affronter les frimas. Vérifier l'état général des chevaux : il est difficile de faire grossir un cheval l'hiver. Si l'herbe n'est plus assez riche, complémenter avec du foin à volonté. Augmenter légèrement les rations des chevaux au travail afin de compenser la perte des calories utilisées pour lutter contre le froid.

◆ L'hiver

C'est la saison de repos pour la nature. Beaucoup d'animaux hibernent

L'automne est une saison agréable pour les chevaux.

et la végétation semble en faire autant. Les feuilles ont disparu des arbres et l'herbe ne pousse plus. La température baisse et les intempéries sont fréquentes.

L'influence du temps

Les chevaux supportent en général assez bien le froid sec. Selon leur rusticité, ils peuvent même parfois rester au pré tout l'hiver, sans précautions particulières. Toutefois, les chevaux de sang, les animaux âgés ou malades et les poulains nés tard dans l'année peuvent ne pas être assez résistants pour affronter le froid sans aide. Il est alors préférable de les rentrer à l'écurie la nuit et de ne les sortir qu'aux heures les moins froides, en les protégeant éventuellement d'une couverture de pré de type « New Zealand » (bâche coton) ou doudoune. Les chevaux au pré doivent disposer d'un abri garni d'une litière propre et sèche. Ceux qui sont tondus porteront une couverture épaisse et chaude, et devront rester au box la nuit, à l'abri des intempéries et du gel.

Le pansage

Le poil d'hiver des chevaux restés au pré doit demeurer tel quel : on ne le tond jamais (ou alors de façon très localisée) et on le brosse très peu pour ne pas endommager sa couche d'huile protectrice. Les crins doivent rester assez fournis afin de contribuer à la lutte de l'animal contre le froid, le vent et l'humidité. Pour les chevaux hébergés à l'écurie, la tonte est possible. Elle est même préférable lorsque

Du beau temps sans la chaleur ni les insectes, l'automne a plusieurs avantages !

l'animal travaille régulièrement. En effet, la sueur le rend plus vulnérable au froid et son poil d'hiver est long à sécher. Il vaut bien mieux pour lui être tondu, afin de moins transpirer pendant l'effort et de sécher plus vite par la suite. Par contre, la tonte nécessite ensuite le port quasi constant d'une couverture d'écurie bien chaude, même dans un box clos. Le cheval tondu est facile à panser et peut être rendu aussi impeccable qu'un cheval couvert de son poil d'été.

Les membres et les pieds

Les soins des membres sont plus limités l'hiver que l'été. Le sol est généralement moins dur (sauf lorsqu'il gèle !) et sollicite moins les tendons. De plus, il faut faire très attention à bien sécher les membres après un éventuel passage au jet, le froid accentuant le risque de crevasses et gerçures. Les pieds seront passés au goudron (sole et fourchette) une fois par semaine, éventuellement bien graissés avant une sortie dans la neige.

Insectes et parasites

Les insectes sont inactifs en hiver et apportent un répit bien mérité aux chevaux. En revanche, les parasites internes doivent continuer à être combattus. On administrera un vermifuge actif contre les gastrophiles (Ivermectine) au mois de décembre, puis un vermifuge polyvalent en février.

Attention aux poux qui adorent se multiplier sous le poil d'hiver et les couvertures. Les vieux chevaux couverts au pré sans être tondus et les animaux en mauvais état général sont particulièrement touchés. Une poudre insecticide saupoudrée généreusement sous la couverture en attendant de pouvoir utiliser une lotion (donc de mouiller l'animal) est un bon début. À noter que l'Ivermectine a également une action sur ces parasites, de même que les antiparasitaires en spray commercialisés pour les chiens et les chats.

L'alimentation

L'hiver, la végétation ne fournit qu'une alimentation pauvre et l'herbe rare ne suffit généralement pas à garder en bonne condition physique les chevaux au pré. Dans la nature, les animaux maigrissent beaucoup l'hiver et comptent surtout sur leurs réserves de l'année pour survivre, avant de se « remplumer » au printemps. Pour garder un cheval domestique en bonne condition physique, une bonne complémentation (fourrage et concentrés) est essentielle. On donnera donc du foin à volonté, complété par une quantité plus ou moins importante de grain, de granulés ou d'aliment complet floconné, selon le métabolisme et le travail fourni par l'animal. L'administration d'un mashe une fois par semaine est adoptée par de nombreux soigneurs, bien que l'intérêt réel d'un tel changement d'alimentation ne soit pas prouvé. Quoi qu'il en soit, les chevaux apprécient généralement ce « repas chaud », en particulier lorsque la température extérieure est très basse.

Les chevaux ont besoin de plus d'énergie l'hiver pour lutter efficacement contre le froid en gardant une bonne condition.

Les poneys peuvent généralement vivre dehors toute l'année.

LES MALADIES DU CHEVAL

Le cheval est un animal sensible et fragile. Son soigneur doit savoir reconnaître au premier coup d'œil une baisse de forme ou une véritable urgence. Que ce soit pour lutter contre les maladies ou pour combattre les parasites, une prévention bien menée et une observation régulière permettent bien souvent d'éviter le pire.

LA VACCINATION

La vaccination contribue au bien-être du cheval et participe au maintien de sa bonne santé. Comme tous les animaux, le cheval peut tomber malade à la suite d'une affection microbienne. Si certaines maladies peuvent se traiter, d'autres sont plus difficiles, voire impossibles à soigner. L'adage « mieux vaut prévenir que guérir » prend ici toute sa valeur, et la vaccination est l'illustration parfaite de cette prévention.

◆ Le principe de la vaccination

La vaccination est un acte médical qui va permettre au cheval d'acquérir une résistance vis-à-vis du microbe contre lequel il est vacciné. Le mécanisme de protection est très complexe, mais on peut le schématiser de la façon suivante : en vaccinant un cheval, on introduit dans son organisme des substances étrangères, les antigènes. Ces antigènes ont été fabriqués à partir du microbe contre lequel on veut protéger le cheval. L'organisme va réagir à l'introduction des antigènes en produisant des substances défensives, les anticorps, qui possèdent deux rôles essentiels. Tout d'abord, celui de reconnaissance : si un cheval est de nouveau en contact avec des antigènes semblables (donc avec le microbe contre lequel il a été vacciné), les anticorps les reconnaîtront immédiatement. Ils pourront alors jouer leur second rôle, celui de protection, en se combinant avec les antigènes pour les neutraliser. Cette fonction protectrice fait intervenir, outre les anticorps, d'autres éléments microscopiques qui s'allient entre eux pour combattre et détruire les antigènes, grâce à des processus aussi variés que complexes. La vaccination s'appuie donc sur la stimulation des défenses naturelles de l'organisme.

◆ Les différents vaccins

On peut vacciner les chevaux contre de nombreuses maladies. Il existe par exemple un vaccin contre la peste équine, mais qui n'est pas commercialisé en France. Il a été utilisé en Espagne et au Portugal dans les années 1990, à la suite d'une épizootie dans ces deux pays. En France, quatre vaccins sont disponibles : ils protègent les chevaux contre la grippe, le tétanos, la rage et la rhinopneumonie.

La grippe

La vaccination contre la grippe est obligatoire pour les chevaux qui sortent en compétition et les chevaux de course. En effet, cette affection respiratoire, due à un virus *(Myxovirus influenza)*, est très contagieuse : dans une écurie, cette épizootie est remarquable par le caractère explosif de la propagation. Tous les chevaux toussent de 24 à 72 heures après l'apparition du premier cas. La contagiosité élevée de la grippe équine s'explique par une très courte période d'incubation (de 1 à 3 jours) et par une dissémination importante du virus par la toux et le jetage (c'est-à-dire l'écoulement de liquide de matière morbide au niveau d'un naseau ou des deux). Cette dissémination est renforcée dans les endroits secs et fermés comme les écuries. L'intensité des signes cliniques est variable. Les poulains et les jeunes chevaux sont les plus durement éprouvés.

Les animaux malades présentent une fièvre élevée, un abattement important et une toux fréquente. Tous les chevaux qui ont été atteints sont contagieux pendant 8 à 10 jours. Souvent, la grippe équine peut se compliquer d'infections respiratoires secondaires bactériennes, qui affaiblissent encore davantage les animaux touchés. Il est conseillé d'attendre trois semaines après une épizootie de grippe équine, avant de reprendre un travail sérieux, afin de ne pas risquer des complications respiratoires et cardiaques. La vaccination contre cette maladie évite un long repos forcé des chevaux, qui pourrait être préjudiciable aux activités d'un centre équestre ou à la réussite d'une saison de compétition.

La vaccination contre la grippe et la rhinopneumonie est obligatoire depuis 2018 pour les chevaux de course de galop.

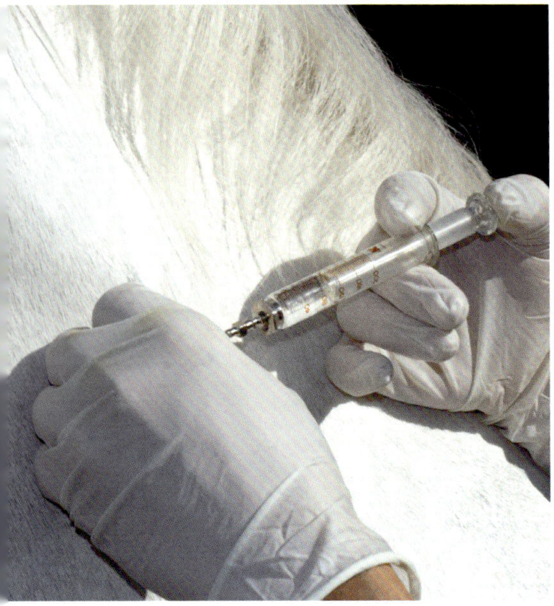

Les vaccinations s'effectuent grâce à une injection intramusculaire, généralement au niveau de l'encolure.

Le tétanos

La vaccination contre le tétanos n'est pas obligatoire, mais fortement conseillée. En effet, le tétanos est dû à un germe tellurique particulièrement présent dans le milieu des chevaux. Ce germe, appelé bacille tétanique, fabrique une toxine qui s'attaque au système nerveux central. Il s'agit d'une affection catastrophique pour le cheval car, une fois les premiers symptômes apparus, il est très difficile de lutter contre cette maladie. Chez le cheval, la porte d'entrée du bacille tétanique est classiquement une plaie profondément pénétrante du pied. Celle-ci se referme rapidement en enfermant des corps étrangers (terre, débris, végétaux, poils...) dans un terrain peu vascularisé. Mais toutes les plaies peuvent devenir des foyers d'infection tétanique (par exemple, la plaie ombilicale du poulain nouveau-né).

La période d'incubation varie de trois jours à un mois, mais peut exceptionnellement être plus longue, de l'ordre de quelques mois. Un des premiers signes cliniques du tétanos est ce qu'on appelle la « procidence du corps clignotant » au niveau de l'œil : il s'agit d'une paralysie de la troisième paupière, qui demeure extériorisée et donne l'impression d'une excroissance de chair. Par ailleurs, le cheval montre une raideur généralisée, accompagnée d'une démarche saccadée. Puis ces signes s'aggravent et la moindre stimulation provoque une crise de tétanie avec raideur des quatre membres et de l'encolure, ce qui peut entraîner la chute du cheval. C'est une maladie mortelle à 100 % si elle n'est pas soignée, et à 80 % même si elle est traitée en milieu hospitalier, avec des soins intensifs pendant six à huit semaines. Après quoi, s'il en réchappe, le cheval est dans un état physique pitoyable, et il lui faut de longs mois avant de retrouver toute sa forme. Il est d'autant plus dommage de ne pas procéder à cette vaccination que les vaccins antitétaniques disponibles ont une efficacité reconnue comme l'une des plus sûres.

La rage

La rage est transmissible à l'homme : de ce fait, les chevaux qui sont en contact avec le public ont une obligation légale d'être vaccinés contre la rage dans les régions où elle continue à sévir.

Le microbe responsable de cette maladie est un virus, le virus rabique. Au stade terminal de l'infection, il se retrouve en abondance dans les glandes salivaires des animaux enragés : c'est la raison pour laquelle un animal ne peut transmettre la rage que par morsure (ou griffure si les griffes sont souillées par de la salive contaminée). Le virus, contenu dans la salive, est ainsi introduit dans l'organisme mordu. Le temps d'incubation, compris entre l'introduction du virus dans l'organisme et le début des symptômes de la maladie, varie chez le cheval entre trois semaines et trois mois.

Généralement, le cheval enragé commence par se gratter ou se mordre à l'endroit où il a été mordu. Il devient irascible et se montre très sensible à la moindre perturbation extérieure, que ce soit un bruit ou un geste brusque. Puis ses mouvements deviennent incohérents, il perd progressivement l'appétit et une bave s'écoule de ses lèvres en longs filets visqueux. Il finit par devenir agressif. Il mord avec une violence inouïe, jusqu'à se casser la mâchoire, tout ce qui se présente à lui : bat-flanc, bord de mangeoire, abreuvoir... avant qu'une paralysie d'installation rapide l'empêche totalement de se relever. Le cheval enragé meurt de 6 à 10 jours après l'apparition des premiers symptômes.

Aucun traitement n'est efficace et rien ne peut empêcher l'évolution fatale. C'est pourquoi, dans les régions où la rage est présente, il est fondamental de vacciner les chevaux contre cette maladie, surtout s'ils vivent au pré ou participent à des randonnées.

La rhinopneumonie

La vaccination contre la rhinopneumonie ne comporte aucune obligation, sauf pour les étalons reproducteurs, les poulinières et les chevaux de course de galop. Elle est cependant particulièrement recommandée dans les régions d'élevage où la maladie prend une forme abortive : provoquant des avortements d'allure contagieuse chez les poulinières, elle risque de se déclarer au cours du dernier tiers de la gestation.

La rhinopneumonie, dont l'agent responsable est un herpès virus, se traduit cliniquement par trois formes différentes :

› **La forme abortive** citée précédemment.

› **La forme respiratoire** se manifeste par de la fièvre, de la toux et du jetage. On la rencontre essentiellement chez les jeunes chevaux. Moins contagieuse que la grippe, cette maladie se propage de la même façon par la toux et le jetage des chevaux infectés. La forme respiratoire de la maladie est caractérisée par un abondant jetage et une toux modérée. Cependant, dans certains cas, on est obligé de recourir à des examens de laboratoire pour différencier la grippe de la rhinopneumonie, tant les deux maladies peuvent être semblables. La guérison survient généralement après 8 à 10 jours, mais les chevaux peuvent présenter, à la suite de cette infection, une méforme pendant quelques mois.

› **La forme nerveuse** est la moins fréquente mais la plus dangereuse, car elle met la vie du cheval en danger. Elle fait généralement suite à l'une des deux formes précédentes et apparaît de 10 à 15 jours après les premiers symptômes (avortement ou toux). Elle se traduit par une parésie (le cheval titube de l'arrière-main), qui peut évoluer jusqu'à une paralysie complète et même entraîner la mort.

◆ Le protocole de vaccination

Pour protéger correctement un organisme contre une maladie, on procède à une vaccination, qui nécessite généralement des rappels. La première année de vaccination correspond à ce que l'on appelle la primo-vaccination. Elle peut comporter une seule injection, comme c'est le cas pour la rage, ou deux injections généralement séparées par un intervalle de 1 mois. Chez les jeunes chevaux, on conseille pour la grippe et la rhinopneumonie un rappel tous les 6 mois. Mais on peut se contenter d'un rappel annuel pour ces deux maladies, ce qui est par ailleurs le protocole indiqué pour la vaccination contre la rage. La vaccination antitétanique est un peu différente, puisque après le premier rappel un an après la primo-vaccination on peut se contenter d'un rappel tous les 3 ans ; cela dit, pour les chevaux d'extérieur ou vivant en permanence au pré, on peut continuer à pratiquer un rappel annuel.

Enfin, un protocole particulier concerne la vaccination des poulinières contre la rhinopneumonie.

Toutes les parties du corps doivent être examinées régulièrement, ce qui permet de repérer rapidement tout signe de maladie.

LES CONSÉQUENCES DU PARASITISME CHEZ LES CHEVAUX

Les parasites internes, si on les laisse œuvrer, empêchent l'absorption des apports nutritionnels nécessaires au cheval, puisqu'ils se nourrissent de ce qu'il absorbe. En dehors des symptômes particuliers, il existe un profil type du cheval parasité : bien que mangeant normalement, parfois même beaucoup, il reste maigre, avec souvent un gros ventre, son poil est terne et piqué.
Ce cheval est souvent anémié et peut présenter des crises de coliques à intervalles réguliers. Chez le poulain, on remarque en plus un retard de croissance et, chez le cheval de sport, une baisse des performances.
Mais parfois, lorsque le cheval n'est pas trop parasité, il peut ne présenter qu'un seul de ces symptômes, que l'on ne pense pas toujours à attribuer au parasitisme. D'où l'importance de vermifuger régulièrement les chevaux.

Lorsqu'elles sont gestantes, et afin de réduire le plus possible le risque d'avortement, on pratique des injections de rappel contre la rhinopneumonie tous les 2 mois, très exactement aux 5e, 7e et 9e mois de gestation.

Présence d'un ascaris dans un crottin.

LA VERMIFUGATION

La vermifugation consiste à détruire les parasites présents dans l'organisme. Chez le cheval, on les retrouve essentiellement au niveau de l'appareil digestif, mais ils peuvent toucher d'autres organes, en particulier lors de la migration de leurs larves. La vermifugation est un acte médical, dont la mise en place doit se faire de façon raisonnée. En effet, les traitements, pour être efficaces, ne peuvent être administrés à n'importe quel moment : en fonction des différents cycles des parasites, il convient de choisir telle ou telle molécule, et de la donner à une période donnée.

◆ Les parasites

On peut distinguer deux grandes catégories de parasites internes chez le cheval : les vers ronds (nématodes), représentés par les ascaris, les strongles et les oxyures, et les vers plats (trématodes), représentés par les ténias et les douves. À côté de ces deux grandes classes, on trouve des gastérophiles, ou œstres, qui correspondent aux larves d'une espèce de mouche.

Les ascaris

Ce sont de gros vers ronds (jusqu'à 50 cm de long) qui, ingérés sous forme de larves, vont successivement migrer dans le foie puis vers les poumons. Ces larves remontent ensuite l'arbre bronchique puis la trachée pour se retrouver au niveau du pharynx et être dégluties. Elles atteignent alors l'intestin, où elles se transforment en parasites adultes. Bien entendu, ces migrations ne se font pas sans dommages pour les différents organes traversés, et c'est ainsi que l'ascaridiose larvaire peut provoquer chez le poulain de la toux et du jetage épais. Une fois dans le tube digestif, les nématodes adultes se reproduisent et pondent des milliers d'œufs qui sont éliminés avec le crottin. Ces œufs se transforment en larves, sont directement ingérés par un autre cheval, et le cycle peut recommencer.

Les ascaris sont de grands vers blancs grisâtres, que l'on retrouve parfois dans le crottin lorsque le cheval est très parasité. Ces vers, outre les symptômes classiques du parasitisme, peuvent former, lorsqu'ils sont très nombreux, des sortes de pelotes et créer ainsi une occlusion intestinale, causant irrémédiablement la mort du cheval parasité.

Les strongles

Il existe de nombreuses espèces de strongles, dont certains sont très dangereux pour le cheval. On les divise en petits strongles, qui mesurent de 0,5 à 2 cm environ, et en grands strongles, qui mesurent de 2 à 5 cm. L'ensemble de ces espèces provoque chez le cheval des symptômes essentiellement digestifs, avec tout d'abord un crottin ramolli et malodorant, puis l'apparition d'une diarrhée. Les petits strongles sont surtout dangereux chez les poulains car, lors d'infestation massive, ils peuvent provoquer en hiver et au printemps une très forte diarrhée, parfois associée à des coliques. Les larves de grands strongles vont, quant à elles, subir une succession de métamorphoses, au cours de migrations à travers l'organisme. Elles sont alors responsables de fièvre, d'atteintes du foie et du pancréas, de péritonite et d'obstruction de certaines artères très importantes. L'obstruction de ces artères peut provoquer des coliques souvent mortelles (obstruction de l'artère mésentérique) ou une boiterie postérieure apparaissant à chaud, après un temps de travail (obstruction de l'artère iliaque).

Les oxyures

Ce sont des parasites très répandus, mais qui ne provoquent pas de gros dégâts. Ils touchent surtout les chevaux vivant au box. De couleur grisâtre, ils ont une forme allongée et peuvent mesurer jusqu'à 15 cm. Les femelles, en se fixant aux marges de l'anus pour pondre, entraînent une irritation anale. Le cheval parasité est toujours en train de se gratter la base de la queue, en se frottant contre les murs ou la porte de son box, faisant tomber les crins.

Les ténias

Les ténias qui parasitent le cheval sont des anoplocéphales : ce sont des vers plats, annelés, de taille moyenne (d'une longueur de 4 à 8 cm pour une largeur de 1 cm). Le cycle de ces parasites est un peu particulier, puisqu'il nécessite la présence de ce qu'on appelle un hôte intermédiaire. Cet hôte intermédiaire, un minuscule acarien, s'infeste en se nourrissant de crottin de cheval. Le cheval se contamine à son tour en avalant par mégarde ces acariens infestés. L'importance pathologique du ténia chez le cheval a été sous-estimée jusqu'à présent : on sait maintenant qu'il est directement responsable de certaines coliques.

Les douves

Les douves, parasites très communs chez les vaches et les moutons, semblent être accidentelles chez le cheval. Ce sont des parasites du foie, qui nécessitent également un hôte intermédiaire, en l'occurrence une limnée, sorte de très petit escargot. Les chevaux parasités ont généralement séjourné au pré, dans des régions humides. L'infestation par la douve se manifeste par une perte de poids, un abattement et une atteinte hépatique.

Les gastérophiles

Ils se trouvent, comme leur nom l'indique, dans l'estomac du cheval. Ce sont les larves d'une espèce de mouche qui pond ses œufs sur les membres des chevaux. En se léchant les membres, les chevaux ingèrent les œufs, qui se transforment en larves dans l'estomac. L'action pathogène des gastérophiles est relativement faible par rapport à celle des autres parasites internes du cheval. Il s'agit essentiellement d'ulcérations rencontrées dans l'estomac, parfois dans l'œsophage.

◆ Une vermifugation efficace

Les principes d'une vermifugation efficace sont en partie différents selon que l'on s'adresse à des chevaux vivant au pré ou à des chevaux restant au box la majeure partie de l'année. En effet, la majorité des parasites internes des chevaux ont un développement larvaire qui se déroule par terre, dans l'herbe. La meilleure solution pour lutter contre la contamination des prés consiste à ramasser deux fois par semaine le crottin que l'on y trouve et à vermifuger les chevaux en les laissant au box de 24 à 48 heures. L'occupation des prés par des espèces différentes en alternance (par exemple, des bovins et des Équidés) permet

Plusieurs ténias parasitent un cheval (après ouverture du cæcum).

Œufs d'œstres (gastérophiles) sur les membres d'un cheval.

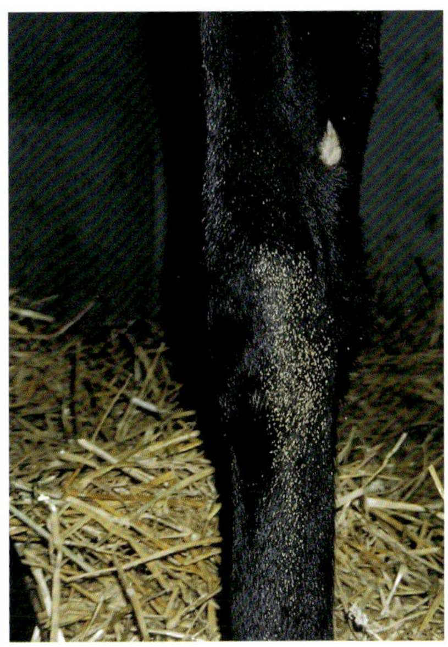

Le crottin représente la source essentielle d'infestation parasitaire chez les chevaux.

d'éliminer la majeure partie des parasites qui ne peuvent se développer que chez une seule espèce. Les chevaux vivant au pré doivent être vermifugés plus régulièrement que ceux restant au box (de quatre à six fois contre de deux à trois fois).

Pour que la vermifugation soit efficace sur le plan collectif, certaines modalités doivent être respectées :

› Tous les chevaux doivent être vermifugés en même temps.

› Il faut donner la bonne dose de vermifuge, sous peine d'une inefficacité du produit ou, pis, de l'apparition de résistance des parasites vis-à-vis de ce produit.

› Tout animal nouvellement introduit dans une écurie doit être vermifugé dès son arrivée, et si possible isolé pendant une semaine.

› Après avoir pensé qu'il fallait changer de molécule à chaque vermifugation, les scientifiques préconisent à présent d'utiliser la même molécule pendant une année, et de changer d'une année à l'autre.

D'un point de vue individuel, il convient de procéder de la façon suivante afin d'assurer une bonne vermifugation à son cheval :

› Évaluer correctement le poids de l'animal, afin de lui faire prendre la quantité nécessaire mais suffisante de vermifuge.

› S'assurer de la prise complète du vermifuge. Pour cela, on peut rincer la bouche du cheval à l'eau avant de lui administrer le vermifuge.

› Le vermifuge sera plus efficace si on le donne à jeun, ou au moins avant un repas.

› Vider entièrement le box au moment de la vermifugation afin d'éviter une réinfestation immédiate.

LES SYMPTÔMES D'UN CHEVAL MALADE

Que l'on soit propriétaire d'un cheval ou simple cavalier, l'examen attentif de sa monture au repos au box, puis, le cas échéant, en mouvement, permet de déceler d'éventuelles anomalies pouvant révéler une maladie.

L'attitude générale est le premier élément à considérer. Si l'animal est abattu, a le regard triste, s'il reste immobile et refuse de se déplacer, on lui prendra sa température, dont la norme varie entre 37,5 et 38 °C avant le travail. Si la température est supérieure à 38,2 °C, le cheval a de la fièvre.

Au box, le cheval peut refuser de s'alimenter, se regarder le flanc, gratter le sol, rester couché de tout son long de façon anormale, se rouler violemment ou transpirer : il faudra penser à des coliques, et ce d'autant plus qu'on n'entendra aucun « gargouillis » au niveau du ventre et que le cheval n'aura pas émis de crottin.

Il faut vérifier l'absence de jetage, que les naseaux ne se mobilisent pas au repos, que le rythme respiratoire soit normal (c'est-à-dire entre 10 et 20 mouvements par minute au repos), et que le cheval ne tousse pas.

En mouvement, le cheval doit se déplacer avec souplesse, sans raideur de l'encolure ou du dos, avec des allures régulières. Si une boiterie est présente, il faut examiner le membre atteint en recherchant une éventuelle chaleur au niveau du pied, un engorgement ou une déformation au niveau de chaque région du membre, en particulier celle des tendons, ou encore une petite plaie ou une blessure passée inaperçue.

Enfin, on peut vérifier le rythme cardiaque, soit par auscultation directe, soit en prenant le pouls (fréquence cardiaque normale au repos : entre 30 et 45 battements par minute). Le pouls peut être pris au niveau du maxillaire inférieur, juste en avant de la joue. Il faut comprimer l'artère mandibulaire contre la surface osseuse afin de percevoir chaque pulsation.

LES PRINCIPALES MALADIES

Il existe, comme chez l'homme, une multitude de maladies affectant les Équidés. Certaines d'entre elles peuvent être prévenues grâce à l'administration d'un vaccin. Ce qui suit est une liste – loin d'être exhaustive – des principales maladies susceptibles d'affecter les chevaux (les maladies affectant les pieds sont détaillées pages 124-126).

◆ Les maladies affectant le système nerveux

La rage

La France est indemne de rage depuis 2001, mais des cas de rage sont signalés sur des animaux importés de pays non indemnes. Elle aussi évitable grâce à un vaccin. Assez rare chez les chevaux, ceux-ci peuvent toutefois contracter cette terrible maladie après avoir été mordus par un animal infecté (renard, chien). Dans les zones à risque, il est donc recommandé de faire systématiquement vacciner les animaux. La vaccination est d'ailleurs obligatoire pour tous ceux qui participent à des concours ou à des foires-expositions.

Une fois déclarée, la maladie est incurable et toujours mortelle.

Le tétanos

C'est une des maladies les plus terribles chez le cheval comme chez l'homme. Due à un bacille, elle se déclare généralement après une blessure (barbelé, morsure, chute sur un sol caillouteux). La prévention est facile car le vaccin, très répandu, est extrêmement efficace. Non soignée ou prise trop tard, la maladie est mortelle : elle cause à terme une paralysie de plus en plus importante allant jusqu'à empêcher la respiration.

En cas de plaie chez un cheval correctement vacciné, on procède à une injection de rappel. Chez un cheval non couvert par la vaccination, il faut injecter un sérum antitétanique préventif ainsi qu'une dose de vaccin.

Le coup de chaleur

C'est l'équivalent de notre insolation. Il survient après un effort intensif par grande chaleur ou une station prolongée au soleil. La température de l'animal ne peut alors plus se réguler correctement et augmente considérablement. L'animal est en sueur, il tremble, ses naseaux sont dilatés et ses yeux sont exorbités. Sa respira-

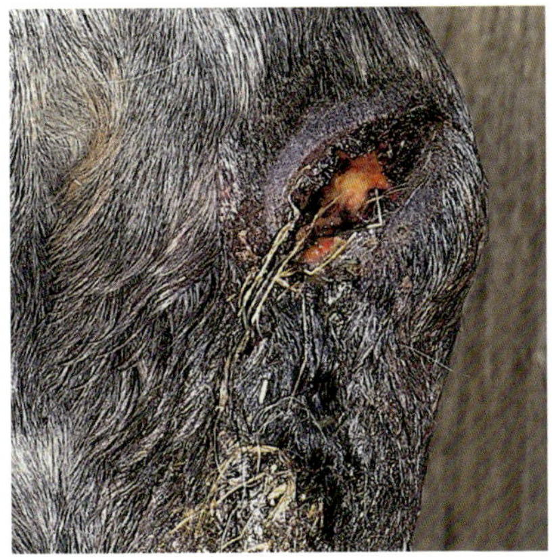

Une plaie peut être à l'origine de maladies comme le tétanos.

Un cheval malade montre un abattement plus ou moins important. Il présente une « physionomie » différente lorsqu'il est en bonne santé.

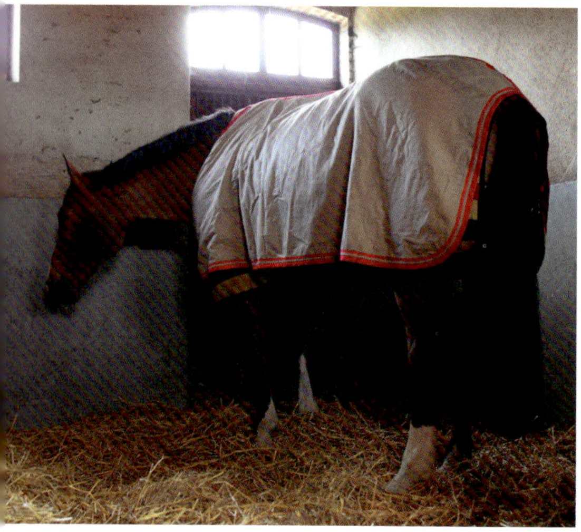

Comme les humains, les chevaux peuvent attraper des refroidissements.

tion et son pouls sont très rapides et il arrive qu'il saigne du nez. Le coup de chaleur peut parfois être mortel et il convient d'appeler le vétérinaire en urgence. En l'attendant, il faut rafraîchir le cheval par tous les moyens : on le met à l'ombre, on le douche, on le recouvre de linges mouillés. Il est toutefois prudent de ne l'abreuver que par petites quantités à la fois, en évitant l'eau glacée.

◆ Les maladies des voies respiratoires

La grippe équine

C'est une maladie très contagieuse, contre laquelle il est recommandé de faire vacciner les chevaux, en particulier ceux qui vivent en groupe ou ont un contact fréquent avec leurs congénères. Un cheval atteint doit être mis au repos pendant une longue période. Il tousse, « mouche » et reste abattu. Les jeunes chevaux ou ceux qui sont déjà affaiblis peuvent en mourir.

Le refroidissement

À ne pas confondre avec la grippe, il est l'équivalent de notre rhume. Causé par des microbes des voies respiratoires dont la prolifération est favorisée par une faiblesse passagère de l'animal (« coup de froid »), le refroidissement fatigue l'animal mais il n'est pas très grave. Les symptômes sont un nez qui coule, une toux plus ou moins importante, un abattement général et des frissons. Souvent, le cheval atteint perd l'appétit. Le traitement consiste principalement en une mise au repos, dans un endroit sec, à l'abri des courants d'air. Le cheval doit être couvert (couverture et bandes de repos) et mis à la diète légère (foin et mashes). Il est prudent de faire venir rapidement le vétérinaire, qui prescrira généralement des antibiotiques.

La gourme

C'est une maladie très contagieuse, qui se répand rapidement au sein d'une écurie. Les vaccins ne sont pas très efficaces et la meilleure préven-

Un cheval victime d'un coup de chaleur doit être rafraîchi immédiatement.

tion est la mise en quarantaine de tout animal atteint et la désinfection systématique de tout le matériel qui a été à son contact. Les symptômes de la gourme ressemblent tout d'abord à ceux d'un refroidissement, puis évoluent vers des écoulements de plus en plus importants au niveau des naseaux. Du pus épais, de couleur jaunâtre, s'écoule sans cesse par le nez. Les ganglions situés sous l'auge et derrière les oreilles gonflent et l'animal a la gorge enflammée. Les antibiotiques sont le traitement de choix pour cette maladie, et peuvent être accompagnés de fumigations et d'applications de compresses d'eau salée sur les ganglions enflés.

L'emphysème

C'est une affection pulmonaire qui rend le cheval « poussif » : celui-ci a du mal à respirer et tousse au moindre effort. Un excès pondéral est parfois à l'origine de la maladie, mais le plus souvent, elle est la séquelle d'anciennes affections du système respiratoire ou tout simplement d'une prédisposition héréditaire.

Il existe divers compléments alimentaires (souvent à base d'ail et de plantes médicinales) censés aider à soigner l'emphysème. Toutefois, cette affection très handicapante pour l'animal ne lui permettra jamais de fournir un travail normal : l'idéal est de le laisser au repos au pré et de lui éviter efforts et inhalation de poussière. Les crises les plus sévères nécessitent la venue du vétérinaire.

◆ Les maladies du système digestif

Les coliques

Elles peuvent avoir différentes causes, et sont plus ou moins graves, parfois mortelles. On distingue les coliques spasmodiques, douloureuses mais généralement bénignes, des coliques d'obstruction et des coliques vermineuses (plus fréquentes qu'on ne le croit !) évoluant jusqu'à la torsion d'intestin. Les causes étant nombreuses, la prévention consiste à faire preuve de prudence : pas de changement brutal de régime, des aliments de bonne qualité (jamais moisis ni fermentés), des repas fréquents et réguliers, composés d'un petit volume d'aliments à la fois et dont la composition est adaptée aux besoins du cheval (saison, âge, travail). Ne jamais donner de l'eau glacée à un cheval après un effort violent et lui « couper la boisson » s'il semble vouloir boire longtemps sans s'arrêter. Ne jamais lui offrir de l'eau souillée. Le travail doit lui aussi être régulier et tout changement radical de programme est à proscrire : comme pour l'alimentation, l'évolution doit toujours être progressive. Bien sûr, l'animal doit être vermifugé régulièrement.

En cas de colique, il faut appeler le vétérinaire dès les premiers symptômes, afin qu'il fasse au cheval des injections d'antispasmodiques. En attendant son arrivée, on fera marcher le cheval en main calmement, sans s'arrêter.

Un cheval qui tousse peut être emphysémateux.

Un cheval victime de coliques se roule et se regarde les flancs d'un air inquiet.

Utiliser un panier permet de réguler l'alimentation du cheval en cas de colique ou d'indigestion.

La diarrhée

Elle est fréquente après un changement de régime (mise à l'herbe) ou de rythme de travail, parfois simplement à cause d'un stress (transport, isolation). Si elle dure, il est prudent d'appeler le vétérinaire car elle peut évoluer en colique ou affaiblir l'animal. Une diarrhée persistante peut aussi être le signe de troubles plus graves, en particulier chez les poulains ou les vieux chevaux.

L'anorexie

Comme chez l'homme, l'anorexie existe chez le cheval, qui se met à bouder sa ration. Comme la diarrhée, l'anorexie est plus un symptôme qu'une maladie à part entière. Elle peut être due à un accès de fièvre imputable à une maladie, au surmenage ou à un problème dentaire (surdent, par exemple). Si elle dure plus d'un jour ou deux, il faut appeler le vétérinaire afin d'éviter une importante perte de poids et de pouvoir déterminer la cause de cette perte d'appétit.

L'hémoglobinurie

Plus connue sous le nom de « maladie du lundi », cette affection se déclare généralement après un jour de repos. Il s'agit d'une sorte d'indigestion, due à une nourriture trop riche par rapport au travail fourni par l'animal. Les symptômes sont une paralysie violente, des douleurs et des urines très colorées (rouges à cause d'une libération d'hémoglobine).

Le malade doit immédiatement être immobilisé et ses reins couverts. Il faut alors le faire boire et le mettre au repos plusieurs jours. Le vétérinaire doit être appelé d'urgence.

◆ Les maladies de peau

La teigne

C'est une maladie de peau très répandue, causée par un champignon parasite microscopique. Le cheval perd ses poils par petites plaques circulaires, généralement localisées au niveau de la tête, de l'encolure, du garrot, du passage de sangle ou de la base de la queue. La teigne s'étend peu à peu, avec l'apparition de pellicules autour des lésions. Elle ne démange pas ou peu mais est très contagieuse d'un animal à un autre et peut également être transmise à l'homme. Le cheval doit de préférence être isolé et son équipement (matériel de pansage, tapis de selle) soigneusement nettoyé et désinfecté après chaque utilisation. Il faut bien entendu se laver soigneusement les mains après avoir été en contact avec un cheval teigneux. La prévention est pratiquement impossible ; il faut simplement repérer les lésions le plus tôt possible et traiter immédiatement tout animal atteint avec un produit antimycosique à large spectre prescrit par le vétérinaire, tout en évitant la transmission du champignon.

La gale

C'est une affection causée par un parasite externe de la famille des acariens, qui creuse des galeries sous la peau. La gale est très contagieuse, y compris par contact avec des éléments externes (matériel de pansage, par exemple). Comme pour la teigne, une atmosphère humide est propice à son développement. On distingue trois types de gales, selon la localisation des parasites : gale du corps, gale des membres et gale des crins.

Contrairement à la teigne, la gale provoque de fortes démangeaisons. La peau se couvre de petits boutons, puis de plaques dépilées sur lesquelles se forment des croûtes. Il faut isoler au plus vite les animaux atteints et les traiter avec un antiparasitaire (lotion acaricide), sans oublier de traiter également l'environnement (écurie) et le matériel (harnachement, outils de pansage).

La dermite estivale

C'est une allergie aux piqûres d'insectes assez fréquente en été et récidivante. Elle provoque de fortes démangeaisons au niveau de la crinière et de l'attache de la queue. Le cheval se gratte alors de façon persistante, souvent jusqu'à provoquer d'importantes dépilations. Un cheval sensible sera de préférence gardé au box l'été, en particulier pendant la journée, afin d'être à l'abri des insectes. L'utilisation de produits répulsifs, en renouvelant leur application très fréquemment, peut permettre de prévenir l'apparition des lésions. Il n'existe pas de traitement de fond, seuls les symptômes pouvant être traités à l'aide de corticoïdes en applications locales.

LES BLESSURES ET ATTEINTES

Les chevaux et poneys sont souvent sujets aux blessures, en particulier au niveau des membres (atteintes). Dans certains cas, à cause par exemple d'un défaut d'aplombs ou d'allures défectueuses, les blessures sont répétitives. On doit alors envisager de faire porter à l'animal des protections adaptées sur les membres concernés (protège-boulets, guêtres, cloches...).

La plupart du temps, ces blessures sont sans gravité et, si elles nécessitent une attention rapide, elles peuvent être soignées sans l'inter-

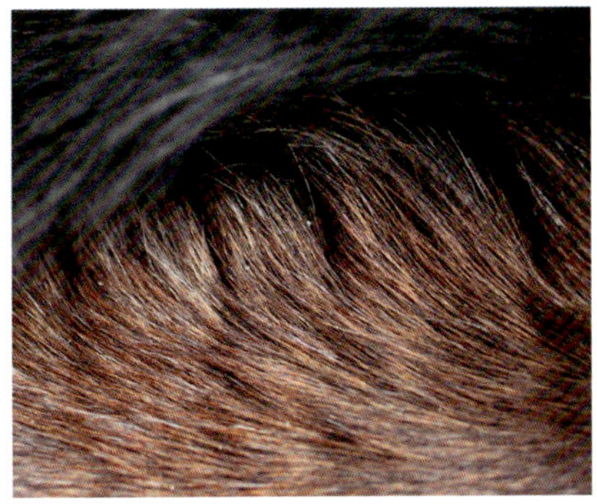

L'état du poil et des crins en dit long sur la santé du cheval.

Se rouler est une activité normale, mais un cheval qui se roule souvent est peut-être malade.

vention du vétérinaire. L'injection d'un sérum antitétanique est cependant recommandée dès que la plaie est ouverte ou causée par un objet douteux (barbelé, ferraille...).

Les atteintes aux membres

Elles sont souvent causées par un autre membre, parfois par un élément extérieur (clôture, branches, etc.). Le plus souvent, il s'agit de petites blessures peu profondes. Dans le cas d'une simple écorchure, le mieux est de nettoyer la plaie à l'eau et au savon, puis de la désinfecter par précaution. Une plaie plus profonde pourra être lavée à grande eau (au jet sans trop de pression), avant d'être recouverte d'un produit antiseptique (spray, poudre).

Les genoux couronnés

Suite à une chute sur terrain dur, il peut arriver que le cheval se « couronne » un genou ou les deux. La plaie est généralement sans gravité, mais elle est parfois suffisamment profonde pour laisser des marques indélébiles (léger creux, poil qui repousse blanc), qui peuvent être considérées comme dépréciatives en cas de vente de l'animal. En effet, certains chevaux butent souvent en raison de troubles circulatoires ou d'allures trop rasantes.

À moins que l'articulation soit touchée (écoulement de liquide synovial), on soigne un genou couronné de la même façon que toute autre atteinte, après avoir coupé, le cas échéant, les lambeaux de peau entourant la plaie.

Les plaies de harnachement

Elles sont dues au contact d'une partie du harnachement, le plus souvent la selle (plaie de garrot) ou la sangle. Il en existe de différentes natures : les blessures par frottement sont les plus courantes, mais il existe aussi des plaies par pression et des réactions inflammatoires, souvent consécutives à une plaie pas ou mal traitée (mal de garrot). Elles sont particulièrement fréquentes chez les chevaux à la peau fine (pur-sang).

Les chevaux de sport sont souvent sujets à des atteintes diverses.

Les clôtures en fil de fer barbelé sont à proscrire lorsque l'on héberge des chevaux.

Le passage de sangle

Dans le cas d'une blessure par frottement située au niveau du passage de sangle, on peut agir de différentes façons. La prévention est bien entendu la meilleure solution : port d'une sangle souple, propre et bien entretenue, éventuellement recouverte d'un protège-sangle en mouton ou en caoutchouc, et pansage minutieux du cheval avant de le seller.

Il est également recommandé d'étirer un antérieur du cheval vers l'avant après l'avoir sanglé, afin d'éliminer les plis de peau sous la sangle, souvent à l'origine de lésions.

Si le mal est déjà fait, il faut éviter de sangler l'animal jusqu'à guérison complète. Dans les cas les moins avancés, on peut éventuellement sangler avec un protège-sangle (l'idéal étant de recouvrir la sangle d'une chambre à air), après avoir recouvert la plaie d'une pommade grasse (vaseline).

Les plaies de garrot

Elles sont plus ennuyeuses. Rapides à apparaître, elles sont souvent très longues à guérir et nécessitent la mise au repos immédiate de l'animal pendant la durée de la cicatrisation. Non traitée, une plaie de garrot ne fait qu'empirer et évolue en une inflammation chronique qui peut se compliquer en s'étendant aux os et aux muscles. On assiste alors à l'apparition de fistules, par lesquelles s'écoulent du pus et des débris nécrosés. Dans ces cas extrêmes, un traitement chirurgical s'impose : il faut enlever l'ensemble des tissus nécrosés. Ces graves ennuis sont facilement évités si l'on s'assure que la selle correspond bien à la morphologie du cheval (notamment qu'elle est suffisamment dégarrotée), et que l'on prend la précaution de protéger les zones sensibles par un pad ou un gros tapis en feutre. Le cavalier veillera à bien dégarroter son tapis de selle avant de monter et passera la main sur le garrot de son cheval avant et après le travail afin de déceler dès leur apparition une bosse ou un échauffement. La mise au repos de l'animal dès les premiers symptômes permet d'éviter l'évolution vers une inflammation généralisée qui peut parfois être fatale. On traite une petite plaie de garrot de la même façon qu'une atteinte : nettoyage et désinfection de la plaie (poudre ou pommade antiseptique). Un cheval qui a déjà eu une ou plusieurs plaies de garrot présente des taches cicatricielles blanches à cet endroit.

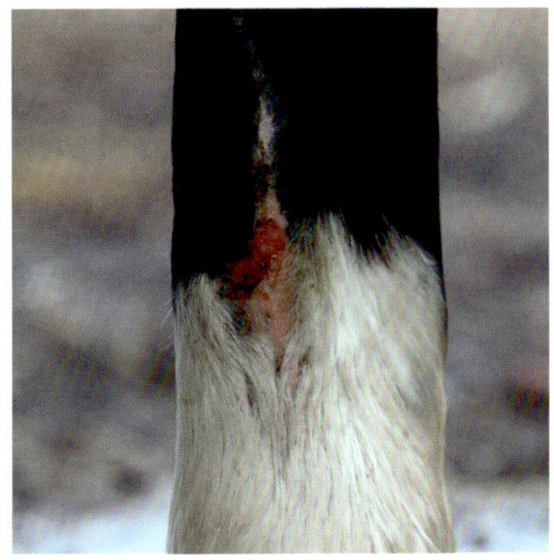

Il est préférable de dégager le poil autour d'une plaie pour limiter les risques d'infection.

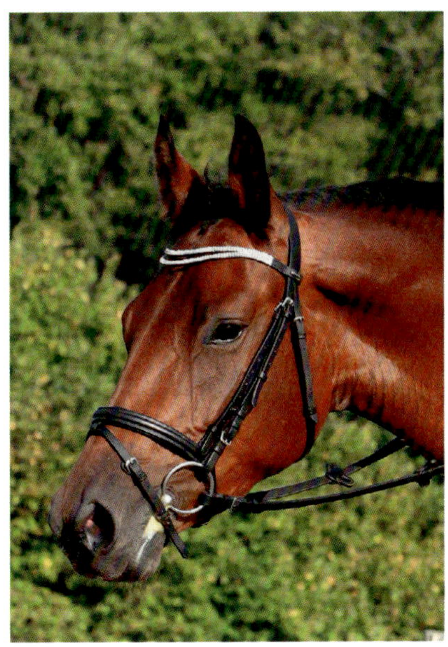

Un harnachement correctement ajusté permet de limiter les risques de blessures.

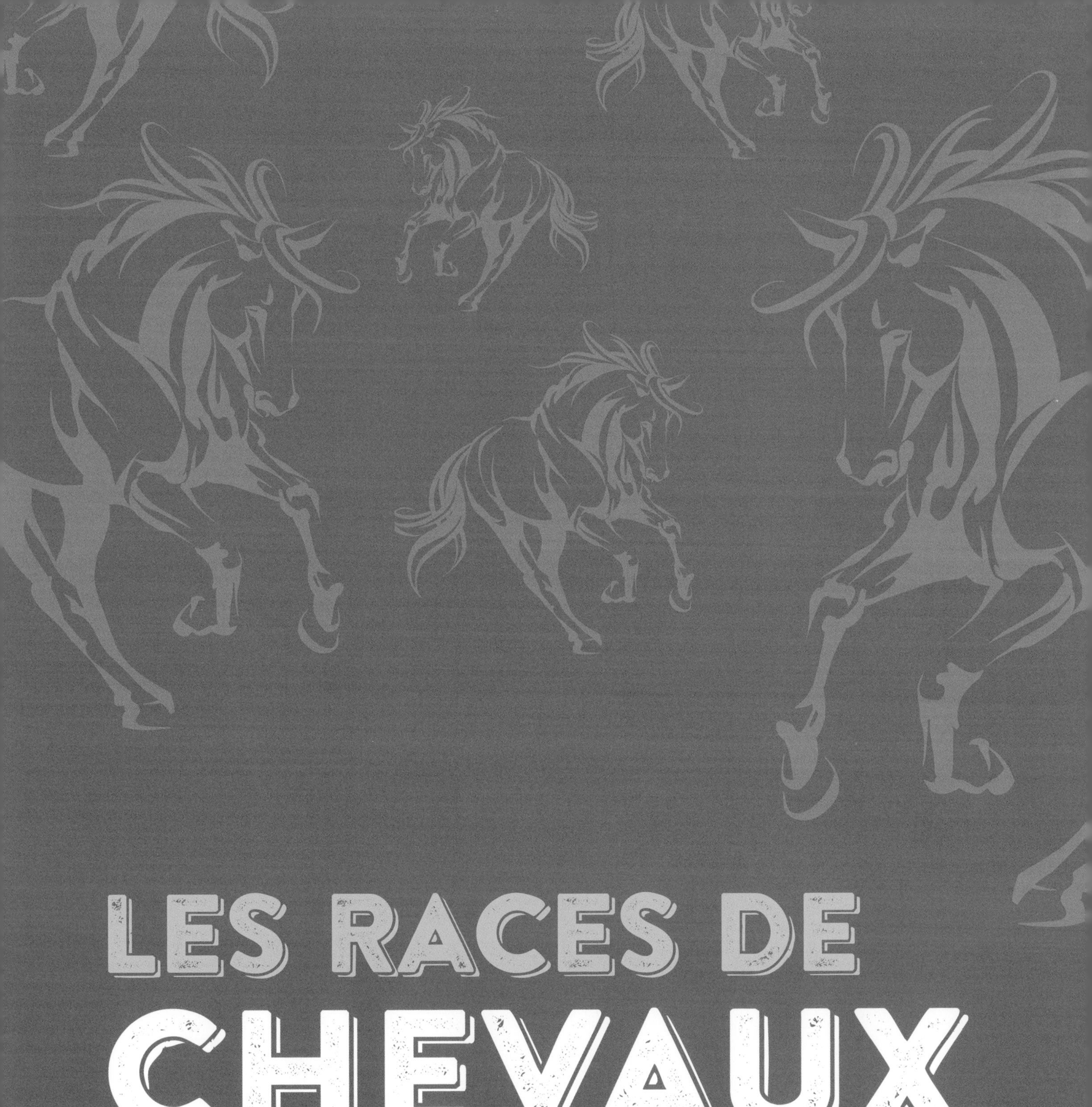

LES RACES DE CHEVAUX

LES RACES LES PLUS COURANTES

L'ANGLO-ARABE

ORIGINE GÉOGRAPHIQUE
D'origine française, l'anglo-arabe est principalement produit dans le Sud-Ouest ; deux points forts : le Limousin et la plaine de Tarbes jusqu'à la vallée de l'Adour (au pied des Pyrénées). Quelques autres régions françaises élèvent l'anglo-arabe : Poitou-Charentes, Rouergue…

STANDARD
Taille : 1,55 à 1,67 m.
Robe : alezane, baie ou grise.
Tête : distinguée.
Corps : chanfrein rectiligne ; encolure bien sortie ; garrot haut et sec ; épaules longues et inclinées ; croupe longue et horizontale ; membres secs et bien musclés.

◆ Origine historique

La création de l'anglo-arabe remonte au début du XIXe siècle. L'Administration des haras a mené une politique déterminante en faveur de la qualification de la race anglo-arabe.

Auparavant, il semble qu'un groupe de juments originaires de Tarbes et du Limousin (issues des invasions arabes et qui donnèrent naissance à cette race) aurait été croisé avec du pur-sang arabe et du pur-sang anglais. Le directeur des haras de Pompadour, M. Bonneval, utilise deux étalons orientaux, Massoud et Aslan, ainsi que trois juments pur-sang anglais, Selim Mare, Deer et Comus Mare ; ces chevaux peuvent être considérés comme les chefs de file de la race.

Un étalon marque particulièrement la race : il s'agit de Prisme, entré en 1894 aux Haras nationaux ; il produisit près de 58 étalons…

Un deuxième directeur des haras, M. Gayot, s'occupe du développement de l'anglo-arabe ; son premier poste au haras du Pin lui permet de développer de manière systématique la production ; il pense que la race anglo-arabe mêlée aux sangs des races autochtones (limousines et tarbaises) doit produire un bon cheval. Il l'a défini en ces termes : « Produire un cheval moyen qui ne soit ni l'arabe, ni l'anglais qui, tout en s'approchant de l'un et ne s'écartant pas trop de l'autre, n'ait pourtant ni les exigences de celui-ci, ni l'insuffisance de celui-là. » Avec un peu plus de précision, il ajoute : « Produit intermédiaire pour le développement et la corpulence entre l'arabe et l'anglais, ce cheval présente des conditions de formes très heureuses. Il a les lignes plus longues, la taille et le corps plus développés, les membres plus amples que l'arabe ; il est moins plat, moins échappé et moins allongé que l'anglais ; sa nature est moins susceptible, et ses produits, moins instables, réussissent généralement mieux là où la fécondité du sol n'a pas encore donné une riche substance aux fourrages et aux grains, matière première de toute bonne production animale. » L'appellation anglo-arabe est officialisée en 1860. Vingt-cinq pour cent de sang arabe sont exigés dès 1880 pour appartenir à la race. Depuis cette époque, l'anglo-arabe n'a cessé de prendre de l'importance. Le stud-book de la race a été rouvert le 1er septembre 1990, ce qui laisse la possibilité de nouveaux apports de sang.

◆ Mode d'élevage

Vingt-cinq pour cent de sang arabe restent la règle absolue ; on distingue aussi les anglos ayant 50 % de sang

arabe. Depuis 1965, l'anglo-arabe est enregistré au livre généalogique des chevaux de selle. S'il possède moins de 25 % de sang arabe, il est appelé anglo de complément. Près des trois cinquièmes des anglo-arabes sont élevés dans cinq circonscriptions du Sud-Ouest : Pompadour, Tarbes, Villeneuve-sur-Lot, Pau, Rodez. Les Haras d'Uzès et de Compiègne disposent de nombreux étalons.

Les anglo-arabes à 25 % représentent 61 % des inscriptions au stud-book, les anglos à 50 % représentent 21 %, et les anglos de complément moins de 25 % pour 17 %. Près de 260 étalons saillissent 2 500 poulinières. L'effectif de l'anglo-arabe, comportant d'autres races de chevaux, représente 13 % de la population totale. Enfin, l'anglo-arabe est considéré comme améliorateur de race, notamment vis-à-vis du selle français (30 % de saillies d'anglo sont destinées au selle français, 40 % des saillies à des chevaux de selle, et 13 % de poulinières anglo sont utilisées pour produire du selle français). Les étrangers ont souvent eu recours à l'anglo pour insuffler du sang neuf, tels Inschallah et Zeus en Allemagne.

◆ Utilisation

L'anglo possède plusieurs cordes à son arc ; les courses d'obstacles lui sont particulièrement favorables en Midi-Pyrénées : il galope bien et franchit les obstacles avec aisance. Les « cracks » en course se sont souvent révélés d'excellents étalons : Nithard, Dyonisos, Le Corrézien...

Un autre de ses domaines d'élection est la compétition équestre. Il possède des dons et des aptitudes brillantes quelle que soit la discipline. Le concours complet d'équitation est une de ses voies de prédilection : de la vitesse, de l'endurance, de l'équilibre et du cœur lui permettent de se surpasser (Gulliver B, Harley, Frangin...). Quant au CSO, il suffit de citer Juniperus, Grand Cœur et Jiva pour comprendre que, malgré leur taille plus petite que celle des selles français, leur influx nerveux, leur sens de l'équilibre et leur réactivité permettent à ces chevaux de se surpasser et de rayonner sur les terrains des concours internationaux.

Plus de 3 000 chevaux participent à des épreuves officielles. Mais les jumpings ne sont pas les seules cordes à son arc. Il investit aussi les concours de dressage. Plus de 500 anglos y participent chaque année. Une présence importante comme en compétitions de cross où, là, la race défie la chronique car les victoires ne sont plus à compter. Quatrième aux Jeux olympiques d'Atlanta, Tendresse de Canta sous la selle de Koris Vieules participe aussi au championnat d'Europe de Pratoni. La jument Twist la Beige emporte une médaille d'or aux championnats d'Europe d'Achselschwang. Dope Doux devient l'élite des six ans à Pompadour en remportant le prix du Lion d'Angers... la liste est longue.

Enfin, l'anglo-arabe reste très présent dans les courses des hippodromes. Il remporte souvent la victoire en épreuves « autres que pur sang » (AQPS). Cheval de sport, voué à la compétition, sachez que l'anglo a aussi un sacré tempérament, c'est pourquoi il vaut mieux être bon cavalier !

L'APPALOOSA

◆ Origine historique

Lorsque les Espagnols débarquèrent au XVIe siècle sur la côte sud-est de l'Amérique du Nord, ils montaient des chevaux tachetés. Ceux-ci se répandirent à travers tout le pays, atteignant des régions aux riches pâturages : Oregon, Idaho et Washington.

Une tribu indienne, les Nez-Percés, vit près de la rivière Palouse ; ils élèvent et sélectionnent ces chevaux, tant au niveau de la morphologie que de la robe ; ils s'attachent à ne jamais obtenir deux fois la même robe : chaque monture possède sa propre originalité et permet au cavalier d'être immédiatement identifié. Les guerres indiennes n'ont pas épargné cette tribu plutôt pacifique. Les Indiens fuirent les troupes américaines sur plus de 2 700 km, pendant 107 jours, grâce à leurs vaillants chevaux. Enfin, à bout de forces et de vivres, ils se rendirent et déposèrent les armes. Ils furent déportés loin de leurs terres et leurs chevaux furent abattus, vendus ou éparpillés…

ORIGINE GÉOGRAPHIQUE

Cette race provient des États-Unis.

STANDARD

Taille : 1,45 à 1,55 m.
Robe : taches variant en forme et en couleur. Fond de robe alezan, bai ou aubère. Selon les taches : Snow flakes, flocons de neige, léopard, givrée, marbrée à dos blanc. Pigmentation blanche autour de l'œil, marbrures blanches ou rosées autour de la bouche, sur le nez et les parties génitales. Crins peu fournis. Il existe également des appaloosa à robe unie appelée Solid Color. Environ, un quart des poulains présentent cette particularité.
Tête : petite.
Corps : encolure longue, garrot modérément élevé ; croupe musclée et arrondie ; épaules longues et inclinées.

◆ Mode d'élevage

Au bord de l'extinction dans les années 1930, la race appaloosa fut ranimée par quelques hommes, qui créèrent en 1938 le premier stud-book ainsi que l'Appaloosa Horse Club. Ils regroupèrent quelques juments rescapées des massacres. Depuis, cette race compte plus de 150 000 chevaux reconnus.

◆ Utilisation

L'appaloosa est l'un de ces chevaux qui sait tout faire ou presque. Il participe à de nombreuses disciplines équestres : en dressage il montre fière allure et sa souplesse est incontestable ; à l'obstacle il n'est pas mauvais puisqu'il peut sauter jusqu'à 1,60 m environ ; en équitation pure, il s'adapte parfaitement. Mais son fer de lance est bien la monte western. Là, concours de prises au lasso, rodéo, cavalerie, compétitions de reining… l'appaloosa triomphe. Les Américains estiment que l'appaloosa est la race la plus rapide du monde sur moins de 1 000 m. En courses, il rapporte à ses propriétaires des gains de plusieurs millions. Ses qualités ne s'arrêtent pas à la monte américaine. L'appaloosa très résistant, au pied sûr, aux arrêts brusques devant le danger, aux virages à 90 degrés… est donné numéro un de l'endurance et de la randonnée puisqu'aux États-Unis il parcourt des dizaines de kilomètres chaque jour pour accompagner le bétail. Cheval de sport par excellence, sa robe originale et sa grâce le placent aussi parmi les favoris du spectacle de cirque. C'est certainement là une grande explication de son succès. L'appaloosa compte en effet près d'une quinzaine de robes différentes : snowflakes (robe à flocons), blanket (blanc sur la croupe), frost (givré), marbleized (marbré) et surtout la superbe robe léopard où le cheval est tacheté sur toute la surface de sa robe.

LE BARBE

Origine géographique
Le berceau du cheval barbe se situe en Afrique du Nord : en Algérie, au Maroc et en Tunisie.

Standard
Taille : 1,45 à 1,55 m.
Robe : baie ou bai sombre, alezane, noire ou grise.
Tête : longue ; chanfrein busqué.
Corps : encolure de longueur moyenne, rouée ; garrot placé haut ; croupe oblique ; épaules longues et inclinées ; membres solides.

◆ Origine historique

Le barbe est une race à part entière, installée depuis fort longtemps au Maghreb. Son origine est controversée : les uns lui attribuent une origine asiatique, d'autres pensent qu'il résulte d'un mélange asiatique et germanique.

Cette race ancienne a subi, elle aussi, les invasions arabes. Celles-ci imposèrent aux populations berbères leur langue, leur culture, leur religion… et leurs chevaux. Le barbe fut alors croisé avec l'arabe.

Sous le règne d'Henri IV, ce cheval fut particulièrement apprécié ; il était habile à la guerre, endurant, et ses qualités en dressage lui permettaient de concurrencer les meilleurs chevaux ibériques. Jusqu'au XVIIIe siècle, ce cheval tient le haut du pavé. Son déclin commence dès le début du XIXe siècle. Le général Daumas, dans Les chevaux du Sahara, dit à son propos : « Il peut la faim, il peut la soif, il peut le froid, il peut le chaud, jamais il n'est fatigué. » Il participa aux multiples invasions européennes, imprégnant de nombreuses races locales, comme le camargue. En Angleterre, Goldophin Arabian, cheval barbe, devient le père du pur-sang anglais… En Espagne, il figure dans les origines du cheval andalou et, en Italie, dans celles du cheval napolitain. N'oublions pas les fameuses fantasias marocaines, connues dans le monde entier pour le spectacle unique qu'elles offrent. Les cavaliers montent des chevaux barbes pleins de fougue. À l'heure des loisirs, le barbe connaît un regain d'intérêt en tant que monture propice à l'équitation d'extérieur.

◆ Mode d'élevage

Possédant des qualités qui en font une monture adaptée à l'équitation touristique – porteur, rustique et équilibré mentalement –, la race barbe n'est plus en danger grâce à une prise de conscience de sa situation de la part de certains éleveurs, aussi bien dans son berceau de race en Afrique du Nord qu'en France, où elle fait partie des races en plein essor. En 1987, un colloque international eut lieu, créant à cette occasion l'Organisation mondiale du cheval barbe ; le standard de la race est aussi défini. Depuis 1988, le Service des haras a reconnu les chevaux barbe et arabe barbe. Il possède maintenant un stud-book ainsi qu'une association de race qui s'occupe de gérer et d'organiser la sélection, la promotion et le développement de la race.

◆ Utilisation

Le barbe est un cheval très polyvalent. Utilisé en Tunisie par la patrouille des policiers, au Maroc par la garde du roi, en Algérie par l'armée pour garder les frontières, il est aussi une monture de choix pour les hommes du désert car il résiste à tout, même à la soif. L'équitation de loisirs s'en empare également. Très docile, pas du tout agressif, il fait la joie des cavaliers, des débutants aux plus confirmés, que ce soit en manège ou en promenade. Très résistant, il a le pied sûr et s'adapte à toute situation. Plus de 100 km par jour ne lui font pas peur et il excelle en randonnée. En outre, grâce à un dos à toute épreuve, il peut porter de lourdes charges sans être fatigué. Son caractère enjoué, parfois presque cabotin, le mène aussi à participer aux compétitions de horse-ball, de polo, alors que sa rapidité lui permet de tenir le haut du pavé dans les courses de front, et notamment les fameuses fantasias. C'est un cheval possédant des aptitudes à l'obstacle, à l'attelage puisqu'à l'époque son ancêtre tirait les chars de guerre. Sa grâce, son équilibre, son obéissance lui permettent aussi d'intégrer le spectacle de cirque.

LE CAMARGUE

◆ Origine historique

Le camargue est l'un des descendants de chevaux archaïques qui rappelle ceux qui illustrent les fresques préhistoriques, notamment la morphologie du cheval de Solutré, vieux de 50 000 ans. Certains estiment qu'il descend d'un cheval du type primitif diluvien. Pour d'autres, son arrivée dans l'embouchure du Rhône au sud-est de la France, serait due au retrait de la mer à l'ère quaternaire.

Depuis, l'apport d'autres races telles qu'arabes, barbes lors des invasions sarrasines aux VIIe et VIIIe siècles aurait contribué à lui donner cette morphologie si particulière. Vers le XIXe siècle, les éleveurs ont tenté de le croiser avec du sang arabe, de l'anglo-arabe, du pur-sang et du postier, mais ces métissages ne semblent pas avoir effectué de changements sur la race. Vivant dans les marécages au milieu des roseaux, endurant, sobre et rustique, le camargue au tempérament légendaire lui a permis de survivre au milieu des troupeaux de taureaux. Révélé par le poème *Mireille* de Frédéric Mistral et le fameux Crin Blanc, héros du célèbre film de Denys Colomb, le camargue fut officialisé très tardivement par les Haras nationaux (1978).

◆ Mode d'élevage

Symbole vivant de la liberté, monture des fameux gardians, ce sont des chevaux qui vivent et se reproduisent en liberté. Leurs poulains naissent dans les marais de Camargue, avec la particularité d'une robe gris foncé ou brune qui éclaircit avec l'âge. En fin de croissance, la robe prend son blanc définitif.

Très endurant, vivant à l'état sauvage, il est un des seuls chevaux à pouvoir brouter sous l'eau. Jouissant d'une quasi-liberté au milieu de 2 000 ha, les troupeaux sauvages sont régulièrement rassemblés par les gardians, qui marquent de l'emblème du propriétaire les poulains de 2 ans. En hiver, les jeunes chevaux sont capturés et dressés. Acteur principal pour encercler et isoler les taureaux dans un corail, le camargue est particulièrement rapide, maniable, doté d'un pied sûr. Les plus âgés pourraient presque se passer de leur cavalier lors des manœuvres. C'est une race qui atteint sa maturité entre 5 et 7 ans et vit jusqu'à l'âge de 25 ans environ.

◆ Utilisation

Monture des gardians qui élèvent des taureaux, une fois débourré le camargue devient un excellent cheval de selle. Destiné au travail du bétail, le développement du tourisme de la région le place en numéro un pour la randonnée. Enfin, symbole folklorique du sud-est de la France, le camargue reste indissociable de multiples festivités : jeux équestres, fêtes provençales et languedociennes, processions colorées encadrant les vachettes des Saintes-Maries-de-la-Mer jusqu'à l'arène, corridas locales... il illustre à lui seul la tradition de toute une région.

Origine géographique

Sud-est de la France dans l'embouchure du Rhône : région de la Camargue.

Standard

Taille : 1,34 à 1,44 m.
Robe : toujours gris-blanc ; le bai est exceptionnel ; les poulains naissent foncés et éclaircissent avec l'âge.
Tête : large et massive ; oreilles courtes ganache prononcée ; front large et expressif ; naseaux bien ouverts.
Corps : encolure courte ; épaules droites ; poitrail puissant ; croupe ronde ; queue basse et crinière très fournies ; membres résistants aux sabots très durs.

LE FALABELLA

◆ Origine historique

Le falabella, recordman du monde des plus petits chevaux, doit son nom à son créateur, l'éleveur argentin Cesar Falabella. En effet, à la fin du XIXe siècle, le fermier propriétaire du ranch Recreo de Roca, situé aux environs de Buenos Aires, décide d'innover dans un croisement particulier. Son pur-sang de très petit gabarit est accouplé à une ponette shetland afin de produire un équidé de modèle réduit. Le falabella naît de cette union. Au niveau morphologique, il garde les proportions et l'apparence habituelle d'un grand cheval. Tous les produits de sa race sont issus de métissages soit consanguins soit de parentés plus éloignées. La clientèle préfère surtout ses plus minuscules spécimens, dont la stature minimale s'élève à 35,5 cm pour un poids de 10 kg environ. Désormais, sa renommée, qui n'est plus à faire dans son berceau, l'Argentine, grandit en Europe et ailleurs.

◆ Mode d'élevage

Le falabella, en raison de son format diminué, se montre moins robuste que d'autres races de poneys. Il faut lui accorder davantage d'attention et des soins constants. Un hébergement confortable et chaud lui sied mieux.

◆ Utilisation

Le falabella est un animal de compagnie docile et intelligent, convenant parfaitement aux jeunes enfants. Trop petit et léger, il se révèle inapte à la selle. Néanmoins, équipé d'un harnais léger, il peut servir à remorquer de petites voitures-jouets.

ORIGINE GÉOGRAPHIQUE

Originaire d'Argentine, il est aujourd'hui élevé en Amérique du Sud, aux États-Unis et sur d'autres continents.

STANDARD

Taille : 51 cm en moyenne, 76 cm au maximum au garrot.
Robe : toutes les couleurs sont autorisées, y compris les teintes appaloosa très appréciées, excepté le pie.
Tête : bien proportionnée au corps.
Corps : encolure assez longue ; épaules bien faites ; arrière-main faible ; sabots assez durs, parfois carrés ; paturons dépourvus de fanon ; crinière et queue abondamment fournies.

LE FRISON

◆ Origine historique

Les chevaux doubs existent depuis plus de 1 000 ans avant J.-C. dans la Frise. Des restes archéologiques découverts dans cette région attestent de ces origines anciennes.

À l'époque romaine, des chevaux de bataille nommés « frisii » sont mentionnés ; ce cheval est sans doute issu de l'ancien cheval continental lourd et du tarpan amené par les Celtes lorsqu'ils envahissent le Friesland.

Au XVIIIe siècle, des lois promulguées par le roi de France (régnant sur les Pays-Bas) sont destinées à fournir des montures d'une certaine allure aux officiers de l'armée. Des primes étaient accordées aux éleveurs des meilleurs étalons. Cela garantissait alors la pérennité de la cavalerie militaire.

Porteur et solide, le frison pouvait emmener des chevaliers en armure tout au long des batailles. Il était aussi utilisé pour les travaux agricoles. L'invasion des Pays-Bas par les Espagnols contribua à lui insuffler du sang andalou. Ses caractéristiques d'origine furent alors modifiées, et il devint un cheval d'attelage et de trait léger. Doté des qualités d'un trotteur, il influença par son apport de sang de nombreuses races de chevaux trotteurs (notamment par l'intermédiaire du hackney, qui en descend). À cette époque, le frison acquiert une excellente réputation de trotteur et est exporté dans le monde ; il est à l'origine du trotteur orlov.

La mécanisation moderne a mis cette race en péril jusqu'au début du XXe siècle. Un apport de sang oldenbourg et de pur-sang a mis à mal cette race qui n'était pas conçue pour le saut d'obstacles. Quelques éleveurs, conscients du patrimoine historique que représentait le frison conservèrent deux étalons, Paulus et Prins, tous deux issus d'une lignée ancienne. Le frison connaît maintenant une situation florissante.

Origine géographique

Ce cheval est originaire de la Frise (Friesland) aux Pays-Bas.

Standard

Taille : 1,59 à 1,63 m.
Robe : noire.
Tête : longue et étroite ; oreilles courtes et pointues.
Corps : encolure longue, greffée haute et sculptée ; garrot large et haut ; dos court et reins larges ; flancs arrondis ; croupe oblique ; épaules longues et légèrement inclinées ; membres solides dotés de crins abondants.

◆ Mode d'élevage

Le frison fait partie de ces races à la mode en Europe. Il connaît un essor important en Allemagne, où une association de race s'occupe avec beaucoup de succès et de persévérance de sa promotion : présence importante lors des salons et des foires.

En France, son élevage est encore peu développé (Alsace, Bretagne, région parisienne). Les sujets proviennent la plupart du temps d'Allemagne ou des Pays-Bas. Trois mille représentants se répartissent sur l'ensemble du territoire hollandais ; la plupart sont élevés dans des exploitations agricoles. Une sélection sévère est de rigueur pour éviter les risques de consanguinité ; l'université d'Utrecht contrôle les saillies, les étalons inscrits au stud-book. Celui-ci fêtera son 140e anniversaire en 2019. En outre, pour augmenter les chances de reproduction, le frison passe par le système d'insémination artificielle et obtient de bons résultats. En France, un magnifique étalon mondial Hermann 359, plusieurs fois primé au stud-book hollandais, a fertilisé à lui seul une vingtaine de juments.

◆ Utilisation

Ce cheval aux allures relevées et brillantes excelle lors des compétitions d'attelage, où il est souvent remarqué aux places d'honneur. Ses origines

espagnoles font de lui un cheval de dressage remarquable. En effet, il associe la légèreté des allures à un physique solide. Les figures de haute école ne lui font pas peur : passage, piaffer, pas espagnol... Le frison aime la parade en tout genre et, comme son cousin espagnol, il a le sens du spectacle.

Si le cirque emploie souvent ce cheval, cela n'est pas un hasard ; lors des spectacles de Lucien Gruss, un étalon frison nommé l'Aiglon, monté par Martine De Plas en amazone, présentait de manière magistrale une reprise de haute école dans laquelle figuraient de fameux sauts (courbette, cabrade, etc.). Cheval d'attelage et de dressage, le frison ne passe pas inaperçu ; sa présence et sa noblesse sont à l'origine de son succès. Ancien cheval de guerre, le frison est charpenté, puissant et porteur. Un chevalier en armure pourrait être porté sans problème

LE HANOVRIEN

◆ Origine historique

Cette race ancienne subit un important croisement de sang lorsque George Louis, électeur de Hanovre, devint roi d'Angleterre (George Ier) en 1714 : le pur-sang anglais fut alors introduit.

Du cheval de trait qu'il était, le hanovrien devint un carrossier, plus léger, idéal pour tracter les voitures d'attelage en Allemagne. Un apport de sang trakehner produira un bon cheval de selle et le fera entrer dans le cercle des chevaux de sport germaniques.

◆ Mode d'élevage

Le hanovrien est aussi utilisé comme améliorateur des autres races. Le Haras de Celle est situé dans le Land de Hanovre, près de Hambourg. La sélection est exigeante, en particulier du point de vue mental : tout cheval qui présente un caractère « chaud » ou difficile est évincé d'office. Les éleveurs entendent garder les critères de la race et des tests sélectifs sont effectués sur les étalons et les juments pour les faire accepter à la reproduction. Ce demi-sang trié sur le volet doit donc présenter une conformation et un caractère irréprochables.

◆ Utilisation

Cheval de sport par excellence, le hanovrien fait partie du fleuron des races germaniques. Il excelle en compétition de dressage et de saut d'obstacles ; certains meneurs n'hésitent pas à atteler ce cheval au tempérament actif et équilibré. Les chevaux croisés avec un fort pourcentage de pur-sang excellent également dans les épreuves de cross en concours complet. Mais rien n'empêche de l'utiliser comme cheval de selle et de loisirs, disciplines dans lesquelles il donne toute satisfaction.

Origine géographique

Landes de Hanovre et de Basse-Saxe, en Allemagne.

Standard

Taille : 1,56 à 1,72 m.
Robe : alezane, baie, bai sombre, noire ou grise ; liste et alezane autorisées.
Tête : bien proportionnée ; profil rectiligne ou convexe.
Corps : encolure longue et musclée ; garrot relevé ; croupe assez longue et arrondie ; épaules longues et inclinées.

LE HOLSTEIN

◆ Origine historique

Le holstein est une race née en Allemagne vers le XIIIe siècle. Descendant direct de juments autochtones vivant dans les marécages, il fut élevé par les moines d'Uetersen, région de l'estuaire de l'Elbe. Au Moyen Âge, son élevage devint plus sélectif. Voué aux tournois, à la cavalerie allemande où il tirait les chars d'artillerie, son physique puissant et sa taille imposante lui permirent de servir tant l'agriculture que le transport. Pour gagner en élégance, c'est entre le XVIe et le XVIIe siècle qu'il fut croisé avec d'autres races : pure race espagnole, napolitain ou pur-sang arabe. Sa notoriété fit vite le tour des connaisseurs. La France et l'Angleterre l'intégrèrent à leurs chevaux ; la demande était telle que l'élevage dû s'orienter vers une production de masse. Mais la qualité du holstein se détériora. Au XIXe siècle, croisé avec un carrossier anglais lui-même croisé pur-sang (le yorkshire coach horse), son physique s'améliora. En 1920, l'étalon Mignon fut à l'origine des fameux carrossiers crème des Écuries royales de Londres. Enfin, pour l'affiner davantage et gagner encore en taille, il fut amélioré au milieu de notre siècle par des métissages pur-sang et trakhener, qui lui donnèrent sa conformation actuelle.

◆ Mode d'élevage

Considéré comme le cousin de l'hanovrien, le holstein est un demi-sang, élevé en plein air dans des zones marécageuses. Grâce à cette éducation rustique, qui lui a d'ailleurs valu sa légendaire résistance, les différents apports de pur-sang font qu'aujourd'hui l'on doit prendre certaines précautions lors des intempéries. Comme pour l'hanovrien, l'élevage reste très sélectif. Le holstein doit présenter tous les critères relatifs à la race : excellent tempérament, charpente puissante, grand gabarit et élégance. Son stud-book est géré par la Société des éleveurs du holstein.

◆ Utilisation

Ses premiers ancêtres, utilisés comme chevaux de trait et de transport, lui ont transmis cette puissance qui a fait sa réputation. Grâce à sa taille imposante, le holstein est brillant dans plusieurs disciplines. Il est très présent en concours de saut d'obstacles internationaux (CSI) et Classic Touch aux Jeux olympiques, sous la selle du cavalier Ludger Beerbaum, fut donné plusieurs fois favori. Un don inné pour le sport lui permet d'exceller aux épreuves de dressage et d'attelage. Enfin, en cross, il passe avec aisance les obstacles les plus impressionnants et, grâce à sa rapidité, il prend souvent la tête des compétitions. En Allemagne, il fait partie de la garde militaire et participe aux parades.

Origine géographique

Province du Schleswig-Holstein, en Allemagne.

Standard

Taille : 1,63 à 1,73 m.
Robe : souvent gris pommelé ou bai ; toutes les robes simples sont autorisées avec peu ou pas de marques blanches.
Tête : longue, profil rectiligne aux naseaux bien ouverts ; oreilles pointues et très mobiles ; grands yeux au regard doux.
Corps : encolure fine et musclée ; larges épaules bien inclinées ; garrot parfois très prononcé ; dos long ; croupe puissante, inclinée et profonde ; membres longs et bien équilibrés.

LE LIPIZZAN

◆ Origine historique

En 1580, l'archiduc Charles de Styrie fit venir un lot de juments italiennes, de Vérone, de Polésie et d'Aquilée ainsi que deux étalons espagnols. Le fameux Haras de Lipica fut créé en 1729 : le nom d'école espagnole provient de l'important apport de sang andalou.

Il y eut aussi des étalons napolitains, kladruber (originaires de Tchécoslovaquie), frederiksborg (originaires de Frederiksborg) et arabes.

Les différentes guerres européennes ont mis à mal cette race : les conquêtes napoléoniennes, la Grande Guerre puis la Seconde Guerre mondiale ; pour cette dernière, les Américains transférèrent les chevaux à l'approche de l'Armée rouge.

L'Autriche (Piber), la Yougoslavie (Lipica), l'Italie (Monteronondo) et la Hongrie (Bâbolna) élèvent cette race de chevaux.

◆ Mode d'élevage

Six lignées de lipizzan ont été répertoriées jusqu'à nos jours. Ces lignées descendent d'étalons andalous (Maestoso et Favory), napolitains (Conversano et Napolitain), un frederiksborg (Pluto) et un arabe (Siglavy). L'élevage du lipizzan continue à être géré et surveillé par les différentes nations, propriétaires des reproducteurs et reproductrices. Les poulains ont une robe noire ou grise à la naissance, qui deviendra blanche par la suite. Cette race qui compte des effectifs relativement réduits connaît parfois des problèmes de consanguinité.

◆ Utilisation

Cheval de haute école, le lipizzan est merveilleusement mis en valeur par l'école espagnole de Vienne, qui utilise exclusivement cette race de chevaux. Équilibré, docile, noble, doté de sang, le lipizzan s'exprime au dressage. Lorsqu'il est âgé de 3 ans, les exercices de haute école commencent. Vers 8 ans, il atteint sa maturité et peut tout exécuter : pesade à 45 degrés, levade, courbette, croupade, cabriole, piaffer... Virtuose de technicité, de souplesse, d'équilibre, de puissance adaptée, génie de la parade, des airs relevés, de la grâce, danseur étoile incontesté... Deux étalons lipizzan, Maestro Trompeta et Favory Patrizzia, se classent régulièrement en épreuves officielles en France. Le lipizzan est indissociable de l'école espagnole de Vienne, dont il a fait la renommée mondiale.

Mais si le dressage est la principale utilisation du lipizzan, l'attelage est aussi une discipline où il excelle. Épreuves de maniabilité, parcours chronométré, il est souvent donné gagnant lors de compétitions internationales. Patrick Kieffer a été plusieurs fois champion de France grâce à ses deux lipizzan et a remporté une médaille de bronze en individuel et une médaille d'or par équipe au championnat du monde

Origine géographique

Bercé par les aléas de l'histoire, le lipizzan est né près de Trieste, maintenant ville yougoslave.

Standard

Taille : 1,55 à 1,67 m.
Robe : grise, parfois baie, noire, rouanne ou blanche.
Tête : allongée ; profil rectiligne ; ganaches prononcées.
Corps : encolure robuste, arquée et bien attachée ; garrot peu prononcé, large et musclé ; dos long ; épaules inclinées et musclées ; membres robustes et résistants.

LE LUSITANIEN

◆ Origine historique

Le lusitanien vit le jour sur les rives du Tage. Issu d'une même lignée que l'andalou, son origine remonterait au IVe millénaire avant J.-C. Grecs et Romains appréciaient ce cheval doué pour la guerre ainsi que pour la parade. Au XVIIIe siècle, ce sens de la parade l'orienta vers une discipline en plein essor : l'art équestre.

Les maîtres de l'équitation vivent pour et par la haute école ; le lusitanien fait partie de ces races que le dressage à un niveau élevé n'effraie pas. Au contraire, il s'y exprime avec brio.

Moins tributaire des aléas de l'histoire que son voisin l'andalou, le lusitanien n'a pas connu d'hémorragie dans ses effectifs.

Origine géographique
La péninsule Ibérique élève deux chevaux différents : l'andalou, ou pur-sang espagnol, en Espagne et le lusitanien, qui tire son appellation de l'ancien nom du Portugal.

Standard
Taille : 1,58 à 1,62 m.
Robe : grise, parfois baie, bai brûlé presque noir, s'éclaircit avec l'âge.
Tête : petite ; profil rectiligne.
Corps : encolure puissante ; garrot prononcé ; croupe arrondie ; épaules inclinées ; membres secs et solides.

La tauromachie portugaise sans mise à mort, ainsi que l'influence mondiale de Nuno Oliveira, a eu pour effet de renforcer la bonne image de ce cheval.

◆ Mode d'élevage

L'élevage du lusitanien au Portugal est en plein essor depuis les années 1960. Pratiquant une équitation fine, les élevages d'Andrade et Veiga produisent de superbes chevaux.

Contrôlé avec soin par l'Association de race portugaise, le lusitanien est marqué sur la cuisse droite au nom de son élevage, lui-même répertorié au sein de la race. Malmené par les événements politiques de 1974, l'élevage portugais connaît un renouveau tant au niveau de la qualité que de la quantité. Actuellement, une quarantaine d'élevages privés sont répertoriés, et une quinzaine seulement possèdent entre 20 et 40 juments. Les élevages de renom se nomment : d'Andrade, Veiga, Ortigao Costa (étalon noir), Compagnie agricole de Lezirias, Infante de Camera, Palha, Casa Cadaval... sans oublier les deux Haras nationaux.

Cela signifie que près de 1 000 reproducteurs et reproductrices officient pour l'avenir du lusitanien.

Depuis 1974, une association s'occupe de son élevage en France : importation, concours... Le lusitanien a été officiellement reconnu par les Haras nationaux et est donc une race pionnière en la matière. Une des raisons motivant ce choix est sa faible tendance à « billarder », c'est-à-dire à jeter ses antérieurs vers l'extérieur lorsqu'il se déplace. À cet égard,

l'andalou est défavorisé dans la mesure où cette manière de billarder fut longtemps un critère de sélection de la race en Espagne. Or cette caractéristique est peu appréciée en France... La participation des lusitaniens aux compétitions est aujourd'hui officielle.

◆ Utilisation

Possédant une réelle disposition au dressage, le lusitanien est un cheval équilibré, fin, doté d'influx. Le passage et le piaffer sont les allures où il s'exprime le mieux. Sa morphologie ronde permet de le rassembler facilement ; sensible aux plus fines indications de la main, des jambes ou du bassin, souple et aérien dans ses déplacements, le lusitanien est un danseur étoile. Cette disposition pour le dressage est nécessaire pour la tauromachie : le cheval, réceptif aux moindres indications de son cavalier, virevolte autour du taureau, avec souplesse et vivacité.

Mais les feux des corridas ou de l'art équestre ne sont pas tout. Le lusitanien est aussi un des fleurons de l'attelage. Jeux équestres mondiaux, championnats du monde, épreuves d'attelage et de marathon... les victoires s'empilent et les trophées s'entassent. Même constat en concours de saut d'obstacles, bien que cela ne soit pas sa vocation. L'incroyable cheval Novilheiro a été élu cheval de l'année en Grande-Bretagne pour avoir accumulé le plus grand nombre de victoires.

Le lusitanien, très polyvalent, trouve aussi sa place comme cheval de loisirs, notamment en randonnée.

LE MÉRENS

◆ Origine historique

L'origine du mérens remonte à la nuit des temps ; son modèle ressemble aux peintures rupestres des grottes de Niaux, situées en Ariège. Ces gravures, datant de 30 000 ans, décrivent un équidé primitif du tarpan en pelage d'hiver, portant une barbe manifeste et une crinière hérissée comme lui. En outre, l'un de ses ancêtres reculés apparaît sans doute à la période magdalénienne, il y a 15 000 ans environ. Habitué aux climats froids, celui-ci se réfugie alors au cœur des montagnes ariégeoises afin d'échapper au brusque réchauffement de la Terre. Plus tard, Jules César remarquera ce petit cheval sauvage subsistant dans les alpages.

Élevé en vase clos – les Pyrénées formant une frontière naturelle –, le mérens a su conserver son authenticité : peu d'apports de sang étranger sont à relever au sein de cette race. Si son origine orientale ne fait aucun doute, au travers de certains modèles (tête espagnole, allures relevées...), le mérens aurait en particulier une ressemblance avec son proche cousin, le noir frontalier d'Espagne.

Monture de remonte de l'armée française, excellent pour porter le bât et le minerai en montagne, le mérens a aussi été le cheval d'attelage servant à tirer les diligences en Ariège. Il effectuait également de petits travaux dans les champs pour les agriculteurs.

Les vignerons, les maraîchers sollicitaient également son aide. Ses capacités au débardage étaient évidentes. En outre, sachant retrouver son chemin seul et résistant à l'effort soutenu, il était d'un secours efficace pour les contrebandiers.

Depuis le 1er janvier 1998, grâce à la reconnaissance officielle des Haras nationaux, le mérens ne figure plus dans la famille des poneys mais dans celle des chevaux de sang.

Origine géographique

Le mérens est originaire des Pyrénées ariégeoises, en France.

Standard

Taille : 1,35 à 1,47 m et plus.
Robe : noire, parfois zain avec un léger semis de poils blancs qui dénote une origine ancienne ; crins abondants.
Tête : distinguée et racée ; chanfrein droit ; oreilles courtes ; yeux brillants et vifs.
Corps : encolure courte et longue ; dos long et soutenu ; garrot relevé ; croupe un peu inclinée ; épaules plutôt droites ; membres solides et résistants ; sabots larges et assez plats à la corne dure.

Malgré des mesures prises par le directeur des Haras de Tarbes, M. Laffont de Sentenac, dès 1908 (sélection, visite des élevages...), le mérens a vu sa population chuter. En 1933, le Syndicat d'élevage est créé ; quelques années plus tard, en 1948, le stud-book est mis en place sous le contrôle des Haras nationaux. Huit étalons sont inscrits au départ de la race ; une seule lignée est actuellement pérennisée.

Quatre têtes de lignées ont été désignées : Quart (n° I), Contestataire (n° II), Uranium (n° III) et Vengeur (n° IV). Cet étalon est l'un des fleurons de la race.

D'autres étalons, plus jeunes, reprennent le flambeau : Nogaréde de l'Oum, Simboul la Fajole, Ségur du Coyt, Objecteur d'Uscla...

Menacé par la mécanisation de l'agriculture, le mérens était encore dans les années 1970 en voie de disparition. De cheval de travail et de service qu'il était, le mérens a été alourdi pour les besoins de la boucherie...

Depuis, une prise de conscience collective a permis d'éviter le pire. Le mérens retrouve son identité, notamment à une époque où la pratique d'une équitation de loisirs le met tout particulièrement en valeur. Enfin, un « cousin » du mérens, le cheval de Castillon, originaire de la vallée dont il porte le nom, subsiste encore aujourd'hui. Ce cheval, qualifié de remarquable par les anciens, a la caractéristique de posséder, comme l'exmoor, le « nez-de-renard » (bout du nez plus clair que la robe générale) qui dénote une origine ancienne.

◆ Mode d'élevage

Traditionnellement, l'Ariège élève des mérens. Pendant 6 mois de l'année, à partir du mois de juin, les chevaux montent en estive : ils vivent et se reproduisent à 1 500 m d'altitude. Les juments règlent le rythme du troupeau : abreuvement, repos des poulains, période de lactation ; quant à l'étalon, il rabat les retardataires, détecte les chaleurs, saillit les juments. Si l'herbe pousse à profusion, le terrain accidenté ne facilite pas la tâche des chevaux ; les poulains apprennent la vie au grand air : protection contre l'orage, variations climatiques...

Au mois d'octobre, les chevaux redescendent dans les vallées afin d'y passer l'hiver.

Le berceau de race regroupe la plupart des poulinières et des étalons, bien que certaines régions commencent à être concurrentes : les Alpes, les Cévennes, le Centre, le Massif central, l'Île-de-France, etc. Le mérens commence à s'implanter sur tout le territoire. Le Sherpa (Syndicat hippique des élevages de la race Pyrénées ariégeoise) s'occupe des concours d'élevage et de la gestion de la race. À ce jour, fort de 400 adhérents, il enregistre plus de 600 sujets à son stud-book. Le Centre national mérens, créé dans les années 1990, se révèle un soutien complémentaire pour la sauvegarde de la race.

◆ Utilisation

Cheval polyvalent, le mérens d'aujourd'hui possède des qualités réelles sous la selle. Il l'a prouvé à maintes reprises lors des compétitions officielles : saut d'obstacles, Trec... Son image de marque tend à se modifier grâce à des utilisations hors berceau qui le mettent en valeur de différentes manières : voltige, dressage, endurance... Doté de sang (selon certains sujets) et de caractère, il a brillé en compétition d'attelage, notamment avec l'Ariégeois Didier Dupuis, plusieurs fois finaliste en championnat de France d'attelage à deux. Cheval de randonnée doté d'une grande sûreté de pied, le mérens porte des adultes sans problème. En retrouvant son modèle d'antan, pourvu de taille, d'os et de sang, il gagne à être connu. Sa place en tant que cheval de loisirs ne fait alors plus aucun doute.

LE MUSTANG

Origine géographique
Descendant direct des premiers chevaux importés aux États-Unis, le mustang est redevenu sauvage. Les mustangs vivent en hardes – les éléments les plus faibles étant ainsi naturellement éliminés – sur les côtes californiennes et mexicaines.

Standard
Taille : 1,32 à 1,50 m.
Robe : toutes les couleurs de robe sont permises : unies ou à taches.
Tête : large, aux ganaches prononcées ; yeux ouverts sur les angles.
Corps : garrot prononcé ; croupe musclée ; jarrets, boulets et paturons solides.

◆ Origine historique

Chassé d'une manière impitoyable, il ne doit sa survie qu'à des éleveurs attachés à ses qualités uniques. Il vit maintenant protégé dans les parcs nationaux, depuis 1957.

Des opérations diverses de protection ont permis de sauver la race. Citons la possibilité réservée aux Américains d'acheter, ou plutôt d'adopter, un mustang à un prix dérisoire : moins de 150 euros. Les chevaux sont capturés grâce à des pièges placés dans leur environnement. Ils sont ensuite mis en vente aux enchères.

◆ Mode d'élevage

Le mustang connaît encore les immenses espaces américains des parcs nationaux ; une surveillance est de rigueur : gestion de l'élevage, du nombre de têtes... Cheval de plein air, le mustang résiste aux intempéries et peut couvrir d'importantes distances. Les sabots des mustangs sont excessivement solides. En général, ils n'ont pas besoin d'être ferrés. Les sujets les plus recherchés et les plus chers sont les kigers mustangs.

◆ Utilisation

Cheval de selle rustique, le mustang est un bon cheval de randonnée : il est fort, résistant et courageux. Sa rapidité, mondialement connue, lui permet d'être très présent en compétition de monte américaine.

L'OLDENBOURG

◆ Origine historique

Dès le XVIIe siècle, ce cheval était appelé frison… Depuis cette époque où il tirait des attelages lourds, il fit l'objet de nombreux croisements avec du sang espagnol, barbe, napolitain et du pur-sang anglais. Au fur et à mesure que les attelages se firent plus légers, la morphologie de la race se modifia. Au XIXe siècle, le cleveland bay influença la race de manière importante. À cette époque des transports hippomobiles, l'oldenbourg remplit la tâche de « camionneur ». Actuellement, l'élevage est tourné vers la production de chevaux de selle.

◆ Mode d'élevage

Au même titre que les autres races allemandes, l'oldenbourg dépend de son association de race, qui gère et organise l'ensemble de l'élevage.

◆ Utilisation

Ce grand cheval, d'origine carrossière, remplit encore les conditions idéales pour faire un bon cheval d'attelage ; il est couramment présent lors de ces compétitions. Cela ne diminue en rien ses qualités sous la selle et il est considéré comme un bon cheval de sport.

Origine géographique
Cette race est issue de la région de l'Oldenbourg, en Allemagne.

Standard
Taille : 1,62 à 1,72 m.
Robe : baie, bai sombre, grise, noire, parfois alezane.
Tête : moyenne, rectiligne ou mentonnée.
Corps : encolure de longueur moyenne bien attachée, portée avec élégance ; garrot assez relevé ; croupe ample, horizontale ; épaules inclinées ; membres musclés, articulations longues.

LE PINTO

◆ Origine historique

L'origine de ce cheval remonte à l'époque des conquistadores espagnols. Certains sujets, de robe pie, furent capturés par les Indiens qui contribuèrent à sélectionner et à élever des chevaux aux robes multiples. Les colons pérennisèrent l'élevage.

Cette race, très développée, tient le troisième rang américain (manifestations et expositions sont courantes) derrière le quarter horse, au premier rang, et l'appaloosa, au deuxième rang.

Origine géographique
Ce cheval provient des États-Unis.

Standard
Taille : 1,45 à 1,55 m.
Robe : pie ; le tobiano possède une robe blanche avec des taches sombres, et l'overo une robe sombre avec des taches claires.
Tête : courte.
Corps : encolure musclée et longue ; garrot bien dessiné ; dos court ; croupe puissante ; membres solides.

◆ Mode d'élevage

En 1963, l'American Paint Horse Association crée le stud-book. Il enregistre les pintos dont l'un des parents est inscrit ; un parent pur-sang anglais ou quarter horse est aussi accepté. Pour être reconnu, le cheval se présente lors d'un concours d'élevage et d'utilisation lui permettant d'entrer alors officiellement dans la race. Le tobiano, courant en France, dépend d'un gène dominant. La robe est principalement composée de taches distinctes, régulières. L'overo dépend d'un gène récessif. La robe est dotée de taches irrégulières, et un des quatre membres est foncé. Le dos, la nuque et les oreilles sont généralement foncés ; cette robe, fréquente aux États-Unis, est peu répandue en France.

◆ Utilisation

De par sa morphologie, le pinto possède des qualités similaires à celles du quarter horse.

Le pinto est un cheval de travail, et sa sélection repose donc sur différentes aptitudes : vitesse, calme, agilité et compétence lors du tri du bétail.

LE TRAKEHNER

Origine géographique
Ce cheval est originaire de Trakehnen, en Allemagne.

Standard
Taille : 1,62 à 1,67 m.
Robe : baie, bai sombre ou noire.
Tête : proportionnée ; profil rectiligne.
Corps : encolure bien dessinée ; longue croupe légèrement oblique ; épaules longues et inclinées ; membres aux articulations larges.

◆ Origine historique

Trakehnen est le nom d'une ville située en Prusse-Orientale au XVIIIe siècle. En 1732, Frédéric II de Prusse fonda le haras de Trakehnen, en Lituanie. Il existait déjà un cheval local nommé schweiken, que des apports de sang oriental ont modifié. Arabe et pur-sang anglais ont permis de fixer les caractères actuels. Des pur-sang arabes furent importés pour en améliorer l'élevage. Peu à peu, le pur-sang anglais est inclus dans les croisements : Perfectionist par Persimmon marqua l'élevage par ses performances et ses qualités physiques. Après la Seconde Guerre mondiale, 5 % de la population de trakehners « émigrent » en Allemagne de l'Ouest. Son élevage est maintenant réparti sur l'ensemble du territoire et il est devenu un cheval de sport mondialement reconnu.

◆ Mode d'élevage

Son élevage est réparti sur l'ensemble du territoire allemand.

◆ Utilisation

Le trakehner est un cheval de sport. Présent sur de nombreux terrains internationaux, il est représentatif de l'aspect dynamique de la race et de ses éleveurs. Le saut d'obstacles est la discipline où il s'exprime le mieux, car il possède généralement un bon coup de saut. Les chevaux de 4 ans suivent des tests d'aptitudes au saut d'obstacles, avant d'être reconnus comme reproducteurs. Cette rigueur explique la qualité et les performances de l'ensemble de la race, quelles que soient les origines. Halla, monté par Hans Günther Winkler, l'a prouvé sur les terrains de concours internationaux.

LE QUARTER HORSE

◆ Origine historique

L'Amérique lui doit beaucoup... Il fut le compagnon des aventuriers et des cow-boys, de la conquête de l'Ouest aux convoyages de troupeaux.

Le XVIIe siècle est l'époque où les colons partaient à la conquête du Nouveau Monde sur leurs montures – des barbes, des arabes, des anglais et des français. Ces différentes races de chevaux vont jeter les bases de l'élevage américain. Les colons de la Virginie et de la Caroline organisent des courses dans la rue principale du village ; il s'agit pour les chevaux d'être rapides sur un quart de mille (d'où son appellation de quarter horse). Cheval de course pendant le week-end, cheval de travail pendant la semaine, le quarter horse associe vitesse, accélérations et détente. Il devient le cheval le plus rapide du monde sur une distance avoisinant 400 m. Des apports de sang andalou et de pur-sang anglais ont contribué à améliorer au fil des années ce cheval populaire aux États-Unis, symbole d'un Nouveau Monde en plein essor, et qui connaît un succès international.

◆ Mode d'élevage

Le 15 mars 1940, quelques éleveurs se réunissent au Texas et établissent un registre du quarter horse. En souvenir des 556 chevaux débarqués par les colons, et qui furent les premiers à fouler de leurs sabots l'autre rive du Rio Grande, les Américains décident d'acquérir un troupeau de base de 556 chevaux : 105 étalons et 451 juments sont inscrits au stud-book ; le premier sujet est un étalon nommé Wimpy, né en 1935 et disparu en 1959. Quatorze lignées mâles dominent la race ; l'influence du pur-sang anglais est prépondérante, notamment par Janus, petit-fils de Godolphin Arabian et Sir Archy, un fils de Diomed. Seuls les pur-sang anglais inscrits au Jockey Club de New York peuvent saillir des juments quarter horse. En 1946, l'AQHA déménage à Amarillo, au Texas. Environ 320 personnes travaillent au sein de cette association ; une technique informatique des plus modernes gère, enregistre et diffuse les résultats et les réunions des associations dans le monde entier. Plus de 2 500 concours ont lieu chaque année, attirant près de 700 000 concurrents. Le championnat du monde a lieu à Oklahoma City. Le stud-book enregistre chaque année près de 141 000 poulains. Le quarter horse est la race la plus importante du monde : deux millions de chevaux ont été répertoriés.

◆ Utilisation

Puissance et muscles, auxquels s'ajoute un mental à toute épreuve... Le quarter horse possède un bon équilibre psychique et un influx nerveux important. Il existe des types différents de quarter horse : certains se spécialisent pour les courses (largement dotées), d'autres dans le travail du bétail ou le dressage. La majorité se consacre aux compétitions d'équitation western. Néanmoins, le quarter peut vivre toutes les situations. Idéal pour les loisirs et la randonnée car il est très robuste, on le rencontre aussi en concours de sauts d'obstacles. Le finaliste de la coupe du monde de CSO à Tampa, en 1992, ne serait qu'un exemple...

ORIGINE GÉOGRAPHIQUE
Ce cheval est originaire des États-Unis.

STANDARD
Taille : 1,50 à 1,60 m.
Robe : de nombreuses couleurs sont reconnues : alezan, bai et gris sont les couleurs de base. Alezan brûlé (chestnut), alezan (red dun), chamois (dun), peau de chamois (buclain), rouan foncé (blue roan), rouan vineux (red roan).
Tête : courte et triangulaire.
Corps : chanfrein légèrement concave ; encolure courte ; peu de garrot ; dos court ; poitrine éclatée ; reins et arrière-main puissants.

LE PUR-SANG ANGLAIS

◆ Origine historique

Le pur-sang anglais est né au XVIIIe siècle, et cette naissance s'est faite en corrélation avec l'engouement des nobles britanniques pour les courses.

Il est traditionnel de citer trois étalons sur lesquels la race a été bâtie autour des années 1700 : le bai Byerley-Turk, le bai brun Darley Arabian et un autre bai brun, Godolphin Arabian. Ce dernier fut acheté à Paris par Lord Godolphin à un porteur d'eau, dans les rues de Paris ; le trouvant agréable, il l'emmena dans son haras. Ce mâle entier servit un temps de boute-en-train ; cependant, par accident, il saillit un jour une jument qui donna un produit remarquable : Lath... qui devint célèbre et gagna de nombreuses courses. En 1791, le stud-book de la race est créé ; ce livre généalogique autorisa la sélection des reproducteurs, l'enregistrement des performances, etc.

L'effectif de chevaux de course le plus important se situe aux États-Unis. Grande-Bretagne et Irlande rivalisent en matière d'élevage ; quant à la production française, elle est souvent exportée vers des pays acheteurs : Japon, États-Unis. Reconnu comme améliorateur de race, le pur-sang est omniprésent dans les haras du monde entier. Le selle français, l'anglo-arabe ou le trotteur français possèdent de manière plus ou moins lointaine un apport pur-sang. La race selle français est désormais fixée : les produits possèdent dans l'ensemble suffisamment de sang, de cadre et de masse ; cet équilibre fait de lui un cheval recherché en tant que reproducteur et cheval de sport. Si certains reproducteurs ne possèdent du sang qu'à la troisième génération, d'autres ont des origines proches. Matchem (1748), Éclipse (1764) et Hérod (1758) sont les trois « sires » influençant les selles français, ainsi que certaines lignées de trotteur français et anglo-arabes.

Origine géographique

Le pur-sang anglais a vu le jour en Angleterre. Son élevage est maintenant devenu international.

Standard

Taille : 1,50 à 1,73 m.
Robe : baie, bai sombre, noire, alezane ou grise, parfois rouan et aubère.
Tête : noble ; encolure longue et droite.
Corps : garrot bien sorti ; épaules obliques pour le stayer ; croupe horizontale pour le sprinter ; épaules inclinées ; membres allongés et musclés.

◆ Mode d'élevage

Trois types morphologiques se distinguent : le stayer, doté de fond, cependant plus petit, le sprinter, plus grand, allongé et très rapide, et enfin un modèle plus solide qui convient aux courses de steeple et plus tard aux concours hippiques. La valeur marchande du pur-sang anglais atteint des sommets pour peu qu'il gagne en course... C'est la raison pour laquelle les mâles sont conservés entiers pendant leur carrière. Cheval fragile, le pur-sang anglais l'est dans la mesure où la sélection est extrêmement pointue. Véritable formule un des races de chevaux, ce roi du sprint est l'objet des soins les plus attentifs, de sa naissance à son entrée sur l'hippodrome. Le pur-sang anglais court dès l'âge de 2 ans sur les hippodromes ; sa carrière est généralement brève. L'élevage du pur-sang anglais est en légère diminution en France et doit faire face au départ de ses reproducteurs vers l'étranger. Dans le monde plus de 110 000 pur-sang naissent chaque année. La France se place en neuvième position au rang mondial sur quinze pays producteurs de pur-sang avec, au dernier recensement annuel des naissances, près de 4 000 poulains. L'origine du cheval compte beaucoup. Un poulain ayant des parents performants en course a toutes les chances d'être aussi performant.

◆ Utilisation

Le pur-sang est à l'origine d'apports financiers importants qui permettent au secteur équestre en général d'exister. Élevé principalement pour les courses de galop de plat ou d'obstacles (steeple-chase), dès 2 ans, il doit effectuer 1 000 m de galop pour être autorisé à concourir. À 3 ans, il doit prouver ses performances pour rester un cheval entier.

En moyenne, un pur-sang qualifié pour les courses participe au moins à cinq courses. En France, plus de 15 000 chevaux prennent le départ chaque année. Environ un quart remporte une course, 30 % sont placés, en sachant qu'un même cheval peut gagner et se placer plusieurs fois. Le pur-sang est utilisé dans le monde entier.

Japonais, Anglais, Italiens, Irlandais, Argentins... en sont friands, mais ce sont les Américains qui l'emportent en nombre de chevaux et organisent le plus de courses, devant l'Australie.

En France, les chevaux réformés ou disqualifiés partent comme le trotteur à l'abattoir, parfois quelques propriétaires, clubs équestres ou certaines associations les récupèrent. Là, ils les castrent, les rééduquent pour en faire des chevaux de loisirs rapides, efficaces ou destinés à la compétition d'obstacles.

LE TROTTEUR

Origine géographique
Le berceau de race du trotteur français se situe entre la Normandie et les Pays de la Loire.

Standard
Taille : 1,50 à 1,70 m (les trotteurs montés étant de taille plus importante que les trotteurs attelés).
Robe : alezane, baie ou bai brun.
Tête : dotée d'un chanfrein rectiligne ou busqué.
Corps : épaules plutôt droites ; poitrine ouverte et profonde ; arrière-main brève et puissante ; membres solides.

◆ Origine historique

Par tradition, la verte et bocagère Normandie a toujours élevé des chevaux dits carrossiers, chevaux d'attelage par excellence (rappelons que l'unique et principal moyen de transport jusqu'à l'aube du xxe siècle était le cheval). En 1836, un officier des Haras, intéressé par cette race de chevaux aptes à tirer des voitures légères, organise des courses de trot attelé à Cherbourg. Les courses de trot attelé connaissent une grande vogue. En 1850, les éleveurs normands, afin d'améliorer leur produit, croisèrent leur jumenterie de base avec des trotteurs de Norfolk (Grande-Bretagne), des pur-sang anglais et des trotteurs d'Orlov (Russie). Dès 1864, la société mère est créée ; elle régit et organise les courses de trot. En 1922, la race possède son livre généalogique ; celui-ci fut fermé à tout apport de sang autre que trotteur en 1937. Depuis, le nombre de sujets n'a cessé de s'étendre en France et dans le monde entier.

◆ Mode d'élevage

L'élevage du trotteur français se répartit maintenant sur tout le territoire français. Beaucoup d'éleveurs ont des activités agricoles et ils possèdent deux ou trois juments qu'ils font reproduire.

Cette diversité favorise et met en place un réservoir important de chevaux. L'effectif ne cesse de croître : près de 10 000 naissances sont enregistrées en France chaque année. Le trotteur français est un demi-sang qui peut s'élever en plein air. Aujourd'hui, le croisement trotteur français et trotteur américain reste très en vogue sur les champs de courses. Selon les spécialistes, le métissage donne plus de tonus et de vitesse avec, à la clé, des résultats.

La Société d'encouragement du cheval français assure la promotion et l'expansion de la race dans le monde entier.

◆ Utilisation

Il existe deux sortes de courses : le trot monté et le trot attelé. Les courses attelées sont les plus nombreuses. Les courses de trot ont lieu les après-midi et en nocturne. Un cheval ayant accédé aux pistes doit courir le kilomètre en 1 min 42 s à l'âge de 2 ans ; s'il ne peut y parvenir, une reconversion est à envisager (attelage, saut d'obstacles, tourisme équestre). Cette solution de remplacement concerne la moitié de l'effectif.

Les courses de trot demandent aux concurrents de réunir des qualités telles que technique, vitesse et un potentiel de performances. La carrière d'un trotteur se déroule sur plusieurs années ; il atteint sa maturité dans sa septième année. Qui n'a jamais entendu parler d'Allez France, de Gélinotte, de Roquépine, de Bellino II, d'Idéal du Gazeau et, bien sûr, du fameux Ourasi ? Mais, de plus en plus, le trotteur envahit les clubs pour le plaisir des cavaliers. Reconverti en cheval de manège, de promenade ou de randonnée… ce réformé des courses ou disqualifié des épreuves trouve ainsi sa place en loisirs puisque 35 % quittent malgré eux l'hippodrome.

LE PUR-SANG ARABE

◆ Origine historique

Ce cheval légendaire possède des origines encore obscures, qui remonteraient à 3 000 ans avant J.-C., dans la péninsule Arabique.

Plusieurs légendes entourent ce cheval incomparable. Il descendrait des chevaux du roi Salomon, possesseur de 52 000 chevaux, dont sept chefs de lignée ; quelques races issues de cet élevage auraient vu le jour : le kokeilan, le menaki, le hedregi, le saklani, le gilfi, le hebdan, le trefi. Une autre légende le fait remonter aux cinq juments du prophète Mahomet, qui seraient parvenues à La Mecque, les premières parmi 85 autres chevaux venus annoncer la victoire...

Autour de ces légendes qui accompagnent le cheval arabe, la réalité du désert est bien présente. Ce cheval est probablement venu des hautes collines du sud du Caucase, puis il a été sélectionné par la suite par les peuples nomades voyageant entre la plaine du Tigre et de l'Euphrate et les chaînes montagneuses du Liban et d'Israël. Ces nomades ont cherché à produire un cheval extrêmement rapide et capable de porter de lourdes charges à vive allure pendant longtemps. Une sélection minutieuse a eu cours jusqu'à la conversion de ces peuples à l'Islam. Les Bédouins d'Arabie l'ont élevé avec précision et avec des objectifs. Trois types principaux peuvent être perçus : le Kehailan qui est le type masculin de la force, le Siglavy qui est le type féminin de la beauté, le Muniqi étant le type course ; ces nomades du désert, attentifs à leur production, faisaient appel à un témoin (le hudje) à chaque naissance : il garantissait l'identité du produit.

Cheval de guerre avant toute chose, le cheval arabe a participé à toutes les invasions, contribuant à influencer les races du monde entier ; à l'ouest, il conquiert l'Europe (Espagne, France, Allemagne, Grande-Bretagne), puis l'Europe centrale (Hongrie, Pologne, Russie), donnant naissance à de nombreuses races (notamment le pur-sang anglais).

Jusqu'au XIXe siècle, ce cheval connaît un rayonnement mondial ; Napoléon, colonisateur et bénéficiant de cadeaux d'État sous la forme de superbes chevaux, n'hésita pas à les ramener en France ; de nombreuses races françaises eurent à subir ces influences (anglo-arabe, boulonnais...). Malheureusement, la mécanisation des campagnes et des villes diminue l'influence de l'arabe jusqu'aux

Origine géographique

L'origine de ce cheval se perd dans la nuit des temps ; le pur-sang arabe serait originaire des déserts arabes, notamment de la Mésopotamie (aujourd'hui l'Irak).

Standard

Taille : 1,45 à 1,55 m.
Robe : grise, baie, alezane, rouanne ou noire (tissus trempés, peau fine et poil luisant).
Tête : petite ; chanfrein creusé ; front large ; œil large et expressif ; larges naseaux ; lèvres minces.
Corps : encolure large, arquée et longue ; garrot détaché et sec ; dos court et fort ; poitrine large ; épaules obliques et longues ; croupe ample et horizontale ; queue attachée haute ; membres larges et sec ; sabots durs.

années 1960, où cette race connaît de nouveau un succès mondial.

De nombreux pays disposent de leur propre stud-book ; les États-Unis se situent à la première place. D'autres pays comme la Pologne ont un élevage connu dans le monde entier. La Syrie possède les derniers descendants de ce cheval du désert.

D'autres pays arabes ont pris conscience de la valeur génétique et historique de ce cheval. Ils créent des haras nationaux, achètent des chevaux en Europe et aux États-Unis, afin de préserver le patrimoine génétique.

◆ Mode d'élevage

Animal divinisé par la Bible et le Coran, considéré comme le plus ancien et comme la race la plus pure génétiquement, habitué aux rudes conditions climatiques du désert, le pur-sang arabe, malgré sa peau extrêmement fine, est un cheval très résistant qui ne craint pas le froid comme le pur-sang. Il peut s'élever facilement en plein air dans les régions tempérées. Porté par un phénomène de mode, le cheval arabe connaît encore une vogue croissante en France. De nombreux élevages existent dans le Sud-Ouest et le Sud-Est. Chaque pays possède son stud-book qui gère l'ensemble de la production, sélectionne les étalons et authentifie les produits. En France, le cheval arabe est une race reconnue par les Haras nationaux ; de nombreux étalons nationaux sont à la disposition des éleveurs ; cette race est reconnue comme amélioratrice des autres races (anglo-arabe, poney français de selle...). Première réussite de la sélection méthodique en vue d'obtenir un cheval adapté aux services de l'homme, le stud-book français, créé en 1833, comprend une section arabe où apparaissent les chevaux nés en France et ceux importés d'Orient, d'Afrique du Nord ou d'ailleurs.

◆ Utilisation

Disposant d'influx nerveux et de « fond », le cheval arabe trouve son terrain d'expression lors des courses d'endurance. Les épreuves de 30 à 180 km, selon les niveaux, l'ont souvent mis au premier plan.

Aérien et élégant, l'arabe dispose de réelles qualités en ce qui concerne le dressage. Certains meneurs les attellent avec bonheur. La randonnée, discipline en plein essor, lui correspond bien dans la mesure où son physique solide lui permet de porter paquetage et cavalier. En revanche, si sa piètre réputation en tant que sauteur de compétition n'est pas injustifiée, le pur-sang arabe franchit très bien les obstacles. Mais, sa taille réduite ne lui permet pas d'accéder aux concours internationaux. De toutes les façons, sous l'égide de la World Arabian Horse Organization, il peut participer à toutes les disciplines et compétitions équestres. Enfin, si la rapidité de l'arabe reste légendaire, au travers des fameuses fantasias, il est aussi très présent sur les champs de courses.

Mais aujourd'hui, la principale compétition qui oppose des chevaux arabes et motive le travail des élevages reste le show. L'arabe étant utilisé en France comme améliorateur de races, les éleveurs accordent en effet beaucoup d'importance au modèle. Dans ces épreuves, les chevaux sont présentés par leur éleveur, en main et toiletté. Les juges vérifient leur conformité au standard. L'épreuve la plus importante après le championnat de France de Pompadour est le championnat du monde qui se déroule au Salon du cheval de Paris.

De nombreux éleveurs reprochent généralement à cette discipline de privilégier l'esthétique du cheval par rapport aux qualités que pourrait lui demander un utilisateur, la sélection en vue de ces épreuves ayant tendance à favoriser l'esthétique ainsi que les attitudes de présentation. Pour répondre à cette critique, les organisateurs ont récemment mis en place des épreuves montées où l'on juge aussi les qualités sous la selle des chevaux présentés.

LE SELLE FRANÇAIS

◆ Origine historique

Les derniers régiments de cavalerie datent de 1940. Leur remonte était principalement issue de demi-sang. Ces chevaux étaient désignés par leur région : le charolais, le vendéen, le normand... Dans les veines du selle français coule du sang d'origines diverses allant des juments autochtones au pur-sang anglais (young rattler, snap normand) et au trotteur norfolk. Auparavant, l'élevage français fut mis à mal par la guerre : jumenterie disséminée ou détruite, débouchés commerciaux inexistants. Si le haras de Cluny développe l'élevage des APQS (Autre que pur-sang) qui trouvent leur voie à l'occasion des courses d'obstacles, les Normands s'orientent vers les concours hippiques, surtout les concours de saut d'obstacles de jeunes chevaux âgés de 4 ans ; ceux-ci permettent de mettre en valeur les produits de l'élevage, et une pépinière de cavaliers-éleveurs se jettera dans le bain... Les Normands, conscients de l'importance de leur élevage, créent un stud-book (poulinières en 1955 et 1959, étalon en 1956). En 1958, les Haras nationaux créent le stud-book du cheval de selle français. Dès 1960, le selle français prend de plus en plus d'importance. L'élevage normand est encore présent, mais certaines régions commencent à lui faire concurrence (Vendée, Ain, etc.). La sélection avec pour objectif l'obstacle a pour effet d'augmenter la taille des chevaux (trois types distincts sont présents : petits moyens, grands lourds et grands moyens). Le selle français possède actuellement un nombre important de reproducteurs. On observe depuis une dizaine d'années une stabilisation globale de la race. L'appellation selle français est finalement plus un label qu'une race, puisqu'un grand nombre de croisements sont possibles.

◆ Mode d'élevage

Étalons anglo-arabes, pur-sang anglais et arabes, trotteurs français participent à l'élaboration de la race. Toutefois, le croisement entre selle français peut se faire actuellement, grâce à une grande diversité des origines, entre des produits dotés de sang, d'énergie et de distinction. Le nombre des étalons selle français a triplé en une dizaine d'années. Cette augmentation ne retire rien des apports du pur-sang anglais ou anglo-arabe ou trotteur français : Flambeau, Idéal de Haye ou Krichna III en sont des exemples frappants. Réparti sur tout le territoire, le selle français est omniprésent au sein des Haras nationaux, avec près de 210 étalons nationaux. Cette race phare de l'élevage français acquiert aussi une grande notoriété sur le plan international grâce à la qualité de ses reproducteurs.

ORIGINE GÉOGRAPHIQUE
Le berceau de la race du selle français est la Normandie.

STANDARD
Taille : 1,55 à 1,75 m.
Robe : alezane, baie, bai sombre, grise ou aubère.
Tête : moyenne, bien attachée ; oreilles longues ; encolure longue et bien attachée.
Corps : garrot long et saillant ; épaules longues et inclinées ; croupe longue et légèrement oblique ; membres solides et musclés

◆ Utilisation

Sélectionné en vue de compétitions hippiques, le selle français est devenu performant. Le succès des chevaux français lors des rencontres internationales le prouve : champion du monde par équipe, en individuel, champion olympique. Équilibre, cadre, modèle, allure, le selle français est une race suffisamment vaste et variée sur le plan génétique pour produire des sujets aptes aussi bien au dressage qu'au concours hippique. Roi du concours complet, le selle français défend les couleurs de la France. Comme en dressage, plus de 2 000 chevaux participent à la discipline, soit environ la moitié des races présentes en compétition. Même constat en courses de steeple-chase, où environ 1 200 selle français sont sur le terrain. Enfin, plus de 19 000 selles français participent à des concours de saut d'obstacles.

LE KWPN

◆ Origine historique

Le KWPN (Koninklijk Warmbloed Paard Nederland) est un véritable cheval de sport. Dans ses veines coule le sang des anciennes races néerlandaises : les chevaux du Gelderland et de la Groningue. Il a été amélioré pour les besoins des sports équestres avec l'apport du holstein, du trakehner, du hanovrien et du selle français. Le KWPW fait maintenant partie des valeurs sûres des sports équestres avec de grands champions comme Hickstead et Kannan en CSO, ou Totilas et Valegro en dressage.

Origine géographique
Ce cheval est originaire des Pays-Bas.

Standard
Taille : de 1,60 à 1,75 m.
Robe : bai, bai-brun, alezan, noir, gris.
Tête : profil rectiligne ; expression intelligente et vive ; oreilles bien dressées et mobiles.
Corps : encolure sortie et bien musclée ; garrot prononcé, dos court et arrière-main puissante ; épaules obliques, poitrine profonde ; osseux, articulations plates et canons courts.

◆ Mode d'élevage

La sélection de la race s'effectue sous la houlette d'un organisme d'élevage, le stud-book royal néerlandais de chevaux de demi-sang. Il surveille et maintient la qualité des animaux destinés en particulier à l'obstacle, au dressage et à l'attelage. Cette sélection est l'une des plus rigoureuses au monde.

Les exigences passent par une sélection des étalons classés en fonction de leurs modèles, inspectés plusieurs fois au cours de leur vie et de leurs performances sportives. Un cheval peut devenir reproducteur à tout âge, mais il peut également perdre ce statut.

◆ Utilisation

Ses qualités de cheval de sport lui ont permis de s'implanter dans le monde entier. Le KWPN représente le plus grand stud-book mondial de chevaux de sport.

LES CHEVAUX DE TRAIT

L'ARDENNAIS

◆ Origine historique

Son prime aïeul serait né à l'époque de Solutré, sur un plateau schisteux au climat rigoureux. Ensuite, l'ardennais aurait servi aux troupes romaines de Jules César pendant la guerre des Gaules, ainsi qu'aux troupes napoléoniennes. À cette époque, Napoléon, en apportant du pur-sang arabe, favorisa le fond et la résistance. Cette race fut également utilisée dans l'artillerie pendant la Première Guerre mondiale.

Ce petit cheval de trait était aussi employé à des fins agricoles en moyenne montagne : débardage, maraîchage, entretien des vignes...

Origine géographique

L'ardennais tire son nom... des Ardennes ! L'extension géographique de cette race ne se cantonne pas uniquement à cette région, mais s'étend plus exactement au quart nord-est de la France : Ardennes belges et françaises, Jura, Lorraine, en passant par le Bassin parisien.

Standard

Taille : 1,54 à 1,62 m.
Robe : la plupart des robes (la baie est la plus courante), excepté le noir.
Tête : profil rectiligne ou camus ; petites oreilles ; naseaux larges et ouverts ; front plat.
Corps : poitrine large et profonde ; encolure moyenne bien greffée ; épaules inclinées ; reins courts ; dos large.

◆ Mode d'élevage

Cheval du terroir, l'ardennais possède un stud-book depuis 1908, qui gère l'ensemble de la race. La plupart des sujets se situent dans le quart nord-est de la France, bien que quelques éleveurs, hors berceau, élèvent des ardennais. L'élevage de plein air est préconisé pour cette race rustique habituée aux conditions climatiques de moyenne montagne.

◆ Utilisation

La chute du prix de la viande a réorienté les activités liées au cheval de trait. L'agriculture utilise encore, pour des travaux précis, le cheval de trait, et l'ardennais y trouve une place prépondérante.

Son modèle compact et solide (morphologie actuelle) convient aux travaux agricoles d'aujourd'hui (maraîchage, désherbage) et en fait un bon cheval de loisirs. L'attelage, discipline de loisirs en plein essor, peut se faire soit en roulotte, soit en chariot bâché et convient fort bien à l'ardennais. Il existe aussi des courses de traîneaux, nommées trait-tract, où les chevaux lourds s'affrontent sur des hippodromes. Énergique et actif, l'ardennais est pourtant doté d'un tempérament tranquille.

Les années 1990 voient apparaître des parcours de régularité et d'endurance destinés à sauvegarder le cheval de trait. Les fameuses Routes rehaussent la popularité de l'obéissant et maniable ardennais, placé sous la tutelle de l'Union des éleveurs de chevaux de la race ardennaise.

LE BOULONNAIS

◆ Origine historique

Lors de la conquête de la Gaule par César, le boulonnais a reçu un apport de sangs différents : arabe, mecklembourgeois, andalou... Aux XIe et XIIe siècles, il est mâtiné de sang oriental, andalou, mecklembourgeois puis des robustes et imposants destriers du Brabant et de la Flandre. Dès 1589, la vogue des courses de Saint-Omer au mois de mai le rend populaire. Dès le XVIIe siècle, la race possède l'appellation boulonnais. Elle a connu son heure de gloire au XIXe siècle, lorsqu'il fallait livrer en une nuit la marée de Boulogne à Paris (d'où la présence de l'ancre dans sa marque) par n'importe quel temps : la robe blanche fut alors privilégiée pour sa visibilité. Les courses de relais actuelles, à l'image de la Route du Poisson, retracent cette époque faste. Juin 1886 marque l'apparition de son livre généalogique, placé dès 1902 sous la tutelle du SHB qui enregistre alors 6 000 éleveurs et 600 000 chevaux !

Cheval de transport au trot énergique, le boulonnais a servi l'agriculture et les forêts. Les deux guerres mondiales ont mis à mal cette race : réquisition des chevaux, plus de reproducteurs... À la fin de la Première Guerre mondiale, une ordonnance départementale interdit l'exportation de tout boulonnais. Le cheptel se reconstitua peu à peu... La Seconde Guerre mondiale réquisitionna de nouveau ces chevaux : envoi de matériel en Allemagne, en France et sur les différents fronts. La plupart des chevaux de trait furent mis à la disposition des militaires. L'effectif du boulonnais a considérablement chuté depuis le XIXe siècle. Menacé de disparition, il ne représente plus que 3 % de l'effectif des chevaux de trait. Grâce aux Haras nationaux, détenteurs et garants des races de chevaux de trait, le boulonnais a échappé à l'oubli. Il bénéficie depuis 1975 d'une relance de son élevage.

Origine géographique

L'élevage du boulonnais concerne cinq départements : le Pas-de-Calais, le Nord, la Somme, la Seine-Maritime et l'Oise. Les propriétaires se concentrent à 95 % sur les terres de la circonscription du haras de Compiègne.

Standard

Taille : deux types de boulonnais : le petit boulonnais : 1,55 à 1,60 m ; le grand boulonnais : 1,60 à 1,70 m.
Robe : grise, du gris très blanc au gris pommelé, pommelé bleu, alezane, gris fer, truitée, grise, étourneau, noire ou pommelée, rouanne.
Tête : petite et carrée ; profil camus ; œil vif et fier ; oreilles petites et mobiles
Corps : encolure nouée, épaisse et musclée ; tissu d'une grande finesse ; poitrail large ; dos droit ; croupe légèrement oblique.

◆ Mode d'élevage

Comme beaucoup de races de trait, le boulonnais est élevé en plein air. Les saillies s'effectuent principalement en liberté, les étalons nationaux faisant seuls exception à la règle.

◆ Utilisation

Énergique, tonique, actif, le boulonnais est un remarquable cheval de trait. De plus, l'influence du sang arabe lui confère une résistance et une endurance tout à fait remarquables.

Si la viande de boucherie est un débouché pour l'élevage de cette race, bien que ce secteur connaisse des problèmes, tels que la mévente de la viande et la chute des cours, le développement des loisirs attelés permet au boulonnais de retrouver des airs de jeunesse, ce dont il a bien besoin, dans la mesure où les effectifs tendent à se réduire, impliquant des problèmes de consanguinité. Ce cheval précoce à 2 ans, maniable et confortable grâce à son dos très porteur, est apprécié des meneurs et des cavaliers confirmés. Au travail, il occupe des fonctions variées, allant de l'entretien des villes au tourisme villageois.

LE BRETON

◆ Origine historique

L'influence des croisades n'a pas épargné le cheval breton. À l'origine de la race se trouve le bidet breton : il s'agit d'un petit cheval issu de croisements entre des juments autochtones et des chevaux arabes. Au fil des années, deux catégories de modèles se distinguent : le sommier, cheval du nord de la Bretagne destiné à la culture et au bât, et le roussin, issu du bidet de Briec, au modèle plus fin et plus svelte. Étalons danois, hongrois, gueldres, espagnols, normands, furent importés afin de modifier les modèles ; en vain, car l'apport de sang percheron et ardennais ne pouvait convenir auprès d'une jumenterie à la taille réduite. Seuls les étalons norfolk contribuèrent à donner au cheval breton ses véritables lettres de noblesse (notamment avec le postier breton). L'apport de ces sangs si différents entraîna donc la création de trois types de chevaux : le petit trait breton, le trait breton et le postier breton. Descendant de l'armoricain, il prend racine au cœur des fiefs bretons, d'après la légendaire venue des Celtes à dos de ce destrier.

◆ Mode d'élevage

Le breton est la race de chevaux de trait dont l'effectif est parmi les plus importants, avec un fort déséquilibre entre l'effectif du berceau d'origine et celui des autres régions : plus de 50 % des étalons vivent hors de Bretagne ; cela pose un problème de perte génétique, dans la mesure où seuls les poulains nés dans le berceau sont inscrits au livre A. Fondé en 1909, le livre généalogique de la race est tenu par le Syndicat des éleveurs du cheval breton. Les animaux sont marqués d'une hermine, emblème de la Bretagne, sur le côté gauche de l'encolure. Régionalistes, les Bretons le sont, notamment avec leur race de chevaux – à juste titre –, et aussi les concours d'élevage. Les foires encore nombreuses sont toujours des spectacles vivants et fréquentés.

Origine géographique

Le berceau de race du cheval breton comprend six départements : Côtes-d'Armor, Finistère, Ille-et-Vilaine, Loire-Atlantique, Morbihan, Maine-et-Loire. Toutefois, de petites unités d'élevage résident également dans le giron du Massif central, des Pyrénées et du Sud-Ouest.

Standard

Taille : petit trait breton : 1,45 à 1,54 m ; trait breton : 1,60 à 1,70 m ; postier breton : 1,60 à 1,70 m.
Robe : alezane, baie, grise, rouanne ou aubère.
Tête : carrée.
Corps : encolure rouée ; garrot fort ; dos et reins larges ; épaules longues et musclées.

◆ Utilisation

Le breton fait partie des valeurs sûres en matière de traction animale. Chariot bâché, roulotte, mais aussi maraîchage lui conviennent. Voici une race qui trouve encore une place au sein de l'agriculture bretonne : culture des artichauts et des pommes de terre, ainsi que ramassage du goémon en pays bigouden. Compétition d'attelage, voltige, travaux de cour et d'écurie, entretien des espaces verts, figurant dans les fêtes de pays ou spectacles parisiens, il expose ses talents à de multiples occasions.

LE COMTOIS

◆ Origine historique

Le comtois descendrait d'une variété allemande ayant été introduite par les Burgondes au IVe siècle dans la montagne du Doubs, aux confins de la Suisse. À la suite de l'occupation espagnole, il reçoit des apports de sang oriental, qui lui confèrent une certaine distinction. En 1554, il est mélangé, dans le comté de Bourgogne, aux chevaux venant du Saint-Empire romain germanique après l'invasion de Charles Quint. Améliorateur de lignées, il est aussi employé sur tous les fronts sous le règne de Louis XIV, du Consulat jusqu'au Second Empire. Longtemps utilisé dans la cavalerie et l'artillerie, le comtois a reçu au XIXe siècle d'importants apports de sang étranger : normand, boulonnais, percheron et ardennais. Au début du XXe siècle, la sélection s'effectue dans l'indigénat. Et, en 1905, un petit étalon ardennais de Lorraine lui insuffle davantage d'ampleur et de puissance. En 1850, son image souffre de croisements variés peu judicieux. Le cheval de trait rustique, léger et adapté aux conditions de vie en montagne, tend alors à devenir homogène. Sa population ne cesse de s'accroître. En 1919, les éleveurs de Franche-Comté fondent le Syndicat d'élevage et le stud-book du cheval comtois. Dès les années 1970, en liberté, monté ou attelé, le comtois gagne en popularité.

◆ Mode d'élevage

Grâce à son aspect rustique, le comtois a obtenu les suffrages de bon nombre d'éleveurs hors berceau (Doubs, Jura, Massif central, Pyrénées...).

Les zones défavorisées ne le gênent aucunement pour se reproduire, c'est pourquoi il est couramment utilisé dans des élevages de plein air intégral.

Son taux de fécondité est excellent. Le poulinage de ces chevaux à la taille moyenne se passe le plus facilement.

◆ Utilisation

Le comtois fait partie des races en vogue. Malgré quelques signes d'alourdissement (pour la viande), son type actuel se rapproche de plus en plus du type originel.

Les utilisateurs apprécient cette race qui se montre agile et maniable, notamment si le travail (débardage, attelage de loisirs, chariot de randonnée...) s'effectue sur des terrains pentus. Facile à dresser, discipliné, le comtois est apprécié pour assurer la voltige dans les centres équestres. Endurant et brave, il contribue à l'équilibre des zones rurales (travaux de fenaison ou dans les vignes...). En compétition, ses allures soutenues et ses réactions rapides plaisent aux meneurs.

Origine géographique

Depuis longtemps, la Franche-Comté et le Haut-Jura ont été le berceau d'une race de chevaux de trait rustiques et résistants. Le comtois est issu de cette région.

Standard

Taille : 1,50 à 1,65 m au garrot.
Robe : alezane, baie ou cuir lavé.
Tête : carrée ; œil vif.
Corps : encolure droite et musclée ; garrot bien sorti ; poitrail large ; poitrine profonde ; reins droits ; dos soutenu ; croupe large et oblique.

LES RACES DE PONEYS LES PLUS COURANTES

LE SHETLAND

◆ Origine historique

Au fil des siècles, le poney shetland s'est adapté à ces îles : une alimentation pauvre et rare en a fait un modèle réduit doté d'un certain nombre de qualités. Dès le Moyen Âge, une sculpture célèbre (la Pierre de Bressay) représente un moine chevauchant un poney.

Terre hostile au climat difficile, les îles Shetland ont forgé un poney doté d'une grande résistance physique, c'est pourquoi son utilisation première fut de transporter des galettes de tourbe séchée dans des paniers d'osier, qui servaient de combustible. Le shetland a longtemps servi à tirer des wagonnets de charbon dans les mines. L'extraction, difficile, obligeait les mineurs à creuser des galeries étroites, basses et tortueuses, d'où l'efficacité des poneys. Un propriétaire de mines du comté de Durham commença alors à sélectionner juments et étalons destinés à la reproduction ; cet élevage est à l'origine des grandes lignées actuelles.

Origine géographique

Originaire des îles Shetland, situées à l'extrême nord de l'Écosse, battues par les vents et les marées de la mer du Nord.

Standard

Taille : 0,90 à 1,07 m au garrot.
Robe : toutes les robes sont admises.
Tête : bien ciselée, front large ; oreilles petites et bien découpées ; chanfrein plutôt rectiligne ; naseaux larges et très ouverts ; yeux grands et proéminents.
Corps : crinière et toupet abondants ; garrot large et bien développé ; épaules obliques et longues ; poitrail large, profond, passage de sangle bien dessiné ; croupe arrondie, double peu inclinée et de même hauteur que le garrot ; membres puissants et musclés ; avant-bras larges et puissants ; genoux près de terre larges et épais ; canons courts, secs avec une forte ossature ; jarrets bas et larges, bien dirigés.

◆ Mode d'élevage

Dès 1890, les éleveurs ouvrent le premier stud-book. Depuis, les shetlands ont conquis le monde, grâce notamment à l'essor de l'équitation sur poney (Pays-Bas, Belgique, Allemagne, États-Unis, etc.). En France, le poney shetland est principalement élevé au grand air. Il est peu sujet aux maladies, et les juments poulinent souvent seules. Se contentant d'une herbe rare, le shetland a tendance à devenir « obèse » là où la nourriture lui est fournie à profusion. Il souffre souvent de fourbure, causée par les excès alimentaires ! La gestion de son élevage est organisée par l'Association française du poney shetland, qui tient le stud-book et organise les concours.

◆ Utilisation

Le poney shetland est la monture des enfants, aussi bien pour l'initiation que pour la compétition, celles-ci comportant le saut d'obstacles, le dressage et le cross. Il excelle aussi lors des concours d'attelage, rivalisant de précision et de maniabilité avec les autres concurrents. Puissant et énergique, le shetland n'est pas un « jouet en fourrure » mais bien un poney capable des performances les plus méritoires.

LE DARTMOOR

◆ Origine historique

Race ancienne, le dartmoor vit depuis plusieurs siècles sur ces landes désertes… Un terrain difficile, un climat rude, ainsi que des croisements avec des poneys shetland ont permis de fixer la taille. Le dartmoor, affiné par l'apport de sang welsh et pur-sang anglais, a servi de poney d'attelage et de monte (déplacements rapides) pendant plusieurs siècles. Il servit de poney de trait, transportant l'étain depuis les montagnes de Cornish jusqu'aux Stanwakies… Cependant, les mines fermèrent et les poneys furent lâchés dans leur berceau de race ou récupérés dans les fermes.

◆ Mode d'élevage

Depuis 1889, la Dartmoor Pony Society veille à la gestion de la race : sélection des étalons, des juments, organisations des concours. Un étalon noir nommé Leat, né en 1918, eut une grande influence sur la race, ainsi qu'un pur-sang arabe nommé Dwarka. Cette société veille notamment à contrôler l'apport de sang welsh et autres races anglaises dans le dartmoor, contribuant donc à surveiller la sélection des riding poney : cela signifie que le livre généalogique est encore ouvert, permettant d'éviter les problèmes de consanguinité tout en apportant du sang neuf chez une population de poneys encore importante en Grande-Bretagne. Peu de dartmoor vivent maintenant dans les landes. En France, l'élevage du dartmoor n'atteint pas la même dimension qu'en Grande-Bretagne ; les poneys proviennent principalement de l'Ouest et du Nord. Créée en 1969, l'Association française du poney dartmoor possède un potentiel important de poneys.

◆ Utilisation

Le poney dartmoor fait ses classes lors des compétitions équestres : CSO, CCE et dressage. Sa douceur de caractère fait qu'il convient parfaitement aux enfants. Poney d'attelage, il ne manque pas de briller, comme lorsqu'il est entre les mains du meneur français Emmanuel Vantroys, lors des compétitions d'attelage.

Origine géographique

Au sud-ouest du Devon, en Grande-Bretagne, il existe des monts, plateaux et marais constitués de tourbe et de bruyère : le poney dartmoor est originaire de cette région. Dart, qui signifie « flèche », est le nom de la rivière principale et Moor se traduit par le mot « lande ».

Standard

Taille : hauteur maximale de 1,27 m au garrot.
Robe : bai brun, baie, gris alezan et quelquefois rouanne. Toutes les robes sont acceptées sauf pie ; marques blanches tolérées en petit nombre.
Tête : petite, large, bien typée, petites oreilles, grands yeux.
Corps : dos, arrière-main et croupe très musclés ; membres à forte ossature ; queue fournie et haut placée ; allures carrées et énergiques.

LE PONEY FRANÇAIS DE SELLE

Origine géographique
Même si cette race paraît récente, on peut lui trouver des origines anciennes dans l'ouest de la France : Bretagne, Normandie et Mayenne.

Standard
Taille : 1,24 à 1,47 m.
Robe : toutes sont admises.
Tête : petite, profil rectiligne.
Corps : encolure longue ; garrot proéminent ; croupe horizontale ; épaules longues et inclinées ; membres solides.

◆ Origine historique

À l'origine, il s'agissait d'un petit cheval qui servait à transporter le lait de ferme en ferme. Sa taille n'atteignait pas 1,30 m. Pour obtenir une taille convenable et des aptitudes à l'obstacle, les haras autorisèrent des croisements avec des étalons connemara, welsh, new-forest et arabes, landais, pottock et dartmoor.

Poney de sport avant tout, le poney français de selle est le petit frère du selle français. Son homogénéité n'est pas encore constante, mais son efficacité a été prouvée sur les terrains de concours.

◆ Mode d'élevage

En 1969, l'Association nationale du poney français de selle est créée et établit le stud-book de la race reconnue par le ministère de l'Agriculture.

Élevé au grand air, le poney français de selle se rencontre dans toute la France. Des éleveurs privés possédant des poneys new-forest, welsh ou connemara ont orienté leur élevage pour les besoins d'un marché sans cesse grandissant. Ils cherchent à répondre à la demande des poney-clubs, des propriétaires orientés vers les poneys de sport. Ceux-ci peuvent atteindre des prix élevés si leurs aptitudes sportives leur permettent de se hisser à un haut niveau de compétition.

◆ Utilisation

L'objectif des Haras nationaux est de produire des poneys de sport ayant des aptitudes au saut d'obstacles, au concours complet et au dressage. Leurs atouts : aucun problème de consanguinité et une diversité de robe ne gênant en rien la sélection. En outre, poneys rustiques et sereins, l'attelage et la randonnée leur conviennent assez bien.

LE CONNEMARA

Origine géographique

Le Connemara est une région située à l'extrême ouest de l'Irlande ; au sud se trouve la baie de Galway, à l'est les lacs Corrib et Mach. Lacs, montagnes, tourbières constituent un sol acide et calcaire ; vents et tempêtes provenant de l'Atlantique produisent un climat doux et humide.

Standard

Taille : 1,30 à 1,47 m.
Robe : grise, baie, bai sombre, noire ou isabelle, toutes sauf pie.
Tête : légèrement camuse.
Corps : encolure moyennement longue ; garrot relevé ; épaules inclinées ; croupe horizontale.

◆ Origine historique

Le connemara doit son nom à la région occidentale de l'Irlande dont il est originaire. Quatre siècles avant J.-C., les Celtes s'installèrent en Islande, d'où une similitude avec des poneys scandinaves. Soit par l'intermédiaire du désastre de l'Invincible Armada, soit par les liaisons commerciales entretenues avec l'Espagne, le connemara vient aussi de l'arabe, du barbe et de l'andalou. On peut également songer aux étalons gallois introduits dès 1891. Cependant, selon certains auteurs, l'histoire des souches de la race apparaît légèrement confuse. Certains soutiennent une version discutable : au XVe siècle, à Galway, des marchands fortunés perdent quelques chevaux de sang en cours de route. Ces derniers, échappés, vont se croiser avec des chevaux indigènes et façonner le poney irlandais. Ce qui est certain, c'est qu'à la fin du XIXe siècle il n'est plus question de le croiser avec n'importe quelle autre race. Seuls dérogent à cette règle des hackney, des demi-sang, des cobs, des étalons welsh. Pourtant, au début du XXe siècle, le Connemara voit son cheptel diminuer dangereusement. Afin de sauvegarder et de stabiliser sa race, la Connemara Pony Breeders Society est créée en 1923 en Irlande. Son livre généalogique datant de 1904 est revu et corrigé en 1926. Deux décennies plus tard sera fondée l'Association anglaise du poney connemara, en 1947, en Angleterre. Utilisé pour les travaux agricoles, le poney connemara a acquis sa notoriété lors des fameuses chasses à courre au renard, où les obstacles nombreux et variés (murets, troncs d'arbres, dépressions du terrain et fossés) ne lui posent pas de problèmes en raison de son pied assuré et de ses aptitudes naturelles pour le saut.

◆ Mode d'élevage

Aimant la vie au grand air, le poney connemara s'adapte à toutes les conditions climatiques. Très tardif, il ne doit pas être débourré avant la fin de sa troisième année de croissance. Croisé avec du pur-sang, il peut engendrer de fameux produits de sports équestres (CSO, polo, chasse à courre), rapides et habiles. En France, son élevage se répartit de façon égale sur l'ensemble du territoire : sa population est l'une des plus nombreuses. Sa gestion est organisée par l'Association française du poney connemara. De nos jours, plus de 8 000 sujets sont enregistrés au stud-book. Une belle percée depuis son introduction dans l'Hexagone, à la fin des années 1960.

◆ Utilisation

Monture très polyvalente, le connemara excelle aussi bien en compétition de saut d'obstacles qu'en attelage. Intelligent, docile et vigoureux, il convient aux enfants comme aux adultes. Grâce à ses allures souples et amples, il montre de réelles aptitudes dans le dressage, réussissant à se classer brillamment au sein d'épreuves internationales.

LE NEW-FOREST

◆ Origine historique

Le New Forest, constitué de 26 000 ha de terrains, formé jadis pour devenir un territoire de chasse de Guillaume le Conquérant, existe depuis plus d'un millénaire. Trois mille poneys, surnommés les forestiers, y vivent en liberté totale.

Cette région auparavant boisée ressemble actuellement plus à un maquis qu'à une forêt, la reine Élisabeth ayant jadis fait abattre une partie des arbres afin d'accroître le nombre de vaisseaux qui sont construits pour la marine anglaise.

Depuis l'époque des Vikings jusqu'aux dernières dynasties royales, la chasse à courre est restée le sport favori des souverains. Le poney new-forest est cité dans les écrits de l'époque (1016), au même titre que les cerfs, les vaches, etc. Race autochtone, le new-forest a bénéficié d'apports variés de sang : pur-sang arabe, dartmoor, exmoor, welsh... Il aura fallu un demi-siècle pour que la race se stabilise de nouveau après ces différents apports.

◆ Mode d'élevage

Habitué à vivre au grand air, le new-forest fait partie des races rustiques. La recherche de la nourriture, le sol incertain (buissons, tourbières...) ont façonné un poney de caractère facile, doté d'une grande sûreté de pied. À la fin du XIXe siècle, le contrôle des étalons s'effectuait par l'intermédiaire des gardes forestiers : marquage des poneys, recensement des naissances et de la mortalité. Le poney new-forest se développa hors de son berceau de race, grâce notamment à l'essor du poney de loisirs et de sport. En 1910, les premiers sujets sont recueillis au sein d'un stud-book et, depuis, cette race n'a cessé de s'étendre en Europe et dans le monde. En 1938, les deux associations anglaises de tutelle s'unissent pour instituer The New-Forest Pony Breeding and Cattle Society. En France, la gestion de la race est organisée par l'Association française du poney new-forest. Le poney new-forest est présent dans de nombreux poney-clubs pratiquant la compétition. Bien que concurrencé par le connemara ou par le poney français de selle, le new-forest fait encore partie des valeurs sûres de la compétition pour les jeunes cavaliers.

◆ Utilisation

La randonnée, la chasse et le polo sont des activités équestres pleinement à sa mesure.

ORIGINE GÉOGRAPHIQUE

Le New Forest, région s'étendant de Southampton à la rivière Avon, était le terrain privilégié des chasses à courre des souverains de Grande-Bretagne. Herbes dures, bruyères, landes et tourbières composent ce paysage vallonné.

STANDARD

Taille : 1,22 à 1,44 m.
Robe : toutes sont acceptées, à l'exception de la robe pie ; marques blanches autorisées sur la tête et les membres.
Tête : proportionnée ; front large.
Corps : encolure pas trop large et musclée ; garrot proéminent ; croupe ample et oblique ; membres solides, musclés et fins.

LE LANDAIS

Origine géographique
Le poney landais tire son nom d'une région de plaine, de bois et de marécages située au sud de Bordeaux.

Standard
Taille : 1,35 m au maximum.
Robe : baie, bai sombre, noire ou alezane.
Tête : petite, profil rectiligne, front ample, grands yeux écartés ; encolure longue.
Corps : garrot relevé ; dos court et large ; croupe courte et oblique ; épaules inclinées ; membres solides.

◆ Origine historique

Le poney landais d'aujourd'hui est le résultat d'un mariage entre deux races : le poney des Landes et le poney des Barthes. Ce dernier, originaire des immenses marécages de l'Adour (en amont et en aval de Dax), grâce à des pâtures plus riches, était de plus grande taille que le poney landais qui, lui, se contentait de bruyères, de sous-bois et de fougères.

Nettoyant les sous-bois, transportant le lait de ferme en ferme, servant de support au canon du fusil de chasse posé sur son dos lors des chasses au canard, le poney landais, de par son modèle et son utilisation, a subi l'influence des invasions et des échanges avec l'Espagne, pays voisin : pur-sang arabe, anglo-arabe, barbe... Ces différents apports de sang ont façonné le modèle actuel.

◆ Mode d'élevage

Les marécages de Saubusse et de Rivière accueillent encore ces fameux poneys landais, qui vivent au rythme des crues de l'Adour.

La notoriété du poney landais a maintenant dépassé le sud-ouest de la France, et son élevage se répartit sur tout le pays. La gestion de l'élevage est organisée par l'Association française du poney landais.

◆ Utilisation

L'influence arabe qu'il a subie rend le poney landais élégant et actif. Il conquiert les premières places en compétition de saut d'obstacles, ainsi qu'en concours complet.

Il commence aussi à acquérir une certaine notoriété grâce aux courses de trot attelé, devenant ainsi le « petit frère » des trotteurs. En effet, ces poneys sont capables de trotter le kilomètre entre 1,34 et 1,46 min, soit le temps exigé pour des chevaux âgés de 2 ans...

Les hippodromes n'hésitent plus à organiser des courses de poneys trotteurs, devant la qualité du spectacle fourni par ces « petites bombes ». Cette activité orientée sur la course ne doit pas faire oublier ni sous-estimer les qualités premières de ce poney sportif, à savoir ses aptitudes pour la compétition équestre.

La plupart des poneys landais mis en valeur sur le plan sportif le sont grâce à des éleveurs et à des utilisateurs pour la plupart situés hors berceau ; cela a été notamment le cas de Jean Bacqué et de son étalon landais Jongleur, désormais célèbre pour ses prouesses en concours d'attelage et en endurance.

LE WELSH

◆ Origine historique

Descendant probablement des poneys celtiques qui vivaient à la Préhistoire, le welsh vivait en liberté sur un territoire accidenté et aux conditions climatiques difficiles. Il était utilisé pour les travaux des champs, les mines ou le gardiennage des troupeaux de moutons. À l'époque de Jules César, créateur d'un élevage au lac Bala, au pays de Galles, il aurait été amélioré grâce à des apports de sang oriental. Le XVIe siècle faillit lui être fatal : un édit ordonnait l'abattage de tous les animaux de moins de 1,52 m pour les mâles et de moins de 1,32 m pour les femelles... Le welsh ne doit sa survie qu'à une région d'accès difficile : il peut s'y réfugier... et éviter d'être menacé d'extinction. De nouveau, au cours du XIXe siècle, il est mâtiné de sang arabe et de pur-sang anglais.

Depuis, le poney welsh a évolué et même influencé de nombreuses races britanniques, américaines et européennes.

◆ Mode d'élevage

Créé en 1902, par la Welsh Pony and Cob Society, le stud-book du poney welsh comprend quatre sections.

Section A : le welsh moutain pony (poney gallois de montagne) a subi l'influence du cheval arabe ; certains disent de lui que c'est un arabe miniature... Exporté aux quatre coins de la planète, cet améliorateur de races est réputé être à la base des autres modèles welsh. Intelligent, fougueux, il demeure néanmoins un parfait poney de selle obéissant, solide et brave, qui plaît aux randonneurs. Jadis cheval de travail dans les cheptels de moutons, il est désormais une monture adaptée au sport, à la chasse et aux loisirs

Origine géographique
Le welsh est originaire du pays de Galles, en Grande-Bretagne.

Standard
Taille : Welsh Moutain Pony : 1,22 m ; Welsh Pony : 1,37 m ; Welsh Pony de type Cob : 1,37 m ; Welsh Cob : plus de 1,37 m.
Robe : toutes les couleurs sont admises, sauf pie.
Tête : petite ; chanfrein plus ou moins concave.
Corps : encolure nouée ; épaules obliques ; dos court ; croupe puissante ; membres secs et résistants.

grâce à sa résistance, à ses bonnes allures et à son caractère souple.

Section B : le welsh pony (poney gallois) est un peu plus grand que le précédent. Ses origines diffèrent quelque peu : on lui attribue du sang de hackney ainsi que du sang de pur-sang anglais de petite taille. Il est très présent dans les concours hippiques juniors en Grande-Bretagne.

Section C : le harnais léger lui convient, il séduit les amateurs de tourisme attelé. Le welsh pony de type cob (poney gallois de type cob) est plus trapu et plus robuste que celui de la section précédente ; du sang de hackney coule dans ses veines.

Section D : le welsh cob (cob gallois) ressemble à un véritable cheval ; hackney, andalou et norfolk roadster ont contribué à façonner cette race. Ce poney docile ne manque pas d'être vif, fougueux et courageux, sous la selle comme à l'attelage. Cette race est gérée en France par l'Association française du poney welsh, fondée en 1967.

◆ Utilisation

Excellente monture pour la selle, le welsh est doté de sang et d'énergie. Ses allures aériennes font de lui un poney de sport pour enfants, adolescents et adultes. L'attelage est aussi une discipline où il occupe souvent les premières places. Les meneurs néerlandais et allemands participent souvent avec des attelages à quatre de poneys welsh. Loin d'être faciles à mener, ces attelages plaisent au public par leur aspect spectaculaire : les poneys virevoltent, bondissent, se tortillent entre les obstacles, ce qui exige beaucoup de doigté de la part des meneurs.

Le welsh n'est donc pas uniquement la monture des enfants ; il peut devenir aussi le poney d'une famille.

LE POTTOK

◆ Origine historique

Comme la langue basque, qui reste encore un mystère, l'origine du pottok n'est pas véritablement fixée. Son isolement lui a laissé les mêmes caractéristiques que le cheval de Prjevalski. Effectivement, ses traces semblent présentes dans les peintures pariétales des grottes espagnoles (à Altamira) ou françaises (à Lascaux) ; ces dernières ont été réalisées entre – 15 000 et – 13 000 ans. D'autres lieux préhistoriques, tels Sare, Oxocelaya, Isturitz, recèlent des vestiges précieux et semblent montrer le pottock pâturant dans son berceau des montagnes basques à l'âge paléolithique. Si certains auteurs considèrent qu'il fait partie de la famille du cheval de Solutré, d'autres versions sont aussi avancées. Ainsi, il aurait survécu aux carnages commis par des chasseurs en s'abritant sur les hauteurs pyrénéennes. Ce poney vit en troupeau depuis ses origines : il ne connaît que la montagne où la lande et les fougères poussent à foison. Vivant entre 800 et 1 500 m d'altitude, subissant des variations climatiques importantes, le pottok est resté un poney rustique. Le pottok («statue réduite» en basque) a servi au transport de minerai jusqu'aux environs des années 1950 – trépassant souvent, aveugles, dans les galeries sombres – ainsi qu'à la contrebande dans les Pyrénées, entre l'Espagne et la France.

Son modèle à robe pie a bénéficié d'une meilleure destinée. Docile, intelligent et solide, le cirque ou l'attelage léger usent de ses services. Quant à son espèce originelle, elle épouse la forme d'un petit cheval primitif extrêmement solide et polyvalent. Au XIXe siècle, le pottok est métissé avec des étalons arabes et welsh B qui améliorent sa race. De ces

Origine géographique

Ce poney est originaire du Pays basque français, et plus précisément du massif de Rhune, dans les Pyrénées.

Standard

Taille : 1,15 à 1,47 m.
Robe : bai brun, bai brun tirant sur le noir, baie, alezane, pie noir, pie alezan ou pie bai.
Tête : fort, profil rectiligne.
Corps : encolure courte ; reins longs ; croupe légèrement inclinée ; membres secs et forts.

croisements intéressants, renouvelés d'ailleurs dès 1972 en vue d'obtenir un poney répondant aux exigences des disciplines équestres, trois types naissent : standard, double et pie. Le modèle d'origine, ce petit cheval de bât noir ou bai mesurant 1,10 à 1,30 m au garrot, n'est plus guère utilisé à présent. Il correspond à un genre de shetland léger. Le double se révèle de taille plus haute, toisant aux alentours de 124 à 144 cm. Il a prouvé ses capacités comme cheval de selle adapté à la montagne. En 1978, les qualificatifs de double pottok et pottok pie sont supprimés. Un fond de consanguinité et une sélection rigoureuse accordent la possibilité de fixer réellement cette race équine. Bien que la boucherie ne l'ait pas épargné, les pottoks étant chassé pour la viande, ils rencontrent un regain d'intérêt depuis une quinzaine d'années.

Aujourd'hui encore les énergies se mobilisent pour assurer l'avenir du pottok. Les Haras nationaux, en l'occurrence le haras de Pau Gelos, sont intervenus pour autoriser les croisements avec des étalons nationaux : arabes ou welsh, et certains éleveurs se sont lancés dans cette direction. Parallèlement depuis l'année 1995, les Haras nationaux ont lancé une grande opération de recensement afin d'identifier la majorité des effectifs de la race. Enfin, toujours dans le but de relancer la race, l'association du pottok encourage leur valorisation en proposant des poneys débourrés et dressés afin d'offrir aux centres équestres des poneys d'instruction.

◆ Mode d'élevage

En France, le pottok évolue dans la région basque des massifs de la Rhune, de l'Artzamendi, du Baïgoura et de l'Ursuya.

Le pottok connaît l'ivresse de la liberté. En effet, il passe une partie de son jeune âge en montagne. Ce mode d'élevage lui permet d'acquérir rusticité et sûreté de pied. Depuis 1971, date de création de l'Association nationale de la race, les éleveurs tentent de mettre en valeur ce poney doté de capacités physiques : sélection des étalons, des juments, suivi des troupeaux en montagne. Si le pottok est entre de bonnes mains, il reste malgré tout menacé par des conditions d'élevage réduites, les associations d'éleveurs de moutons faisant pression pour se réserver de plus en plus les pâturages disponibles. En 1993, l'Association des éleveurs de pottok de type originel voit le jour. Elle conserve sur sa réserve de Bidarray les pottoks de type originel.

◆ Utilisation

Poney très polyvalent, le pottok est une monture idéale pour les enfants ; plusieurs sujets ont brillé sur des terrains de concours, en saut d'obstacles et en concours complet (Maïtagaria, Quieta, Milan de Jantiard, Kuzko). Il est tout à fait possible de l'atteler ou de l'emmener en randonnée. Sa rusticité et sa résistance en font le compagnon par excellence de toute une famille.

LE HAFLINGER

◆ Origine historique

L'origine ancienne du poney haflinger ne fait aucun doute, en tant que petit cheval de trait habilité aux transports, bâté de marchandises. Ses racines primitives sont issues du cheval lourd des Alpes, natif du Tyrol méridional et des terres de Merano et de Bolzano. Élevé près du village de Hafling, dans les monts Etschland, il est mâtiné de sang d'étalons orientaux, norics et sans doute freiberger. Il y eut des croisements avec d'autres races, notamment avec un cheval de trait lourd autrichien : le noriker. La race prit définitivement son envol à la fin du XIXe siècle, lorsque l'étalon pur-sang arabe El Bedavi fut croisé avec des juments autochtones. Outre sa polyvalence, ses capacités sont spécialement appropriées au travail en haute montagne. Si les travaux forestiers ne le rebutent pas, cet équidé à l'étonnante longévité sait aussi se montrer vaillant sur les champs de bataille avant d'évoluer plus tard dans les activités équestres. L'empereur François-Joseph avait une monture haflinger au crépuscule de sa vie. En 1867, le Haras impérial austro-hongrois est démis de ses responsabilités. En 1904, le premier syndicat d'élevage est établi à Mölter, près de Hafling. De nos jours, grâce à des méthodes d'élevage rigoureuses (planification des saillies, étalons publics, sélections suivies...) et sous l'égide du ministère de l'Agriculture, le poney haflinger connaît un succès mondial.

◆ Mode d'élevage

En Autriche, le poney haflinger est principalement élevé au grand air, sous la haute surveillance du ministère de l'Agriculture. En France, sa répartition géographique est équilibrée dans l'ensemble de l'Hexagone. Les éleveurs possèdent en moyenne une à trois juments. Quelques élevages bénéficient de conditions similaires à celles rencontrées dans les montagnes autrichiennes (Gisbert Bölling dans la Drôme, ou Gérard Micheletto dans les Pyrénées). Gisbert Bölling est, par ailleurs, le spécialiste mondial reconnu du poney haflinger. Il a informatisé la généalogie des juments et des reproducteurs inscrits au stud-book. Il possède, notamment, deux superbes étalons importés d'Allemagne, très représentatifs du modèle « selle ». Il s'agit d'Ambassador et de Zilbersée. La gestion de l'élevage est organisée par l'Association française du poney haflinger. L'un des rôles de cette association est de mettre en place chaque automne une commission de visite d'élevages afin d'agréer ou non les poulains nés au printemps. L'étalon de première classe est marqué à l'aide d'un fer, reproduisant un edelweiss centré d'un H.

Origine géographique

Depuis le traité de Saint-Germain en 1919, le village nommé Hafling se situe en Italie. Il s'agit pourtant des Alpes du Tyrol, où la culture germanique prédomine.

Standard

Taille : 1,32 à 1,47 m.
Robe : alezan clair avec des crins blancs.
Tête : moyenne.
Corps : encolure puissante et bien attachée ; poitrine profonde ; dos long et large ; croupe inclinée ; membres charpentés.

◆ Utilisation

Le poney haflinger se distingue lors des compétitions d'attelage. Sa polyvalence en fait aussi un poney de randonnée, rustique et possédant un pied sûr. Il se remarque en voltige, en endurance et lors de compétitions de randonnée.

LE FJORD

◆ Origine historique

Le fjord, ce cheval scandinave habitué aux rigoureuses conditions climatiques, descend, semble-t-il, du tarpan et du cheval de Prjevalski. Ces lointains aïeuls russe et mongol lui ont sans doute légué cette robe isabelle, cette raie de mulet et ces zébrures aux membres. Depuis près de 2 000 ans, la Norvège connaît cette race de poneys, une des plus pures et des plus anciennes, qui rappelle de par son type et son caractère celle de ses ancêtres sauvages à l'époque glaciaire.

Le Viking, explorateur et envahisseur, utilisait le fjord comme monture de combat et comme moyen de transport et d'invasion. Il a influencé l'Europe (l'Islande, la Grande-Bretagne, la France...). Son cheptel se concentrait alors dans son pays de souche, au sud-ouest, en bordure de mer et dans la vallée du Gudbransdale. Au IXe siècle, certains de ses sujets émigrent en Islande, suivant le destin d'agriculteurs norvégiens qui échappent au despotisme de leur roi. Dans les contrées norvégiennes accidentées, il est surtout employé sous la selle ou comme animal de bât.

Dès le XVIe siècle, équidé costaud et infatigable carrossier, il est remarqué par les éleveurs danois qui importent 3 000 produits, dans les années 1900, destinés à la traction, avant de recenser 16 000 têtes en 1925. En 1869, la première exposition consacrée à sa race pure se déroule en Norvège. À partir des années 1950, ses élevages sont dispersés vers les Balkans, l'Allemagne, la Grande-Bretagne, la Suisse, la Belgique, les États-Unis et la France. En 1955, les Néerlandais fondent le Het Nederlandse Fjordenpaard Stammboek. Les associations protectrices danoise et française datent de 1969.

Résistant à toutes les tentations de croisements, de métissages, le poney fjord est pratiquement resté tel quel depuis des siècles : c'est ce qui fait sa force et son originalité. Le poney fjord aurait participé aux expéditions polaires de Perry et du célèbre Amundsen...

◆ Mode d'élevage

Si l'élevage du poney fjord est bien implanté en Belgique, en Allemagne, aux Pays-Bas et en France, dans son berceau de race, il est élevé en amateur par quelques Norvégiens. Il est d'ailleurs bon de noter qu'en Allemagne et en Norvège la taille moyenne du fjord est supérieure à celle des sujets français.

Bien implanté en Allemagne, le poney fjord connaît un grand succès. Du saut d'obstacles à la voltige, ce poney est apprécié des Allemands pour sa robe, sa rusticité et sa docilité.

En France, ce poney a longtemps été implanté en Alsace. Depuis quelques années, de nombreux élevages se sont constitués et se répartissent maintenant sur l'ensemble du territoire (Massif central, Val de Loire, Bordelais, Normandie...), contribuant à rendre cette race populaire.

Le poney fjord est marqué sur la cuisse droite (marque unique pour chaque sujet) et sur la cuisse gauche d'une lettre correspondant à l'année de sa naissance.

L'Association française du poney fjord s'occupe du stud-book, des concours d'élevage et des importations de poneys.

Origine géographique

Le fjord, ou fjording, est originaire de l'ouest de la Norvège.

Standard

Taille : 1,37 à 1,47 m.
Robe : isabelle avec une raie de mulet, des zébrures aux membres et des bandes cruciales au niveau du garrot.
Tête : petite avec des ganaches prononcées ; front ample ; oreilles petites et écartées.
Corps : encolure courte et large ; crins noirs et blancs souvent taillée en brosse ; garrot bas ; reins forts ; dos court ; croupe plutôt oblique ; épaules plutôt droites ; membres solides et secs.

◆ Utilisation

Souvent utilisé comme cheval de trait léger en Norvège, au Danemark et aux Pays-Bas, le poney fjord est la monture polyvalente par excellence. Sa douceur et son calme en font aussi bien un poney de randonnée qu'un poney d'attelage. Depuis plusieurs années, Pierre Nottin est champion de France d'attelage à quatre avec des poneys fjord. D'autres disciplines sont aussi familières à ce poney : la voltige (notamment au cirque), l'endurance, les jeux équestres. En outre, sa fonction est d'améliorer l'aptitude au travail d'autres races. Ainsi, croisé avec le huçul, il engendre le fjordhuçul, servant en sylviculture dans les Républiques tchèque et slovaque. Poney à tout faire, le fjord est aussi victime de son succès, dans la mesure où sa gentillesse ne doit pas faire oublier son besoin (en réalité une nécessité) d'être travaillé sous la selle. Si l'on dit que ce poney possède du caractère, c'est aussi parce que certains propriétaires, par manque d'expérience et de temps, ne montent pas assez souvent leurs chevaux. Doté de grandes qualités de cœur, le fjord n'hésite pas à se donner si la demande est formulée avec doigté et persévérance ; son caractère entier, son intelligence réelle et sa pugnacité font de lui un poney attachant et non dénué d'intérêt.

Le poney fjord est de toutes les aventures : trois femmes, sous la houlette de Marie-Pascale Rauzier, sont parties d'Oslo pour rejoindre le cap Nord, escortées de trois poneys fjord. De même, Christian et Sylvie Lille entreprirent un voyage à cheval, au cours duquel Sylvie Lille accoucha au Danemark... Ce troisième « aventurier » fut ramené en France dans un berceau fixé sur le dos d'une ponette fjord. Belle preuve de la douceur de caractère inhérente à cette race !

033
DU 23 AU 27 SEPTE
CHAMPIONNAT
FONTAINE
UROPE
OMPLET D'ÉQUITATIO

PRATIQUER L'ÉQUITATION

La selle doit être adaptée à la morphologie du cheval auquel elle est destinée.

L'ÉQUIPEMENT DU CHEVAL

Si le cavalier débutant possède rarement son propre matériel, il lui faut tout de même connaître l'utilité et les particularités des différentes pièces de harnachement. Il pourra plus tard se procurer son propre filet et sa propre selle, en gardant à l'esprit qu'ils ne seront pas nécessairement adaptés à tous les chevaux ni à toutes les disciplines qu'il pourra pratiquer.

Dans la plupart des clubs, chaque cheval a son équipement approprié, adapté à sa taille et à sa morphologie, ainsi qu'à son tempérament et au type de travail qu'on lui demande le plus fréquemment. Cet équipement comporte une selle, avec un tapis, des étrivières, des étriers et une sangle, un bridon (ou filet), complété d'un mors de taille et de modèle adaptés et éventuellement d'un enrênement. Des protections pour le dos (pad, amortisseur) ou pour les membres peuvent également faire partie de cet équipement de base qui sera aussi celui du cheval de propriétaire.

◆ La selle

Elle assure la bonne tenue à cheval du cavalier et lui procure la stabilité nécessaire. Elle doit en premier lieu être adaptée à la forme du cheval afin de lui être confortable et de ne pas risquer de le blesser. Il en existe de nombreux types, adaptés à toutes les disciplines équestres : selle de dressage aux quartiers longs et plats, d'obstacles, de polo, selle western, de randonnée, d'amazone... La plus commune est la selle dite « mixte », qui permet une utilisation universelle.

Son siège peut être plus ou moins creux et sa taille varie selon qu'elle est destinée à un enfant, à un adulte de moyenne ou de grande taille et à un cheval plus ou moins grand. De même, l'arçon autour duquel est fabriquée la selle peut être plus ou moins ouvert selon la morphologie du cheval. La matière traditionnelle est le cuir, mais on trouve de très bonnes selles synthétiques, qui ont l'avantage d'être faciles à entretenir.

Les étriers, en métal ou en matière plastique, sont attachés à la selle par

LES PARTIES DE LA SELLE

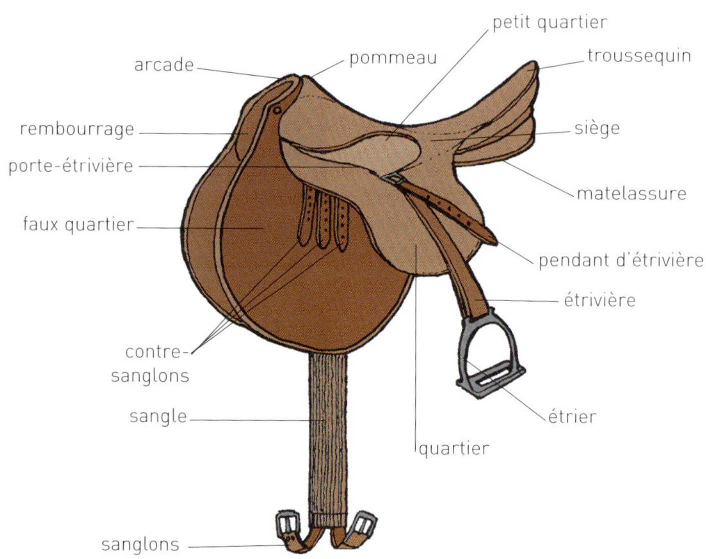

L'ajustement du filet est essentiel : la muserolle par exemple ne doit pas être trop serrée, ni le mors trop haut, comme ici.

des lanières de cuir ou en matière synthétique : les étrivières. Ces étriers permettent au cavalier de se mettre en équilibre et de soulager le dos du cheval dans certaines circonstances. Ils offrent, en outre, une meilleure stabilité en selle.

La selle est maintenue en place par une sangle qui passe autour des côtes du cheval. Cette sangle peut être en cuir, en coton ou en synthétique et il en existe différents modèles. Elle peut en outre être munie d'élastiques qui assouplissent son contact et permettent un meilleur confort respiratoire au cheval.

Un tapis de selle en coton, en mouton synthétique ou en feutre évite le frottement des pièces de harnachement risquant de causer des blessures. Il peut être complété d'un amortisseur en mousse ou en gel, soulageant le dos du cheval en cas de choc (retombée brutale du cavalier dans la selle). Un pad de garrot, glissé à l'avant de la selle, sous le pommeau, empêche un frottement et une pression trop importante sur cette zone sensible. Un fourreau de sangle limite les risques d'atteinte au niveau du passage de sangle.

LES PARTIES DE LA BRIDE

1. Têtière
2. Frontal
3. Montant de bride
4. Montant de filet
5. Muserolle
6. Sous-gorge
7. Mors de filet
8. Mors de bride
9. Gourmette
10. Fausse gourmette
11. Rêne de filet
12. Rêne de bride

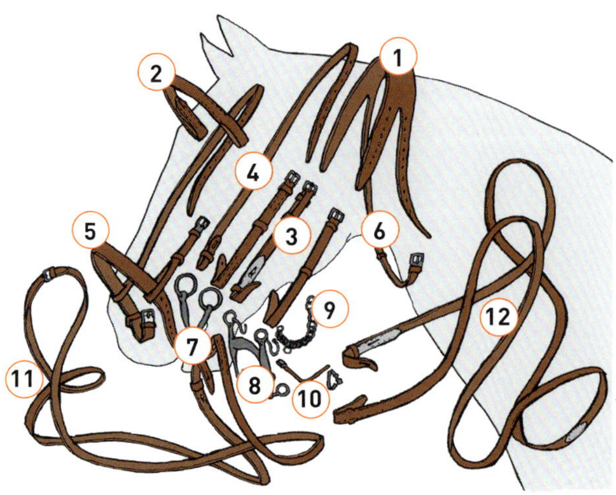

◆ La bride

Elle sert à guider le cheval par l'intermédiaire des rênes, reliées au mors qui passe dans la bouche du cheval. On distingue plusieurs types de brides et d'embouchures.

Le filet ou bridon ne comporte qu'un seul mors et une paire de rênes. Il convient à la plupart des chevaux et cavaliers, son action étant plus ou moins sévère selon le type d'embouchure employée.

Les mors simples, comportant deux anneaux munis ou non d'olives ou d'aiguilles, sont les plus doux. Ils peuvent être droits ou brisés. S'ils sont habituellement métalliques, leur canon peut néanmoins être recouvert de caoutchouc, de cuir ou de résine afin d'avoir un contact plus doux. Plus le canon est fin, plus le mors est sévère. Les mors munis de branches et complétés d'une gourmette en cuir ou en métal ont une action plus dure. Leur mouvement de balancier dans la bouche du cheval provoque le resserrement de la gourmette sous la barbe et l'appui du canon sur les barres. Ce sont eux que l'on utilise, en complément du mors de filet, pour composer une bride. Celle-ci comporte donc deux mors complémentaires et deux paires de rênes. Elle est principalement utilisée pour le dressage et ne convient qu'à des cavaliers et à des chevaux expérimentés.

On trouve aussi des brides sans mors ou hackamores. Il en existe divers modèles. Le plus doux est le bosal américain, qui se compose d'une sorte de grosse corde rigide qui passe autour du nez du cheval et bascule grâce au gros nœud qui relie les rênes sous l'auge. Les hackamores peuvent aussi comporter des branches en métal qui ont un effet de balancier, resserrant une sorte de muserolle autour du nez du cheval. Plus les branches sont longues et le hackamore réglé bas, plus l'action sera dure. La matière composant la muserolle et la gourmette a aussi

LES PRINCIPAUX TYPES DE MORS

- **Le mors deux anneaux :** le plus simple. On peut lui ajouter des rondelles de caoutchouc pour éviter qu'il ne sorte de la bouche ou qu'il ne blesse la commissure des lèvres.
- **Le filet à olives :** c'est le plus doux. Il ne pince pas la commissure des lèvres.
- **Le filet Verdun :** ses anneaux en forme de D encadrent bien la bouche du cheval.
- **Le filet à aiguille :** il reste parfaitement en place et donne plus de force aux actions latérales.
- **Le filet Baucher :** sans gourmette, il a néanmoins une légère action sur les barres.
- **Le filet releveur :** ses montants coulissants en font un mors très efficace dans le cas de chevaux qui tirent.
- **Le Pelham :** il combine les actions du mors de filet et du mors de bride. On l'utilise avec deux ou quatre rênes.
- **Le mors Lhotte :** c'est le mors de bride le plus simple. Il ne s'utilise qu'en combinaison avec un mors de filet.

beaucoup d'influence sur la sévérité du hackamore. Le filet simple peut parfois être complété de divers enrênements, censés faciliter le travail du cavalier. En pratique, ces enrênements ne sont que rarement adaptés aux débutants et doivent être utilisés avec parcimonie.

◆ Les protections

Elles se placent sur les membres et permettent d'éviter les blessures. Les guêtres fermées se posent sur les canons antérieurs ou postérieurs dont elles protègent tout le tour, ainsi que le boulet. Les guêtres allemandes, ou protège-tendons, sont ouvertes devant et se posent sur les canons antérieurs. Elles servent principalement à l'obstacle, protégeant les tendons des chocs tout en permettant au cheval de sentir s'il touche les barres en sautant.

Les protège-boulets se placent uniquement aux membres postérieurs et protègent les boulets des atteintes. Les cloches, posées sur les sabots, protègent la couronne et les talons.

Quant aux bandes, elles maintiennent les tendons pendant l'effort.

◆ Le matériel d'écurie

Il s'agit principalement du licol, qui ressemble à une bride dépourvue de mors et qui sert à attacher le cheval (à l'aide d'une longe). Plus robuste qu'un bridon, le licol est fait de larges lanières de cuir ou de Nylon reliées par de solides anneaux. La longe, qui s'attache à un anneau sous la barbe du cheval, est une corde de chanvre, sisal, coton ou Nylon souvent terminée par un gros mousqueton.

L'hiver, les chevaux tondus ou fragiles peuvent porter une couverture plus ou moins épaisse qui les protège du froid. Des protections existent aussi pour les membres : ce sont principalement les bandes de repos, qui maintiennent et réchauffent les tendons.

La bride, qui permet un contact plus fin, est surtout utilisée en dressage.

À gauche : Le hackamore est très apprécié des cavaliers d'extérieur car il ne comporte aucune embouchure.

Au centre : Les protège-tendons sont surtout utilisés à l'obstacle.

À droite : Il existe plusieurs types de bandes, adaptées au travail ou au repos.

EN SELLE !

Rien ne vaut l'expérience pour devenir un bon cavalier. Toutefois, la théorie permet de mieux comprendre les réactions du cheval et les règles de base de l'équitation classique. Toutes ces règles ont en effet leur raison d'être, souvent fondée sur le bon sens et l'expérience des meilleurs cavaliers.

MENER UN CHEVAL EN MAIN

Que le cheval soit au box ou au pré, il devra être conduit vers son lieu de travail en main, afin qu'il puisse s'échauffer légèrement avant de porter le poids de son cavalier. Il est important de savoir mener correctement un cheval en main, en licol ou en filet, afin de limiter les risques d'accidents ou d'escapades imprévues.

Traditionnellement, on mène toujours un cheval par sa gauche, la longe ou les rênes tenues d'une main ferme, sans tirer.

Passer d'abord les rênes par-dessus l'encolure si le cheval est bridé. Prendre ensuite les deux rênes ou la longe de la main droite sous la barbe du cheval, à une distance d'environ 10 à 20 cm de l'attache (mors ou anneau), et tenir le flot des rênes ou de la longe dans la main gauche. Ne jamais entourer la longe autour de sa main : si le cheval venait à tirer, les doigts pourraient être sectionnés.

Marcher à la gauche du cheval, au niveau de son encolure, sans le laisser dépasser ni traîner en arrière. Il doit respecter son cavalier et rester près de lui sans le bousculer ou lui marcher sur les pieds ni lui arracher la longe ou les rênes. La voix et les gestes sont une fois encore d'un grand secours. Il est, en revanche, bon de se rappeler que le cheval répond très mal à une poussée constante. Si on essaie de le repousser, il a tendance à peser de toute sa masse contre la force qu'il sent. Une action sèche et interrompue est généralement bien plus efficace : tapotement de la main ou du poing fermé, petites actions du bout de l'index, etc.

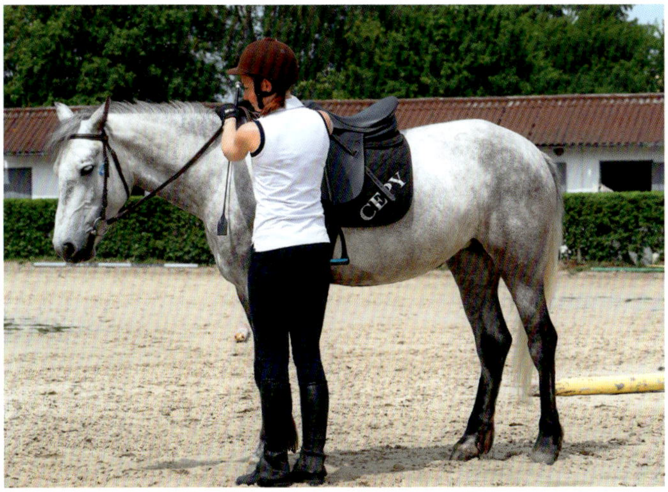

MONTER ET DESCENDRE DE CHEVAL

Une fois dans le manège ou la carrière, le cavalier resangle sa monture et se prépare à monter. À pied, le cavalier ajuste ses étriers en réglant leur longueur sur celle de son bras tendu : si le poing fermé touche le porte-étrivière, la semelle de l'étrier doit venir se placer juste sous l'aisselle.

Pour monter à cheval (toujours du côté gauche), commencer par ajuster ses rênes, que l'on prend dans la main gauche, posée sur le pommeau de la selle. Face au cheval, on met le pied gauche dans l'étrier (toujours par l'extérieur) et la main droite sur le troussequin. La jambe droite donne ensuite l'impulsion nécessaire pour transférer le poids du cavalier sur son pied gauche et ses deux mains, qui lui permettent de se hisser au niveau de la selle. Il faut ensuite passer la jambe droite par-dessus la croupe du cheval, sans la toucher, avant de s'asseoir doucement en selle et de passer le pied droit dans l'étrier. Avant de démarrer, le cavalier doit régler ses étriers s'ils se montrent trop courts ou trop longs, puis resangler de nouveau.

Pour mettre pied à terre, on déchausse tout d'abord les deux étriers avant de prendre les rênes dans la main gauche. En se penchant vers l'avant, les deux mains sur le pommeau de la selle, on passe la jambe droite par-dessus la croupe puis on saute doucement à terre. Il est conseillé de remonter les étriers et de désangler de quelques trous avant de ramener le cheval à l'écurie.

À gauche : Pour monter à cheval, il faut aborder celui-ci du côté gauche.

À droite : il est fréquent que le cheval bouge lorsque le cavalier met le pied à l'étrier. C'est une mauvaise habitude difficile à faire passer.

LA POSITION ET L'ÉQUILIBRE

Une fois à cheval, il importe que le cavalier adopte la bonne position afin d'avoir le meilleur équilibre et la meilleure efficacité possible.

À cheval, le cavalier doit trouver son équilibre, bien assis dans la selle, le corps et les jambes détendus.

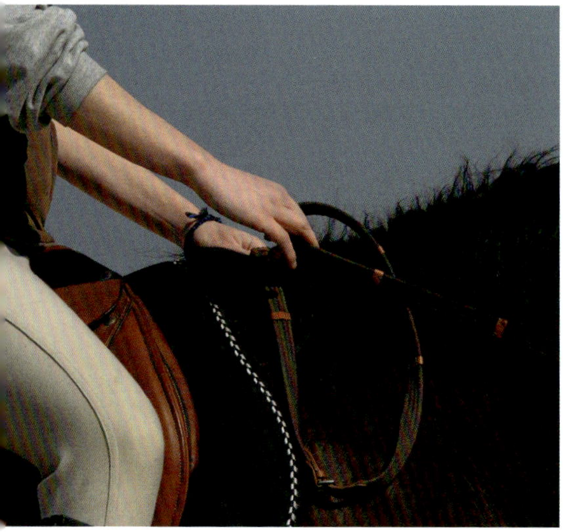

Le contact avec la bouche doit être léger. Il ne s'agit pas de tirer mais de suivre le mouvement en souplesse.

La position idéale varie légèrement selon la discipline pratiquée. Pour débuter, on se contente d'une position confortable, stable et permettant une efficacité optimale des aides. Tout d'abord, il faut s'assurer que l'on est assis bien en avant de la selle (sans être toutefois en appui sur le pommeau !). L'appui se fait sur la pointe des ischions, le rein restant souple sans trop se creuser ni s'arrondir.

Les épaules tombent naturellement, le dos étant droit et les omoplates effacées. La tête est bien droite, le regard fixé droit devant (jamais vers le sol), le cou dégagé des épaules. Les bras sont légèrement repliés, le poignet se trouvant au-dessus de la ligne du garrot mais plus bas que le coude. Les mains sont légèrement écartées l'une de l'autre et tiennent les rênes fermement sans les serrer (voir plus bas la bonne tenue des rênes). Les jambes tombent normalement le long du cheval, leur face intérieure au contact, sans serrer. Le tiers antérieur du pied est passé dans l'étrier, le talon bien descendu. En principe, on peut tirer une ligne droite de la tête à la cheville, en passant par l'épaule, le coude et les fesses.

Les principales erreurs consistent à se pencher en avant en courbant le dos et en regardant le sol ou, au contraire, à trop s'incliner vers l'arrière en avançant la jambe, qui perd alors le contact.

LA TENUE DES RÊNES

Les rênes doivent toujours être tendues de façon à assurer le contact avec la bouche du cheval, sans tirer. Elles se tiennent fermement mais avec souplesse (« une main de fer dans un gant de velours »), à pleine main ou avec le petit doigt dégagé. Les mains restent écartées de chaque côté du garrot, ni trop hautes ni trop basses, en position verticale, pouces vers le haut. Elles doivent rester le plus fixes possible aux allures, tout en suivant le mouvement de balancier de l'encolure. Leurs actions doivent être douces et progressives, jamais brusques. Il est recommandé de s'entraîner à leur tenue avant de monter, en utilisant une ficelle ou une ceinture, par exemple.

LES AIDES

On appelle « aides » tous les moyens utilisés par le cavalier pour transmettre ses instructions à sa monture.

L'ACCORD DES AIDES

Si les aides peuvent être utilisées de façon individuelle (« main sans jambe »), elles sont en réalité le plus souvent combinées pour une action optimale. Pour arrêter un cheval, par exemple, il ne suffit pas de tirer sur les rênes. L'assiette et la position des épaules se modifient également pour donner au cheval l'ordre de ralentir. De même, un changement de direction ne se fait pas uniquement par l'intermédiaire des rênes, mais aussi par le poids du corps qui, consciemment ou non, se déplace d'un côté à l'autre.
Ce qui est essentiel, c'est que les aides concordent toujours et, surtout, qu'elles ne se contredisent pas. Si le cavalier tire sur ses rênes en serrant les jambes, il donne deux ordres contradictoires à sa monture : les mains disent « stop ! » tandis que les jambes intiment l'ordre d'avancer. Si la rêne droite reste tendue lorsque le cavalier effectue une rêne d'ouverture gauche, sa monture se retrouve tiraillée entre les deux directions et ne peut comprendre clairement l'ordre donné. C'est pourquoi il faut toujours faire très attention à l'action des mains, des jambes, mais aussi à celles du poids du corps et de la voix quand on monte à cheval.

On distingue habituellement les aides naturelles, qui sont directement liées au cavalier, et les aides artificielles, instruments complémentaires utilisés en plus du corps. Quelles que soient les aides utilisées, elles peuvent l'être de façon indépendante ou collective. Dans le second cas, il faut veiller à ce que les différentes aides utilisées ne viennent pas se contredire.

Outre leur rôle d'indicateurs, les aides peuvent aussi servir à récompenser le cheval. En général, la récompense la plus appréciée est la descente du cavalier. Il est donc judicieux, quand on met pied à terre à la fin de la séance, de le faire immédiatement après un exercice particulièrement bien réussi.

◆ Les aides naturelles

L'assiette

C'est par son intermédiaire que s'exerce le poids du corps. Elle agit sur le dos du cheval, mais aussi de façon plus générale sur son équilibre. Le transfert de poids d'une fesse à l'autre par exemple, ou d'arrière en avant (position du cavalier, mouvement des reins...), a une grande influence sur l'équilibre et l'impulsion du cheval.

Les jambes

Leur position et leur action ont une influence directe, par contact avec les côtes du cheval, et indirecte, par l'intermédiaire de l'assiette. Ce sont les jambes qui transmettent au cheval les indications de vitesse (en particulier d'accélération), mais aussi de direction. Elles agissent en conjonction avec l'assiette et éventuellement la voix, mais ne doivent jamais contrarier les actions de main.

Les mains

Ce sont elles qui, par l'intermédiaire des rênes et du mors, transmettent au cheval les indications correspondant aux changements de direction et au ralentissement d'allure. Elles canalisent également l'animal, qui évolue dans le couloir formé par les rênes, mais aussi par les jambes. C'est aussi la main qui donne la caresse, récompense appréciée du cheval à condition d'être prodiguée avec douceur et parcimonie (éviter les grandes claques sur l'encolure).

Les cavaliers de dressage maîtrisent parfaitement l'accord des aides.

La main sert principalement à indiquer au cheval les changements de direction.

La cravache fait partie des aides dites « artificielles ».

Certaines embouchures complexes peuvent presque être considérées comme des enrênements.

Au pas, le cavalier suit le balancier de l'encolure.

Le trot est une allure sautée à deux temps.

pas, afin d'assimiler dans le calme les mécanismes de base que sont le départ, l'arrêt et les changements de direction.

Pour tourner, il y a plusieurs manières de procéder. Les règles de base sont pourtant toujours les mêmes : bon sens, doigté et respect de l'accord des aides. Dans tous les cas, ce sont les mains qui indiquent au cheval la direction à prendre, tandis que l'assiette et les jambes confirment l'information et soulignent l'incurvation. En effet, pour tourner, le cheval va devoir se plier dans la bonne direction, de la nuque à l'attache de la queue. Un cheval qui manque de souplesse ne s'incurvera pas bien et s'il lui sera possible de tourner à peu près normalement au pas, son équilibre risque d'en souffrir à plus vive allure.

On distingue les effets de rênes directs, qui font agir la main du côté ou l'on souhaite tourner, des effets contraires qui font agir la main opposée. La direction peut être indiquée par un mouvement de main vers l'extérieur (rêne d'ouverture), vers l'arrière (rêne directe d'opposition) ou vers l'encolure (rênes contraires).

Le poids du corps se déporte généralement vers l'intérieur du cercle ou du virage, et il agit sur l'équilibre du cheval et sur son incurvation. Le corps tout entier et le regard du cavalier se tournent dans la direction souhaitée.

Les jambes donnent l'impulsion (le cheval doit conserver le mouvement en avant) et canalisent le cheval en lui donnant la bonne incurvation. Pour un cercle à droite, par exemple, la jambe droite se place généralement un peu en arrière de la sangle, agissant sur le mouvement des hanches, tandis que la jambe gauche reste en place.

◆ Les effets de rênes

Le premier effet de rêne que l'on apprend au débutant est généralement la rêne d'ouverture. Son principe est simple : écarter la main du côté où l'on souhaite tourner afin d'attirer la tête du cheval dans la bonne direction. La main directrice se tourne vers l'extérieur, se retrouvant ongles au-dessus et pouce à l'extérieur. La main opposée s'avance afin de ne pas résister à l'incurvation et les jambes donnent l'impulsion. La rêne directe d'opposition est aussi facile à réaliser et part du même principe : attirer la tête du cheval du côté où l'on souhaite qu'il se dirige. Les aides sont à peu près les mêmes mais, au lieu de s'écarter de l'encolure, la main directrice se contente de reculer légèrement et de résister.

Les effets dits contraires sont un peu plus délicats à assimiler et seule la rêne d'appui est couramment utilisée. C'est d'ailleurs le seul effet de rêne efficace si l'on monte en hackamore ou avec un simple licol. Au lieu d'attirer le cheval dans la bonne direction, l'idée est ici de le pousser. Contrairement aux effets directs, les rênes contraires incurvent l'encolure du cheval du côté inverse de celui vers lequel il tourne. Lors d'une rêne d'appui, le corps, lui, garde la bonne incurvation et l'ensemble, vu de dessus, forme une sorte de S.

LES ALLURES DU CHEVAL

On distingue chez le cheval les allures naturelles des allures apprises par dressage, qui sont appelées « artificielles ». Comme la plupart des mammifères à quatre pattes, le cheval connaît généralement trois allures naturelles : le pas, le trot et le galop.

Certaines races ont été sélectionnées par l'homme pour posséder une ou deux autres allures et beaucoup d'allures artificielles dérivent d'attitudes naturelles du cheval. C'est le cas du passage, sorte de trot très relevé, ou du reculer. Le pas espagnol (« pas de l'oie ») et le galop à reculons, en revanche, sont des allures totalement artificielles, inconnues dans la nature.

Les allures peuvent être marchées, comme le pas, ou sautées, si elles comprennent un temps de suspension dans lequel aucun des quatre pieds ne touche le sol. Elles peuvent comporter un nombre variable de temps (correspondant chacun à une foulée). Elles sont dites symétriques si les deux côtés effectuent les mêmes mouvements tour à tour. C'est le cas de toutes les allures à part le galop, que l'on dit « à gauche » si le diagonal gauche (antérieur gauche et postérieur droit) s'avance plus loin que le droit, « à droite » si c'est le contraire.

◆ Les allures naturelles

Le pas

C'est une allure marchée symétrique à quatre temps. Sa vitesse moyenne est d'environ 7 km/h.

Le trot

C'est une allure sautée symétrique à deux temps (plus un temps de suspension). Sa vitesse moyenne est de 14 km/h.

Le galop

C'est une allure sautée asymétrique à trois temps (plus un temps de suspension). Sa vitesse moyenne est d'environ 21 km/h.

◆ Les transitions

On appelle transition le passage d'une allure à une autre, mais il est bien entendu également possible de ralentir ou d'accélérer sans changer d'allure. On dit qu'on allonge l'allure (la longueur des battues) lorsqu'on accélère, qu'on la raccourcit – on dit aussi rassembler – quand on ralentit.

Une fois la position à cheval bien acquise, il est important de la conserver à tout prix. Se pencher en avant est un réflexe fréquent qui déséquilibre le cavalier et sa monture. Le cavalier doit donc arriver à une bonne fixité, tout en conservant une grande souplesse, son corps suivant parfaitement les mouvements de son cheval quelle que soit son allure. Pour ce qui est des aides, il faut se concentrer sur deux principes simples : les jambes pour avancer, les mains pour s'arrêter.

Partir au pas

Desserrer légèrement les doigts des rênes, sans les laisser filer. Exercer une pression ferme et simultanée des mollets pour provoquer le mouvement en avant. Une fois parti, le cheval doit être canalisé par les rênes, les mains restant basses et écartées de 20 à 30 cm l'une de l'autre. Le bassin suit le mouvement, le rein reste souple et les jambes entretiennent l'impulsion en se serrant légèrement l'une après l'autre. Les mains suivent le balancier de l'encolure sans perdre le contact avec la bouche.

S'arrêter

Serrer les rênes dans les deux mains sans tirer. Relâcher la pression des mollets sans écarter les jambes ni perdre le contact. Reculer le haut du corps en reportant son poids vers l'arrière et en bombant légèrement le torse. Les mains montent d'elles-mêmes, sans excès, et tendent les rênes. Une fois le cheval à l'arrêt, relâcher immédiatement l'action des mains et reprendre une position normale.

1. *Poser de l'antérieur gauche au galop.*

2. *Projection vers le temps de suspension...*

3. *Poser du postérieur droit.*

4. *Poser de l'antérieur droit.*

5. *Poser de l'antérieur gauche et début de la suspension.*

Trotter
Le cavalier doit garder la position habituelle sans se crisper. Plus il sera détendu, plus son équilibre sera bon. Le rein et les épaules doivent être souples, les jambes bien descendues et décontractées tout en restant au contact. Attention à ne pas remonter les genoux ni agripper le cheval avec les jambes. Pour partir au trot depuis le pas, serrer simultanément les deux mollets d'un coup sec.

Partir au galop
Il existe différentes manières de partir au galop, selon le niveau d'équitation du cavalier, le niveau de dressage du cheval et selon que l'on souhaite partir sur un pied ou sur l'autre. La façon la plus simple est d'accélérer le trot jusqu'à ce que le cheval « tombe » dans le galop. On appelle cela partir au galop par allongement d'allure. On peut également provoquer un départ par prise d'équilibre ou encore par perte d'équilibre. Dans le premier cas, pour un départ au galop à droite, le cavalier recule sa jambe gauche, la jambe droite restant à la sangle. La main droite fait une rêne d'appui et le poids du corps se déporte à gauche. L'action simultanée des deux jambes induit le départ. Pour un départ au galop à gauche par perte d'équilibre, le poids du corps se déporte sur la fesse droite. La jambe gauche reste à la sangle tandis que la droite recule légèrement. La main droite effectue une rêne d'ouverture et les deux jambes agissent simultanément. Une fois au galop, les jambes et le bassin entretiennent l'allure en suivant le mouvement de balancier du cheval. Les mains restent fixes, sans tirer.

Allonger l'allure
Pour allonger le pas ou le trot sans passer à l'allure supérieure, il faut continuer à suivre le mouvement du cheval avec les mains et le rein, tout en agissant alternativement avec la jambe gauche et la jambe droite (pour le pas) ou simultanément par mouvements répétés. Une pression constante n'est pas recherchée car elle risque à court terme de pousser le cheval dans l'allure supérieure, à long terme de le rendre froid à la jambe.

Raccourcir l'allure
Pour ralentir l'allure sans s'arrêter ni passer à l'allure inférieure, le cavalier doit agir avec ses mains et ses jambes alternativement. Le buste en arrière, bien assis dans sa selle, il serre alternativement les doigts de la main droite et ceux de la main gauche, tout en entretenant discrètement le mouvement avec ses jambes et, surtout, avec son assiette.

Allonger une allure, c'est faire de plus grandes enjambées.

◆ Le trot enlevé

Le trot est probablement l'allure la moins confortable. C'est pourquoi le trot assis ne se pratique que pour le dressage ou la mise en selle, la plupart des autres exercices étant effectués au trot enlevé, éventuellement en suspension (saut).

Le trot enlevé (parfois appelé trot anglais ou canter) demande un peu d'entraînement mais, une fois acquis, il est bien moins fatigant pour le cheval et le cavalier que le trot assis.

Pour bien trotter enlevé, il faut sentir le mouvement du trot et se pencher très légèrement en avant. Les étriers chaussés comme toujours au tiers du pied, partir au trot assis, mains fixes, rênes tendues sans tirer. Se dresser doucement sur les étriers, talons toujours vers le bas, jambe au contact. Incliner légèrement les épaules vers l'avant en voussant le rein qui doit rester souple. Se rasseoir sans se laisser retomber brutalement, puis se relever, et ainsi de suite en suivant le mouvement du cheval. Au début, il n'est pas rare d'avoir un peu de mal à prendre la bonne cadence, qui est assez rapide et dictée par la succession des foulées. Il faut progressivement apprendre à suivre les mouvements du cheval, qui propulsent véritablement le cavalier vers le haut avant qu'il reprenne brièvement contact avec la selle à la foulée suivante. Compter mentalement les foulées (1 – 2 – 1 – 2, etc.) peut aider le cavalier à accélérer son action. Regarder les antérieurs s'avancer devant les épaules du cheval a deux avantages : voir leur action afin de

Le trot enlevé est un mécanisme assez simple à assimiler.

prendre plus facilement leur rythme, et amener le buste dans une position favorisant le mouvement de haut en bas du cavalier. Celui-ci peut trotter sur un diagonal ou sur l'autre, selon qu'il s'assoit lorsque l'antérieur droit (trot sur le pied droit) ou l'antérieur gauche (trot sur le pied gauche) se pose au sol. Bien que le cavalier ait généralement tendance à toujours trotter sur le même diagonal, il est indispensable de changer de pied régulièrement. En effet, le diagonal qui reçoit le poids du cavalier se fatigue plus vite que l'autre. En extérieur, il est bon d'alterner régulièrement le pied sur lequel on trotte. En manège, il est d'usage de trotter sur le diagonal extérieur. En effet, si l'on choisit le mauvais pied, le cheval risque d'être déséquilibré dans les virages.
Pour reconnaître le pied sur lequel on trotte, le plus simple est d'observer le mouvement des antérieurs : si l'antérieur droit s'avance au moment où le cavalier se lève, il trotte sur le pied gauche, et vice versa. Pour changer de pied, il suffit de rester assis dans sa selle pendant deux temps consécutifs puis de reprendre le mouvement.

◆ Le galop en suspension

Si le galop assis favorise un meilleur travail de dressage et permet au cavalier d'améliorer son équilibre et sa position à cheval, la position en suspension soulage le dos du cheval. Elle donne en outre plus d'indépendance au cavalier par rapport à sa monture et limite le risque d'être désarçonné en cas de mouvement violent ou inattendu (saut, ruade…). C'est la position de choix en extérieur et, surtout, à l'obstacle. Sur le plat, elle sert aussi à soulager cheval et cavalier lors d'une détente ou d'un « bout vite ». Cette position peut également être prise au trot, lors du passage de barres au sol par exemple.

GALOPER SUR LE BON PIED

Le galop étant une allure dissymétrique, il existe en réalité deux galops : le galop à droite dans lequel le diagonal droit s'avance plus loin que le gauche, et le galop à gauche qui suit les mouvements inverses.
La succession des appuis (ou foulées) pour le galop à droite est la suivante : postérieur gauche, diagonal gauche (antérieur gauche et postérieur droit ensemble), antérieur droit, puis temps de suspension. Pour le galop à droite, la succession est : postérieur droit, diagonal droit, antérieur gauche, temps de suspension.
Comme pour le trot enlevé, il est bon d'alterner le pied sur lequel le cheval galope. Ce n'est pas toujours chose aisée car la plupart des chevaux choisissent de préférence de galoper presque toujours sur le même pied : la plupart sont gauchers et préfèrent galoper à gauche.
En principe, la solution est alors de faire la transition dans un tournant, en incurvant le cheval du côté où l'on souhaite qu'il galope. En effet, son équilibre est meilleur s'il galope sur le pied gauche lorsqu'il tourne à gauche, sur le pied droit lorsqu'il tourne à droite. On dit d'ailleurs que le cheval galope « à juste » lorsqu'il est incurvé du côté du pied sur lequel il galope, « à faux » s'il est incurvé du côté opposé.
Pour reconnaître le pied sur lequel un cheval galope, le plus simple est d'observer ses antérieurs. Si l'antérieur droit s'avance loin devant, il galope à droite, si c'est le gauche qui s'avance le plus loin, il galope à gauche.

Le galop est une allure dissymétrique. Ce cheval galope sur le pied droit.

DES ALLURES PARTICULIÈRES

Certaines races de chevaux connaissent, en plus du pas, du trot et du galop, d'autres allures qui leur sont particulières. C'est le cas par exemple du poney islandais (amble et tölt), du paso péruvien (paso llano), de plusieurs races américaines comme le missouri fox trotter, l'american saddlebred ou le tennessee walking horse.
Ces allures sont souvent les mêmes, avec diverses variantes. L'amble, par exemple, est commune à beaucoup de chevaux de toutes races. C'est une allure latérale marchée ou sautée, très confortable.
À l'amble, l'antérieur et le postérieur gauches s'avancent simultanément, puis l'antérieur et le postérieur droits et ainsi de suite. C'est l'allure de beaucoup de chevaux de courses attelées dans le monde, notamment aux États-Unis où les ambleurs sont aussi populaires que les trotteurs chez nous.
Le tölt du poney islandais est une sorte d'amble rapide décomposée en quatre temps. Très confortable, il permet de parcourir rapidement de longues distances sans se fatiguer.

L'islandais présente deux allures naturelles supplémentaires, comme ici, le tölt.

Pour se mettre en suspension, le cavalier procède comme pour le trot enlevé mais il garde la position debout, en équilibre sur les étriers, les fesses décollées de la selle.

Il est parfois difficile de trouver et de conserver l'équilibre nécessaire au maintien de la position et il est fréquent de devoir se rasseoir à plusieurs reprises lors des premières tentatives. Les étriers ne doivent pas être chaussés trop longs afin de pouvoir se lever sans peine de la selle sans trop déplier les genoux ni relever les talons. Il est fondamental de parvenir à conserver une parfaite souplesse, les articulations agissant comme une véritable suspension à ressorts.

Pencher le buste légèrement en avant et décoller les fesses de la selle de quelques centimètres. Garder le cou sorti des épaules et regarder devant soi, jamais vers le bas (on dit fréquemment que le cavalier regarde dans la direction où il veut aller : s'il regarde par terre, c'est effectivement souvent là qu'il finit !). Les jambes sont détendues, les genoux bien au contact, les talons descendus. Les bras sont en place, les mains suivent le balancier de l'encolure. Toutes les articulations, en particulier celles des jambes (hanche, genou et cheville), doivent être parfaitement souples et suivre le mouvement.

Le cavalier doit se trouver au-dessus du centre de gravité de son cheval afin de trouver le bon équilibre.

Le galop en suspension est idéal pour l'obstacle ou l'équitation d'extérieur.

Le cheval est un animal craintif qui ne supporte pas de se sentir menacé ou acculé.

LES DÉFENSES DU CHEVAL

Lorsqu'un cheval résiste plus ou moins violemment aux indications du cavalier (ou parfois à sa simple présence en selle), on dit qu'il se défend. Les défenses peuvent prendre de multiples formes et sont parfois confondues avec des actions réalisées sans malice : bonds de gaieté, écart dû à la peur, etc.

Lorsque le cheval se défend, le cavalier est bien souvent confronté à plusieurs problèmes, les trois principaux étant de rester en selle, de calmer l'animal et d'obtenir l'exercice souhaité. Nous allons traiter en détail le premier point un peu plus loin. Pour le reste, la première chose à faire est de garder son calme et d'analyser tranquillement la situation. Il est indispensable de comprendre ce qui a causé la défense afin de réagir en conséquence : on n'agit pas de la même façon si le cheval a peur, réagit à une douleur ou s'il fait simplement preuve de mauvaise volonté.

Contrairement à ce que pensent malheureusement beaucoup de cavaliers, la mauvaise volonté est loin d'être une source fréquente de défenses. Un cheval bien dressé ayant suivi une progression logique dans son « éducation » n'a généralement pas de raison de se battre contre son cavalier... à moins que quelque chose ne lui fasse peur ou ne le fasse souffrir ! S'il réagit à une frayeur ou à un inconfort, une punition ne fera qu'aggraver la situation, d'où l'importance de bien comprendre les causes de la défense avant de sévir.

◆ Les différents types de défense

La résistance passive

Le cheval refuse purement et simplement de répondre aux aides. Il pile et se campe, les quatre pieds solidement ancrés dans la sciure du manège et refuse d'avancer. C'est le premier stade : le cheval ne se bagarre pas avec le cavalier mais la situation peut évoluer vers une résistance active si le problème n'est pas rapidement résolu.

L'évitement (écarts, demi-tour, reculer, etc.)

C'est le deuxième stade. Si le cheval refuse de s'approcher de quelque chose qui l'inquiète, par exemple, et que son cavalier insiste, il n'a plus d'autre choix que de fuir de côté (écart) ou en arrière (reculer, demi-tour), puisque sa peur l'empêche d'aller de l'avant.

Le « rodéo »

C'est souvent ainsi qu'on parle des défenses violentes que sont les sauts de mouton, ruades, cabrades et autres bonds ou tentatives de désarçonnement du cavalier. Selon la cause du problème et le type de défense, les solutions varient.

◆ Comment réagir ?

Nous l'avons dit, la première chose à faire est de trouver la cause de la défense. S'il s'agit de peur, la force n'aura comme seul effet que d'augmenter la panique de l'animal. Il faudra plutôt faire preuve de beaucoup de patience et de compréhension. Si c'est une douleur qui cause la réaction négative, une vérification du harnachement et de la santé du cheval s'impose. Dans le cas où il s'agirait effectivement de mauvaise volonté, une reprise en main ferme et calme est nécessaire, quitte à reprendre le travail sur des exercices simples et bien assimilés.

UNE BONNE ASSIETTE

Que ce soit sur le plat, à l'obstacle, ou quand le cheval fait des siennes, les cavaliers débutants ont souvent du mal à tenir à cheval sans avoir constamment peur de tomber. Acquérir une assiette à toute épreuve prend du temps, mais il est facile de comprendre quelques règles simples qui permettent de garder un bon équilibre dans la plupart des situations.

En haut : L'origine du refus de franchir un obstacle est souvent liée à une incompréhension entre le cheval et son cavalier.

Ci-contre : En cas de défense violente, il n'est pas rare que le cavalier soit désarçonné.

le reculer nécessite une parfaite maîtrise des aides et un cheval en équilibre avec une bonne impulsion.

Tous ces exercices se travaillent tout d'abord au pas, avant de pouvoir être exécutés aux trois allures. Les cavaliers de dressage les font également au passage. S'il est relativement simple de faire une cession à la jambe, l'épaule en dedans et, surtout, l'appuyer sont des exercices compliqués exigeant une grande maîtrise et beaucoup d'expérience du cavalier comme de sa monture.

LE RECULER

Lorsque le cavalier maîtrise le travail aux trois allures, qu'il a acquis une bonne maîtrise des aides et qu'il sait « sentir » son cheval, il peut envisager de travailler le reculer. Cet exercice de dressage peut, en outre, être utile en extérieur, dans le cas où cheval et cavalier se retrouveraient coincés dans une voie étroite sans issue.

Loin d'être un exercice banal, le reculer demande une bonne prise en main de sa monture. Faire reculer un cheval sur une ou deux foulées n'est pas nécessairement difficile (à pied notamment), mais le travail se complique lorsqu'il s'agit d'effectuer un reculer sur plusieurs foulées en contrôlant parfaitement la direction. On recule normalement en ligne droite (le cheval a souvent tendance à déplacer ses hanches pendant le mouvement), mais il est utile de parvenir à changer de direction tout en reculant.

L'un des exercices des concours de Trec consiste d'ailleurs à faire effectuer au cheval un reculer dans un couloir en L tracé avec des barres basses, sans faire tomber ces dernières. En dressage, on travaille également le reculer sur des courbes.

Le principe du reculer est simple et il se travaille très progressivement. On part d'un arrêt bien régulier, les postérieurs d'aplomb ou légèrement engagés sous la masse. Pour demander un reculer, le cavalier résiste avec les mains en les remontant doucement. Il pousse légèrement son rein en prenant appui en avant de la selle sans se pencher en avant. Les jambes restent au contact mais n'agissent pas. On demande tout d'abord un pas de reculer, en remettant tout de suite le cheval dans le mouvement en avant dès qu'il s'est exécuté. Progressivement, on arrive à faire reculer le cheval sur une distance de plus en plus grande, en conservant toujours une rectitude et un calme parfaits.

À L'OBSTACLE

Avant de s'élancer sur des obstacles, il est important de bien connaître son cheval et acquérir des connaissances techniques minimales. De l'initiation aux premières compétitions, l'évolution du cavalier doit être progressive et méthodique, afin de maîtriser parfaitement chaque élément de cette discipline. Ainsi, le cavalier apprend à gérer, puis à utiliser la puissance de sa monture, en analysant constamment les fautes pour y remédier et continuer à s'améliorer.

Le passage de barres au sol permet notamment au cavalier de mieux « sentir » les foulées de son cheval.

DÉBUTER À L'OBSTACLE

◆ Passer des barres au sol

Avant d'envisager de franchir de vrais obstacles, le cavalier doit parfaire sa position et son équilibre à cheval. Pour s'entraîner à rester en suspension, position idéale pour l'obstacle, le mieux est de commencer au trot.

Le principe est le même que pour le trot enlevé sauf que le cavalier ne retombe pas dans la selle et reste en équilibre sur ses étriers. Quand il est parvenu à garder cette position sur une distance raisonnable, il peut demander à son cheval de passer quelques barres au sol afin de parfaire encore son équilibre et la régularité des allures. Ces barres doivent être suffisamment espacées pour que le cheval puisse les franchir sans altérer son trot. Il lui suffit de conserver une allure bien régulière et de lever les pieds.

Le travail du cavalier consiste principalement à conserver l'impulsion et à assurer la direction tout en maintenant sa position en suspension, les jambes parfaitement souples et le buste légèrement en avant. Il est préférable qu'il ait préalablement raccourci ses étrivières de deux ou trois trous afin de pouvoir quitter la selle tout en gardant les genoux et les chevilles pliés, talons bas. Quand le cavalier et sa monture ont acquis une bonne régularité et évoluent parfaitement ensemble sur le plat et pendant le franchissement des barres au sol, ils peuvent envisager de sauter leurs premiers petits obstacles.

Les barres au sol et les cavaletti représentent une bonne préparation au saut d'obstacles.

◆ Les cavaletti

On appelle cavaletti des barres placées assez bas et franchies au trot, sans gros effort de la part du cheval. Elles permettent de travailler la position du cavalier et la régularité de sa monture sans leur demander un travail trop important. L'idéal est de démarrer avec une ligne de barres au sol, terminée par une barre remontée à environ 20 à 30 cm du sol. Le cavalier, en suspension sur ses étriers, dirige son cheval au trot sur la ligne de barres au sol. Il doit conserver sa position et une bonne impulsion pour la dernière barre, sans précipiter l'allure ni perdre son équilibre. Le principe est de toujours garder une position souple et en équilibre en suivant le mouvement du cheval, sans le précéder ni rester en arrière.

Il est possible et souvent souhaitable de faire d'abord ces franchissements en longe, le cavalier n'ayant à se préoccuper que de son équilibre. Des exercices variés, avec et sans étriers, le cavalier posant ses mains (il peut tenir la crinière pour se sécuriser) ou écartant les bras de part et d'autre de son buste pour travailler son équilibre et sa perception du mouvement de son cheval. En aucun cas il ne doit se raccrocher aux rênes pendant le saut ni à la réception.

Si le cheval a tendance à enjamber la dernière barre, celle-ci peut être remontée jusqu'à ce qu'il se sente obligé de la franchir en sautant.

Le franchissement de cavaletti permet au cavalier de prendre confiance en lui et d'apprendre à suivre le mouvement de son cheval avant de se trouver devant un obstacle impressionnant. Si le cheval a un saut souple

APPRENDRE À ÊTRE AVEC SON CHEVAL

Il existe de nombreux exercices de mise en selle qui permettent d'apprendre à ne faire qu'un avec sa monture. En général, une séance d'assouplissements permet de détendre le cavalier et de le rapprocher de sa monture. Des exercices à cru (sans selle) ou sans étriers améliorent son équilibre à cheval. Sur le plat comme à l'obstacle, les règles d'or sont les mêmes : toujours regarder devant soi (jamais par terre !), ne se cramponner ni avec ses jambes ni avec ses mains, rester le plus souple possible (comme un sac de farine) et suivre le mouvement sans tenter de l'anticiper. Un travail effectué en longe, les yeux bandés et les bras en croix, permet notamment au cavalier de se concentrer sur ses sensations et sur son équilibre, sans être distrait par la vue des barres ni le besoin de diriger son cheval.

LA DÉCOMPOSITION DU SAUT

et routiné, le travail du cavalier est facilité. Ce n'est qu'une fois à l'aise sur ces franchissements au trot qu'il se lancera pour passer des obstacles un peu plus conséquents au galop.

◆ Les différents types d'obstacles

En concours hippique, on distingue plusieurs types d'obstacles. Certains sont verticaux, d'autres larges, d'autres encore intermédiaires. Leur franchissement est différent pour le cheval qui doit adapter son saut à la hauteur et à la largeur de l'obstacle.

Ces obstacles sont franchis individuellement ou par combinaison de deux ou trois. Dans une combinaison, si le cheval refuse le deuxième ou le troisième obstacle, il faut impérativement qu'il repasse le ou les précédents.

◆ Quelques règles de sécurité

Avant de débuter sur les premiers obstacles, il faut connaître les règles de sécurité essentielles. Tout d'abord, le cavalier doit impérativement porter une bombe ou un casque dont la jugulaire est bien réglée et attachée. Les couteaux d'étrivières doivent être ouverts afin de libérer facilement le pied qui resterait coincé dans l'étrier lors d'une chute. Celui-ci ne doit d'ailleurs pas être chaussé à fond. Il faut éviter d'utiliser des rênes trop longues car elles s'enchevêtrent autour de la jambe du cavalier. Dans ce cas, il suffit simplement de faire un nœud avec le flot des rênes, de manière à les réduire. Le cavalier débutant n'a pas intérêt à chausser ses étriers trop courts pour ne pas compromettre sa stabilité.

Il doit toujours être accompagné d'une personne qualifiée capable d'adapter le profil des obstacles, leur hauteur, leur distance et leur place par rapport au terrain, à son niveau et à celui des chevaux, de manière à éviter tout risque d'accident. L'entrée et la sortie des obstacles, qu'ils soient mobiles ou fixes, doivent systématiquement être vérifiées, afin d'être certain que toutes les conditions de sécurité sont réunies. Une attention particulière doit être apportée aux obstacles disposés en extérieur parce que l'état du terrain peut se dégrader rapidement. Il ne faut pas sauter n'importe quoi n'importe où ! Le cavalier peut débuter à l'obstacle lorsqu'il ne s'agite plus, qu'il n'est pas contradictoire dans ses aides et qu'il est parfaitement en équilibre au-dessus de ses pieds dans la position en suspension.

Il est conseillé de venir sur l'obstacle dans le calme et individuellement. Dans la phase de l'abord, un manque évident d'impulsion ainsi qu'un tracé en zigzag sont dangereux car ils facilitent les refus, les dérobades, les mauvaises trajectoires et les chocs sur les éléments de l'obstacle. Au cours du saut, le cavalier qui est en retard ou qui précède sa monture l'embarrasse, cela peut causer sa chute dans les cas extrêmes.

La sécurité du cavalier et de son cheval passe donc par le respect de ces règles, tant en ce qui concerne l'équipement, la construction des obstacles et l'accompagnement, que des principes équestres comme les conditions de l'abord et l'attitude générale du cavalier et de sa monture.

◆ Premiers sauts

Une fois assimilé le franchissement au trot en suspension de cavaletti, il est possible d'envisager le franchissement d'obstacles au galop. Dans un premier temps, ces barres ne seront pas plus hautes que les cavaletti : ce qui importe, c'est que le cavalier soit à l'aise et conserve un équilibre impeccable.

Les barres au sol sont supprimées ou espacées pour correspondre à des foulées de galop. La dernière barre reste en place, de préférence bien encadrée afin de rendre la direction plus facile à conserver pour le cavalier. Elle peut par exemple se trouver sur la piste du manège, au milieu d'un grand côté, une barre en diagonale encadrant le côté intérieur de l'obstacle pour éviter les dérobades. Le cavalier met son cheval au galop sur la piste ou sur un grand cercle devant l'obstacle, jusqu'à ce que sa position et son équilibre soient satisfaisants. Quand il est parfaitement en contrôle, il dirige son cheval vers le centre de l'obstacle. Ses mains sont basses et bien écartées afin d'encadrer le saut. Ses jambes sont au contact, actives afin de donner l'impulsion. Le cheval doit arriver au galop moyen, sans précipiter le mouvement à l'abord de l'obstacle. Si le travail d'approche a été fait correctement et que le cavalier est détendu, le franchissement de la barre ne devrait être qu'une formalité.

L'oxer est un des obstacles les plus courants en CSO.

L'oxer est un obstacle large qui peut être construit « au carré » ou en montant comme ici.

LES DIFFÉRENTS TYPES D'OBSTACLES

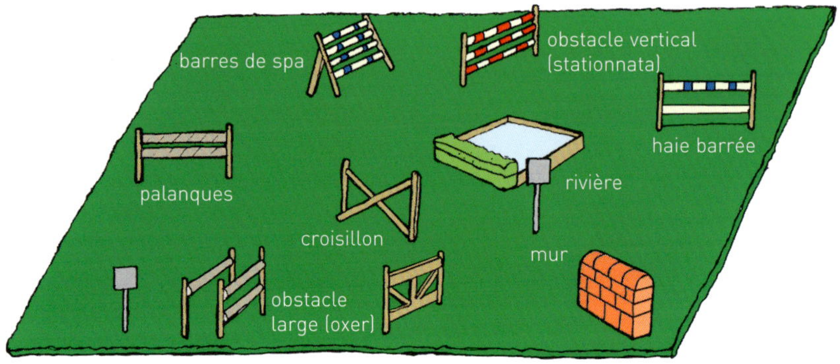

Si le cheval a tendance à précipiter son allure, le cavalier doit rester légèrement en arrière et le détendre par une action alternée des mains. La main gauche serre les doigts pendant que la droite les desserre et vice versa. Si besoin est, il faut pratiquer un demi-arrêt, sorte de petit rappel à l'ordre qui rompt la tension des rênes et ralentit le cheval.

Si le cheval a tendance à éviter l'obstacle par une dérobade d'un côté ou de l'autre, le cavalier doit s'efforcer de l'encadrer correctement de ses mains et de ses jambes tout en conservant une bonne impulsion. Il dirige son cheval vers le centre de l'obstacle, afin de sauter bien au milieu. Des « oreilles » encadrant les deux côtés de l'obstacle seront également très utiles. Enfin, si l'obstacle n'est encadré que d'un côté ou si la dérobade se produit toujours du même côté, placer sa cravache dans la main opposée peut suffire à convaincre le cheval de conserver une trajectoire bien droite.

Dans le cas d'un cheval qui refuse le saut en pilant à l'abord, il faut tout d'abord rechercher la cause de ce refus. En général, c'est un manque d'impulsion ou une mauvaise position

Barres de spa : elles sont inclinées et se franchissent en montant.

du cavalier (trop en avant). Le cavalier doit retravailler sa position en suspension et éventuellement se redresser légèrement dans sa selle à l'abord de l'obstacle pour ne plus peser sur l'avant-main. Il renvoie son cheval sur l'obstacle avec une action énergique des jambes, éventuellement complétée par un discret coup de cravache en arrière du mollet.

Si le cavalier n'est pas suffisamment sûr de lui, il doit reprendre les franchissements au trot et le galop sur le plat jusqu'à ce qu'il se sente vraiment détendu. Là encore, le travail à la longe peut lui faciliter la tâche : il n'a plus à s'occuper de la direction ni de l'impulsion et peut entièrement se concentrer sur le mouvement et sur son équilibre à cheval.

Avant et pendant le saut, il est impératif de garder une position neutre, en équilibre sur les étriers à la verticale du centre de gravité du cheval, afin de ne pas le gêner ni se déséquilibrer. Un cavalier qui a tendance à précéder son cheval lui surcharge l'avant-main au moment où il a besoin de la soulever pour sauter et peut l'amener à la faute (refus, barre ou destruction d'obstacle). En outre, il se déséquilibre en même temps que sa monture et il risque la chute pendant ou après le saut.

S'il ne suit pas suffisamment le mouvement et reste en arrière de son cheval, il risque là encore de le gêner. Cette fois-ci, il le tire vers l'arrière et l'empêche de décoller du sol confortablement. Ses mains risquent de se raccrocher aux rênes, gênant le mouvement de l'encolure et agressant la bouche. Enfin, il risque de retomber en arrière sur la selle et de surcharger les reins du cheval au moment où les postérieurs quittent le sol. L'équilibre du cavalier et celui de sa monture sont bouleversés, menant bien souvent à une faute ou à une chute.

Une fois les franchissements effectués sans problème au galop, la barre peut progressivement être remontée. La progression doit être lente, le cavalier et sa monture devant parfaitement assimiler chaque étape avant de passer à la suivante. En cas de problème, il ne faut pas hésiter à reprendre le travail depuis l'étape précédente. Le franchissement de cavaletti et de petits obstacles au galop est de toute façon un bon entraînement et il peut ouvrir les reprises d'obstacles quel que soit leur niveau.

En haut : Un cheval inquiet à l'abord d'un obstacle risque d'en refuser le saut.

Au centre : Lorsque le cavalier précède son cheval au moment du saut, la chute est souvent inévitable.

Ci-dessous : Ce n'est que lorsque le cavalier est à l'aise sur de petites barres que l'on peut passer à des obstacles plus hauts.

À gauche : Décontracté, le cavalier doit suivre le mouvement du saut.

À droite : Lorsque le cavalier n'appréhende plus le saut, il peut envisager de franchir des obstacles plus impressionnants.

Lorsque le cavalier et sa monture sont tout à fait à l'aise sur de petits obstacles, on peut commencer à en varier la nature : obstacles plus ou moins hauts, plus ou moins larges, combinaisons dont les sauts sont espacés de zéro (« saut de puce ») à plusieurs foulées, etc.

SE PERFECTIONNER

◆ Enchaîner un parcours d'obstacles

Un parcours est le chemin que le cavalier suit pour franchir tous les obstacles dans un ordre et un sens précis. Il faut donc enchaîner plusieurs sauts isolés à la suite, sans faire de cercles ou s'arrêter.

COMPTER LES FOULÉES

Pour le travail à l'obstacle, il est indispensable que le cavalier ait appris à ne faire qu'un avec sa monture. Il suit le mouvement qu'il sent principalement grâce à son assiette, mais aussi grâce à ses jambes (en particulier lorsqu'il travaille en suspension) et à ses mains. Au trot d'abord, puis au galop, il a acquis un excellent équilibre et une bonne fixité à cheval. Il sait en outre reconnaître le pied sur lequel son cheval galope. C'est grâce à cette bonne perception de sa monture qu'il va pouvoir apprendre à compter les battues de son cheval. Ce travail est particulièrement utile à l'obstacle, car il permet de travailler la régularité et de comprendre le mécanisme du saut. Il permet également d'analyser un mauvais saut, souvent provoqué par une mauvaise position du cavalier ou une distance entre les obstacles non adéquate par rapport à la longueur de foulée du cheval. Dans le doute, il est possible de se pencher légèrement en avant (sur le plat seulement) pour observer le mouvement des antérieurs. À chaque foulée de l'antérieur sur lequel le cheval galope (celui qui s'avance le plus), les quatre temps ont eu lieu et on a une battue complète. Poser des barres d'approche et/ou une barre d'appel devant l'obstacle permet de faciliter encore le travail du cavalier.

Un parcours est un assemblage de lignes droites, de courbes et de sauts qui se succèdent de manière harmonieuse et précise. C'est la combinaison de tout ce que le cavalier a appris indépendamment jusque-là. Son rôle est de faire en sorte que le cheval aborde chaque obstacle dans les meilleures conditions possibles, en gérant les paramètres de direction, de vitesse et d'équilibre. Afin d'alléger sa monture, il est préférable de rester en suspension sur l'ensemble de l'enchaînement.

Soigner le tracé

Le tracé est le premier élément d'un parcours à considérer. Il permet de savoir vers quel obstacle aller et surtout comment y aller. Un enchaînement fluide de douze difficultés n'est pas aisé, il nécessite la précision constante du tracé afin d'aborder correctement chaque obstacle tout en anticipant une bonne approche du suivant.

Pendant l'apprentissage du cavalier à l'obstacle, deux règles simples sont à appliquer : d'une part toutes les lignes des abords (distance jusqu'aux battues d'appel) doivent être droites, perpendiculaires à l'obstacle et passant par son centre, d'autre part les courbes nécessitent d'être larges et régulières, comme pour sauter un obstacle isolé sur une diagonale. Le cheval a toujours tendance à rétrécir les tournants et à les couper, le cavalier doit donc penser à les agrandir de manière à avoir la place et le temps de redresser sa monture en face de l'obstacle. Ainsi, il faut prendre le temps de soigner l'itinéraire en veillant à ne pas se le « faire voler » par le cheval, qui se précipite souvent pour sauter l'obstacle.

Il est important de comprendre que la direction prise à chaque réception influence directement les conditions d'approche de l'obstacle suivant. Le choix du tracé dépend étroitement de l'emplacement des obstacles, et chaque abord est intimement lié au précédent.

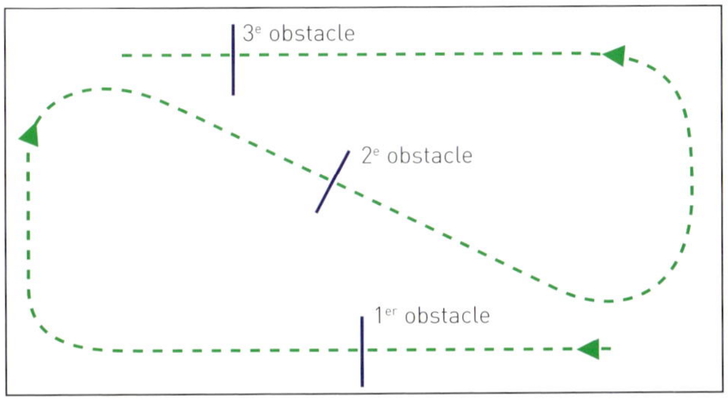

Tracé correct.

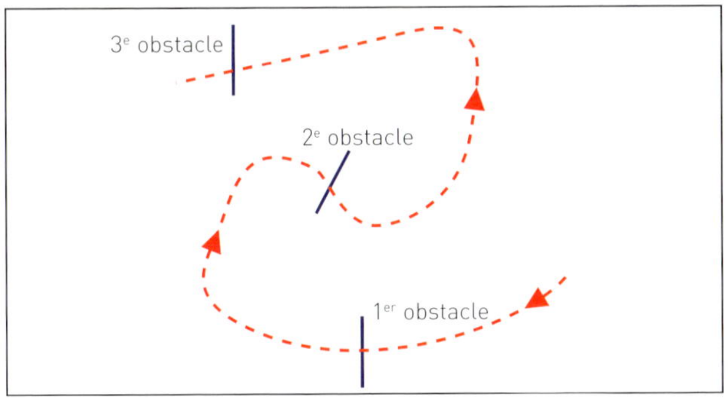

Tracé inadapté à la place des obstacles.

De cette manière, le cavalier qui veut sauter une combinaison se présente devant de façon à ce que tous les obstacles soient alignés, il évitera ainsi de zigzaguer dans la ligne. Cet exemple montre que la précision de l'abord d'un saut est très importante pour ceux qui lui succèdent.

Enchaîner correctement un parcours nécessite une certaine rigueur… et de la préparation !

main, réclame un train développé, une battue d'appel des antérieurs énergique et une détente des postérieurs puissante. Dans l'abord, l'équilibre du cheval est stable, l'impulsion est constante et les dernières foulées sont amples. Le cavalier mollit dans ses épaules et ses bras afin de se rapprocher de l'obstacle et il durcit ses mollets.

Les rivières et les fossés simples sont des obstacles qui réclament seulement un effort en longueur, le train doit être augmenté pour étendre les foulées et avoir ainsi un saut rasant donc économique.

Aborder les obstacles en montant

Les obstacles en terre qui obligent le cheval à sauter dessus et ceux situés dans une montée requièrent un appel proche du pied de la difficulté et beaucoup d'impulsion, car le profil du terrain modère la vitesse et raccourcit les foulées de galop.

Les obstacles dans une côte demandent peu de contact sur le mors, tandis que les contre-hauts, les pianos en montant et les buttes réclament une tension des rênes suffisante. Dans tous les cas, ses jambes sont très énergiques et le cavalier doit soulager le dos et l'arrière-main de sa monture à l'abord et pendant l'effort, afin de favoriser les battues d'appel et l'extension propulsive des postérieurs.

Aborder les obstacles situés dans une descente

Le point essentiel repose sur l'équilibre du cheval, que le cavalier doit chercher à reculer. Le galop est lent et l'appel doit être éloigné de la base de l'obstacle pour aplatir la phase ascendante du saut et fournir ainsi un effort moindre. Pour cela, le cavalier freine avec ses épaules en se redres-

LA PROBLÉMATIQUE DES COMBINAISONS

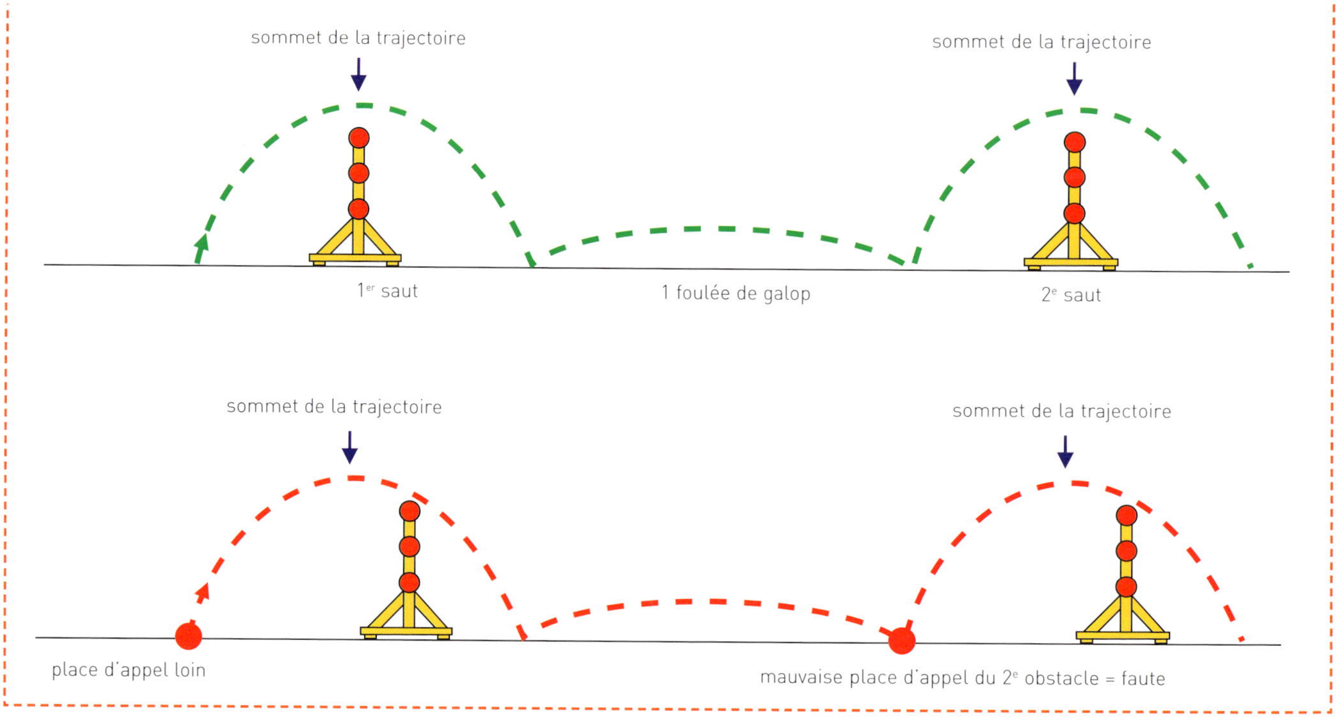

sant, en gardant les mains basses et en conservant un contact léger. Les jambes restent actives, afin de conserver le centre de gravité du cheval reculé au maximum et de maintenir sa tension.

Quelques abords d'obstacles de cross particuliers

Les gués et les contre-bas sont des obstacles inquiétants pour le cheval, particulièrement le gué qui demande une réception dans l'eau. Le cavalier doit donc ralentir très progressivement, jusqu'à galoper lentement voire trotter pour les débutants et les jeunes chevaux, afin de se rapprocher de la difficulté et obtenir un petit saut. Ainsi, le cavalier se redresse et renforce le contact sur le mors, avec les mains basses et les jambes très actives pour canaliser fortement sa monture et l'empêcher de refuser.

Les obstacles panoramiques sont faciles à franchir. Leur trajectoire de saut ne doit pas être élevée. Dans un train ralenti, le cavalier mollit dans ses doigts pour se rapprocher de l'obstacle, il garde les jambes en surveillance.

◆ Sauter une combinaison

Une combinaison représente une succession d'obstacles relativement proche qui doivent être sautés de façon consécutive. En CSO, on rencontre les doubles, où deux difficultés sont à franchir, et les triples qui en comptent trois. L'intervalle entre les obstacles peut nécessiter un saut de puce (en CCE), une foulée de galop ou plusieurs. Les distances sont généralement étudiées pour ne pas poser de problème spécifique aux chevaux ayant une locomotion ordinaire.

La problématique des combinaisons

La difficulté des lignes est d'aborder correctement chaque obstacle. La place d'appel du premier est facile à régler et conditionne les suivantes, qui ont un abord très court. C'est pourquoi, quand le cheval prend son appel trop près du premier obstacle, il se réceptionne loin de celui-ci si le cavalier n'intervient pas, et se rapproche alors trop du second obstacle, ce qui provoque une faute des antérieurs ou un refus. Au contraire, quand le premier élément est abordé trop loin, il est alors trop distant du second, donc le cheval fait un « petit pied » (foulée très courte), touche avec les postérieurs ou fournit un effort considérable.

Afin de remédier à ces situations hasardeuses, le cavalier doit régler la place d'appel du saut d'entrée de la combinaison pour aborder les obstacles suivants dans de bonnes conditions. Si les distances dans la ligne sont justes, une trajectoire correcte sur le premier élément permet de garder une bonne attitude du cheval, des foulées constantes et une trajectoire convenable sur la seconde difficulté, sans que le cavalier ait besoin de modifier quoi que ce soit.

Le cavalier prépare l'entrée de la combinaison en se concentrant sur le premier élément, il s'adapte à son profil et à sa hauteur pour régler l'emplacement de l'appel, comme s'il s'agissait d'un obstacle isolé. Après avoir pris ses points de repère lors d'un premier passage, une autre solution permet d'adapter le tracé en rapprochant ou en éloignant la dernière courbe menant à la combinaison, de façon à régler l'abord. Un tracé très précis est alors essentiel. Cette méthode n'est valable que lors des entraînements à la maison.

Pour venir sur une combinaison, le cavalier adapte les paramètres de vitesse, d'équilibre et d'amplitude dans la courbe précédente, et il modèle le tracé en s'alignant sur le dernier obstacle, afin d'arriver au milieu et en face de la ligne. L'impulsion nécessaire aux sauts successifs est accrue. Dès la réception du premier élément, le cavalier doit avoir retrouvé sa posi-

La qualité de l'entrée d'une combinaison influence les sauts suivants.

La variation du contrat de foulées ne doit pas altérer les sauts.

tion initiale pour éviter de mettre sa monture sur les épaules. Il intervient dans la ligne seulement pour entretenir l'impulsion et la rectitude de sa monture, en étant très descendu sur ses articulations basses et en encadrant le cheval grâce au couloir de ses jambes actives et de ses mains souples. De cette manière, chaque saut bénéficie d'une bonne trajectoire, les foulées intermédiaires sont constantes et l'enchaînement fluide.

Les contrats de foulées

Une foulée est la distance comprise entre deux appuis consécutifs du même pied, elle est en moyenne de 3,50 m pour un cheval au galop. Néanmoins, elle varie de 3,20 à 3,80 m en CSO et peut dépasser les 4 m en CCE.

Un contrat de foulées définit le nombre exact de foulées de galop que le cheval doit effectuer entre deux obstacles d'une combinaison.

Pour connaître le nombre de foulées intermédiaires, le cavalier attend le second saut sans bousculer sa monture et écoute la cadence de l'allure. Le cavalier inexpérimenté commet souvent l'erreur de compter la réception du premier obstacle comme une foulée. Il faut absolument faire la différence entre le moment où le cheval retrouve le sol et entre les foulées de galop, afin de les dénombrer efficacement.

Si les foulées du cheval sont normales, le double d'un parcours de formation avec des distances justes permet au cavalier de remplir facilement le contrat de foulées imposé, à condition d'aborder correctement le premier obstacle. Cependant, l'intervalle peut être faussé dans les concours et nécessiter l'ajustement de la longueur des foulées. Ainsi, elles doivent être étendues si la distance entre les obstacles est trop longue et raccourcies si l'éloignement est trop petit.

Dans une combinaison avec un écartement juste qui permet au cheval de faire naturellement trois foulées par exemple, le contrat peut exiger d'en mettre seulement deux ou au contraire d'en disposer quatre. Le cavalier doit alors ajuster ses foulées en les étendant ou en les raccourcissant afin d'atteindre l'objectif. Ces modifications ne doivent pas altérer la cadence et l'exactitude de la place d'appel du premier obstacle. Ainsi, la qualité du galop et des trajectoires sur les deux éléments ainsi que l'harmonie de l'enchaînement sont préservées.

Pour varier l'amplitude des foulées, il importe, d'une part, que le cheval soit soumis, très réceptif aux aides, tendu et souple, et d'autre part, que le cavalier maintienne une bonne impulsion et un contact moelleux et constant sur le mors. Pour cela, il doit maîtriser parfaitement sa stabilité et sa fixité dans la position en suspension, de plus, l'indépendance et l'accord de ses aides sont primordiaux.

Réduire le nombre de foulées

Le cavalier doit allonger les foulées de galop pour en réduire le nombre dans une combinaison. C'est pourquoi il travaille les foulées dans les courbes et la ligne de l'abord en augmentant la vitesse sans varier la cadence. Le cavalier a les jambes actives sur des talons bas, les rênes sont toujours ajustées et le regard est porté en avant. De cette manière, il accroît l'impulsion et « laisse passer » son cheval en l'accompagnant avec les mains et les poignets souples afin de l'autoriser à étendre son encolure. Le centre de gravité du cheval est légèrement avancé, sans qu'il soit pour autant sur les épaules. Tout est mis en œuvre pour faciliter l'avancée des antérieurs qui couvrent ainsi plus de terrain. Le cheval s'étend longitudinalement et ses foulées sont donc développées dans une cadence stable.

Le galop doit être modifié avant la combinaison, puis l'attention du cavalier se porte sur l'ajustement de la place d'appel du premier obstacle. Quand cette entrée est correcte, le cavalier attend le deuxième saut. Il retrouve son attitude initiale dans la ligne et il maintient l'équilibre, l'impulsion et l'amplitude des foulées du cheval sans le bousculer, pour qu'il aborde la deuxième difficulté dans des conditions favorables.

Augmenter le nombre de foulées

Si le contrat de foulées accroît leur nombre dans une combinaison, les foulées doivent être raccourcies. La vitesse est réduite et le centre de gravité du cheval est reculé, afin de le « comprimer » dans le sens longitudinal, diminuant ainsi l'avancée des antérieurs. Cela nécessite un bon engagement des postérieurs et un contact plus ferme sur le mors. Dans la courbe menant à la combinaison, le cavalier se rapproche de sa selle et se redresse, tout en maintenant l'impulsion nécessaire aux sauts et à l'attitude de sa monture. Le cheval est relativement rassemblé et ses foulées sont alors réduites. Le cavalier conserve ces paramètres dans la ligne, sans perturber l'équilibre et la cadence.

L'oxer doit être abordé avec des foulées amples.

LES CONTRATS DE FOULÉES

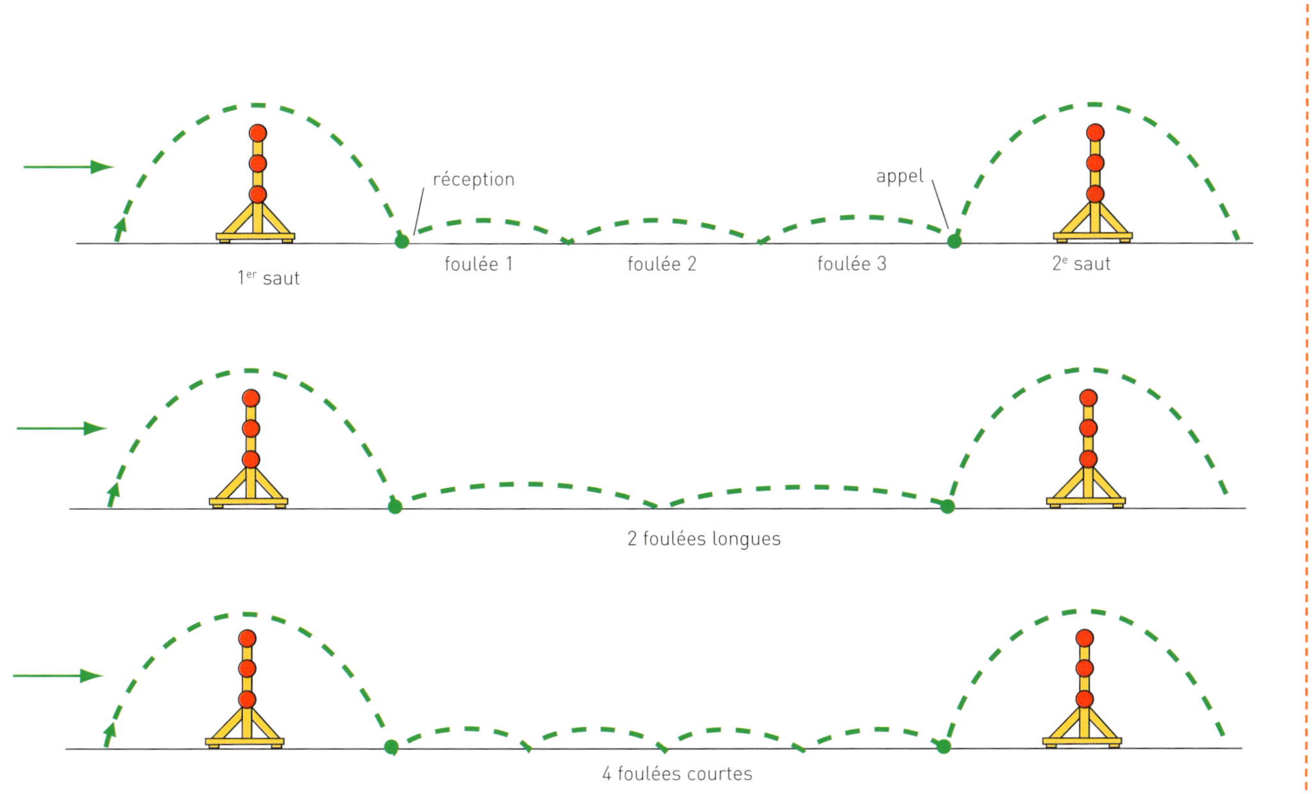

LES DIFFÉRENTES DISCIPLINES ÉQUESTRES

L'équitation est un sport aux multiples facettes. Du polo à la randonnée, du saut d'obstacles à la monte en amazone, en passant par l'attelage et la voltige, il existe une discipline pour chaque cavalier. C'est en élargissant ses horizons et en tentant de nouvelles expériences que l'on devient peu à peu un véritable « homme de cheval ».

Concours de saut d'obstacles.

LES DISCIPLINES OLYMPIQUES

◆ Le concours de saut d'obstacles ou CSO (parfois appelé jumping)

Il s'agit pour le cavalier et sa monture de franchir un ou plusieurs parcours d'obstacles mobiles, dans un temps donné. Le couple est pénalisé pour les refus, les barres tombées, les chutes ou les dépassements de temps. C'est probablement (après les courses) la discipline équestre la plus connue et la plus appréciée du grand public.

◆ Le dressage

Il teste le niveau d'équitation du cheval et de son cavalier. Le couple doit effectuer un enchaînement de figures imposées ou libres et des changements d'allure. C'est une discipline très exigeante et très belle à regarder.

Elle demande une parfaite maîtrise de sa monture et un excellent doigté. La bonne exécution des figures, leur complexité ainsi que la légèreté du couple et la discrétion des aides sont jugées.

◆ Le concours complet d'équitation (ou CCE)

Il combine le dressage, le CSO et le cross, parcours d'obstacles fixes en terrain varié. Comme son nom l'indique, il demande des connaissances et des aptitudes très complètes de la part du cavalier comme de son cheval.

LES DISCIPLINES SPORTIVES NON OLYMPIQUES

◆ L'attelage

Il comporte plusieurs sous-catégories et se pratique à un, deux ou quatre chevaux ou poneys. L'élégance et la maniabilité des voitures sont testées sur plusieurs épreuves. Le marathon, parcours sur obstacles naturels situés en terrain varié, est probablement l'épreuve la plus impressionnante.

◆ Le polo

Sport des rois et roi des sports, le polo s'ouvre depuis quelques années à un public de plus en plus diversifié. Il oppose deux équipes de cavaliers munis de maillets avec lesquels ils frappent une balle recouverte de cuir. Rapide, le polo demande beaucoup de souplesse de la part des chevaux et une grande précision du cavalier.

◆ Le horse-ball

L'une des disciplines les plus récentes, le horse-ball peut se comparer au basket et au handball. Deux équipes de quatre cavaliers s'opposent sur un terrain comportant deux buts en hauteur, dans lesquels ils doivent lancer le ballon. Ce dernier est entouré d'une sorte de gaine en cuir ou en tissu, munie de poignées qui permettent aux cavaliers de la saisir et de la lancer. C'est un sport populaire et très stimulant pour les participants comme pour le public.

Superbe attelage.

◆ Les pony games (ou « mounted games »)

Ils viennent de Grande-Bretagne. Ce sont des jeux équestres généralement pratiqués à poney par de jeunes cavaliers. Il en existe une multitude et ils s'exécutent en principe par équipes appartenant à divers poney-clubs. Les pony games permettent notamment aux enfants de développer leur confiance et leur équilibre à poney.

◆ La voltige

On distingue la voltige en ligne de la voltige en cercle (le cheval est alors en longe). Elle se pratique individuellement ou en équipe et est ouverte à tous. Il s'agit pour le ou les voltigeur(s) de réaliser à cheval, en général au galop, des figures diverses : à terre, à cheval, étendard, debout, etc. La voltige demande une grande souplesse et développe l'équilibre du cavalier.

1

2

3

4

1. *Horse-ball.*
2. *Pony-games.*
3. *Voltige.*
4. *Courses de trot.*
5. *Endurance.*
6. *Trec.*

5

◆ L'endurance

Il s'agit de courses réalisées sur de longues distances en terrain varié et en pleine nature. La condition physique du cheval à l'arrivée est prise en compte au même titre que la performance pure. Ce n'est donc pas nécessairement le plus rapide qui l'emporte ! L'endurance demande au cavalier une excellente connaissance des capacités de sa monture et un respect de sa santé. Le cheval, lui, doit être en parfaite condition et avoir subi un entraînement approprié : c'est un véritable athlète.

◆ Le reining

Cette discipline trouve son origine dans le travail du bétail des cow-boys américains. Elle met en valeur le dressage et la souplesse du cheval. Un bon cheval doit faire preuve de maniabilité, de réaction immédiate aux aides discrètes, de calme et de réactivité. Le cavalier lui fait exécuter un nombre de figures imposées comme l'impressionnant sliding stop (l'arrêt glissé) ou le spin (pirouette rapide).

◆ Le Trec (Technique de randonnée équestre de compétition)

Le Trec est la discipline la plus récemment reconnue. Il consiste en une simulation des conditions d'une randonnée et teste les aptitudes du cavalier ainsi que celles de sa monture à l'équitation d'extérieur. Il comprend plusieurs épreuves : présentation du couple et du matériel de randonnée, parcours en terrain varié (avec adaptation des allures au relief), orientation, maîtrise des allures et maniabilité. Le Trec est ouvert à tous les chevaux et à tous les cavaliers.

◆ Les courses

Elles constituent un monde à part des autres disciplines équestres. Il en existe de différentes catégories, ouvertes à différents types de chevaux : trot attelé ou monté (trotteurs), galop sur le plat ou à l'obstacle (pur-sang anglais en général, mais aussi arabes ou anglo-arabes, parfois d'autres races). Les courses d'obstacles de poneys shetlands sont aussi très populaires en Grande-Bretagne, où elles servent notamment d'attraction lors de grandes manifestations équestres.

6

1

2

L'ESSOR DE L'ÉQUITATION DE LOISIRS

◆ La randonnée équestre

Elle a donné naissance à une discipline sportive, le Trec, mais représente plus généralement une équitation de loisirs. De plus en plus de cavaliers apprécient de parcourir ainsi des kilomètres avec leur monture, partageant avec elle leur vie de tous les jours. On peut randonner seul ou en groupe, sur une ou deux journées ou sur plusieurs mois, près de chez soi ou à la découverte de pays lointains, bref, il y a autant de types de randonnée que de randonneurs !

L'ÉQUITATION TRADITIONNELLE

◆ La monte en amazone

C'est l'équitation des dames de l'ancien temps, dont les jupes ne permettaient pas la monte classique à califourchon. Elle se pratique avec une selle spéciale, munie d'une fourche sur le côté gauche, sur laquelle repose la jambe droite. Les deux jambes se trouvant ainsi du même côté, les aides sont modifiées et l'équitation en amazone demande un important travail de précision et de dressage du cheval. Les meilleures cavalières parviennent à évoluer sans mal aux trois allures et à franchir de petits obstacles.

◆ L'équitation de travail

Issue de l'utilisation traditionnelle du cheval, l'équitation de travail combine la culture et les traditions équestres de l'équitation western, de la doma vaquera espagnole, de l'équitation camargue, des buterri italiens ou de l'équitation portugaise. Les équipes, en costume traditionnel, s'affrontent lors de compétitions de conduite et de tri de bétail où elles doivent démontrer maniabilité, rapidité et dressage sans stresser le troupeau.

1. *Le sliding stop ou arrêt glissé est l'une des figures du reining.*
2. *La monte en amazone peut aussi se pratiquer en compétition.*
3. *La randonnée permet de découvrir des lieux spectaculaires.*
4. *L'équitation de travail restitue les techniques du tri de bétail.*

Le dressage est une discipline d'excellence (page de droite).

3

4

FEDERATION FRANCAISE

ACHETER UN CHEVAL

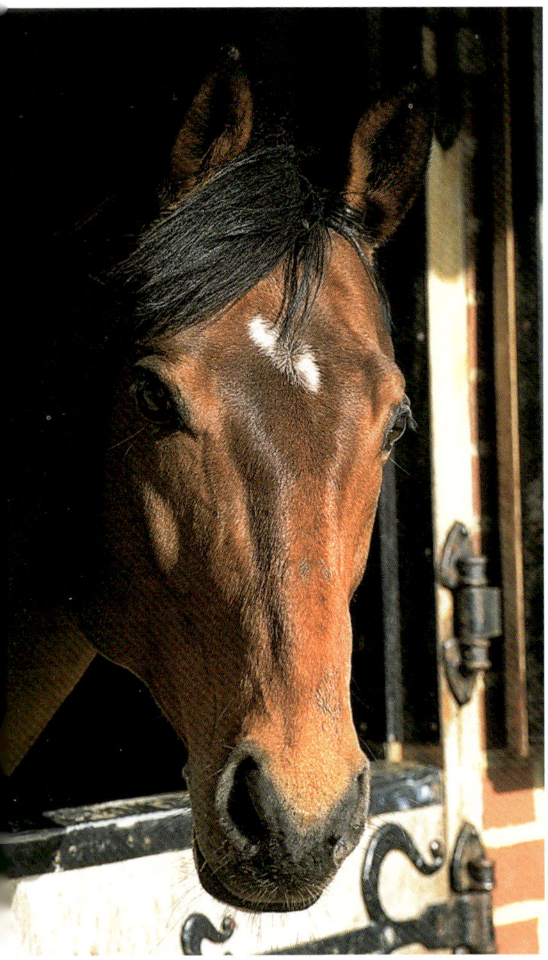

Avant d'acheter un cheval, vous devez apporter des réponses à certaines questions essentielles : quelle discipline souhaitez-vous pratiquer ? Êtes-vous capable de monter un cheval entier ? Quels sont les pièges à éviter lors de l'achat ? C'est ainsi que vous pourrez privilégier le coup de cœur, en toute connaissance de cause.

QUEL CHEVAL OU PONEY ?

Avant de partir à la recherche du cheval de ses rêves, il faut prendre en considération certains critères de sélection ; un peu de réflexion et de bon sens vous guidera dans votre choix. N'importe quel cheval ne convient pas à n'importe quel cavalier et plusieurs facteurs rentrent en ligne de compte : votre budget, l'activité que vous souhaitez pratiquer, votre âge, votre niveau d'équitation et votre personnalité.

Un cheval calme et attentif comblera débutants et cavaliers confirmés.

◆ Les différences de prix

Sachez que certains chevaux peuvent valoir très cher : le prix de certains chevaux de saut d'obstacles aux origines choisies peut atteindre plusieurs millions euros. Si votre objectif est la promenade et l'équitation de loisir, pourquoi ne

COMBIEN COÛTE VOTRE FUTUR CHEVAL ?

De manière générale, plus les origines du cheval sont prestigieuses, plus il coûtera cher. Les gains réalisés en compétition viennent augmenter sa valeur. Sachez également qu'une poulinière vaut plus cher qu'un hongre et que certains poulains non débourrés de races rares ou à la mode sont quatre à cinq fois plus chers que certains chevaux de 8 ou 9 ans de race commune ou passée de mode. Il est difficile de donner une fourchette de prix, tant ils varient selon tous ces critères.

pas choisir un trotteur réformé des courses ou un ancien cheval de club ?

Les enfants et les adolescents seront plus à leur aise sur un poney ou un double poney polyvalent, adapté à leur force physique. Bien qu'on les dise parfois têtus, les poneys sont endurants, vifs, courageux et très attachants. Côtoyer un poney permettra à l'enfant d'apprendre tout en gagnant en confiance. Il pourra passer sur un cheval lorsqu'il aura grandi.

◆ Pour le cavalier débutant

Si vos connaissances techniques sont récentes, mieux vaut choisir un cheval d'expérience, gentil et calme, qui saura vous mettre en confiance et vous faire progresser. Certains chevaux de club peuvent jouer ce rôle ainsi que certains chevaux d'expérience, même s'ils n'ont pas passé leur vie dans un manège.

◆ Pour le cavalier confirmé

Vous montez à cheval depuis plusieurs années, vous vous êtes d'ores et déjà orienté vers une discipline donnée, vous choisirez donc plutôt un cheval de type barbe ou arabe si l'endurance vous passionne, un cheval résistant, au tempérament calme si vous êtes un passionné de randonnée, un selle français ou un anglo-arabe pour le dressage ou l'obstacle ; si c'est à l'attelage que vous souhaitez vous perfectionner, de nombreuses races de poneys ou de chevaux de trait au modèle léger (haflinger, cob, franche montagne) réunissent les qualités essentielles.

◆ Sachez faire votre choix

Sachez le plus tôt possible ce que vous souhaitez faire avec votre cheval : êtes-vous plutôt tenté par la voltige, par le Trec ou par le dressage ? Si vous pensez par exemple disposer des capacités d'adresse et d'intrépidité requises pour le horse-ball, essayez de choisir le cheval qui vous correspond et qui possède lui aussi les qualités athlétiques et mentales indispensables ! Votre complicité et votre efficacité n'en seront que meilleures.

L'esthétique ne fait pas tout, même s'il est parfois difficile de résister, comme pour ce joli bai.

Il se peut que vous soyez tenté par la randonnée et qu'au fur et à mesure de vos progrès à cheval vous deveniez passionné d'endurance... Dans ce cas, prenez conseil auprès d'un professionnel (votre moniteur au club...), qui saura vous conseiller sur le choix de votre futur compagnon de manière que lui et vous puissiez progresser vers le même but, en franchissant ensemble chaque étape de l'apprentissage de la discipline que vous aurez choisie.

Si la compétition vous tente, il vous faut un cheval « avec papiers », c'est-à-dire dont les origines sont connues et répertoriées. Chaque race reconnue par les Haras nationaux possède son livre généalogique. À chaque race ses aptitudes propres. Le Syndicat de tutelle vous renseignera sur les caractéristiques propres à chacune. Il existe bien évidemment des exceptions, mais en règle générale, un anglo-arabe sera de tempérament plus « chaud » qu'un trotteur et un pure race espagnole plus vif qu'un poney fjord...

ENTIER, HONGRE OU JUMENT ?

L'entier
En règle générale, l'entier a un caractère affirmé ; il a souvent aussi beaucoup de cœur. Il sera parfois difficile dans la vie quotidienne, car son tempérament de chef fait de lui le spécialiste des morsures, coups de sabot et mimiques menaçantes. Il est plutôt destiné à un cavalier confirmé qui ne se laissera pas impressionner par ses manœuvres d'intimidation. Attention à l'étalon logé près de juments… À la période des chaleurs, tout peut arriver. Certains entiers sont doux et on a vu de magnifiques andalous au sang chaud se plier aux quatre volontés d'un enfant… Mais cela n'est pas courant et, lors de votre choix, mieux vaut privilégier la prudence si vous n'êtes pas absolument certain de vos compétences.

La jument
Elle est en général douce et plutôt conciliante (bien que chaque race ait ses particularités et chaque jument son tempérament propre). Éventuellement votre jument pourra se montrer d'humeur changeante, en particulier lors des chaleurs, où elle peut devenir irritable et capricieuse. Elle peut également devenir poulinière, si l'élevage vous tente.

Le hongre
C'est celui qu'on trouve le plus couramment dans les clubs, où sa placidité est indispensable. Il est beaucoup plus sociable que l'étalon mais aura aussi moins de caractère. C'est celui que vous choisirez si vous achetez votre premier cheval et si votre niveau d'équitation est moyen. Il est parfois moins fringuant qu'un étalon et peut vous paraître avoir moins de cœur, mais c'est lui qui guidera le plus calmement vos premiers pas de cavalier propriétaire.

Il est évident que ces considérations sont générales ; il existe des hongres au tempérament de feu et des juments à l'humeur égale.
Toutefois, en vous conformant à ces critères, vous éviterez la plupart des motifs de déconvenue.

QUEL TEMPÉRAMENT ?

Une fois votre niveau défini, votre discipline de prédilection choisie, essayez de déterminer quel tempérament vous aimez chez un cheval. Le plus souvent, un cavalier énergique aimera un cheval qui a du « répondant », mais il se peut aussi que les contraires s'attirent et qu'un cheval calme et docile ait les faveurs d'un cavalier au caractère bien trempé…

Bien entendu il existe des erreurs à ne pas commettre : n'achetez pas un cheval excessivement nerveux en pensant que vous pourrez en faire une monture placide ; vous vous exposez à des déconvenues et vous risquez de vous séparer de votre cheval plus tôt que prévu, ce qui serait un échec.

Rejetez immédiatement toute attitude menaçante, tout comportement agressif sans motif valable. Approchez le cheval, observez-le : vient-il vers vous spontanément, ou vous tourne-t-il le dos en vous présentant sa croupe, prêt à botter ? Lors du pansage, est-il calme ou redoute-t-il chacun de vos gestes ?

De même, regardez-le monté ou tourné à la longe : ses réactions sont-elles en proportion avec ce qu'on lui demande ? Paraît-il anxieux, ou semble-t-il accepter avec confiance ce qu'on attend de lui ?

Avec ses congénères, se montre-t-il en permanence agressif ? Pensez aux promenades entre amis et au cauchemar qu'elles peuvent devenir avec un cheval qui ne supporte pas la compagnie de ses semblables…

Essayez de détecter les indices de mauvais traitements ou d'un débourrage mal conduit. Certaines erreurs peuvent donner des résultats catastrophiques et produisent le plus souvent des comportements très difficiles à corriger. Sachez que des chevaux réputés difficiles deviennent des stars dans le spectacle ; la famille Grüss ou Mario Lurashi en savent quelque chose. Mais ne cherchez pas à les imiter : savoir mettre en valeur les comportements agressifs demande des connaissances approfondies et une patience hors du commun.

◆ Le choix d'une race

Pour le concours complet, anglo-arabe, AQPS (autre que pur sang) ou selle français font merveille.

Pour l'attelage, selon l'orientation que vous aurez adoptée, votre choix se portera sur un franche-montagne, un mérens ou un cob normand pour les épreuves de maniabilité, ou sur un puissant trait du Nord pour l'attelage de loisir (roulottes par exemple).

Les selles français font d'excellents chevaux de saut d'obstacle.

Il est évident qu'un pure race espagnole mettra ses allures et son port altier en valeur lors de reprises de haute école et qu'un trakhener ou un holstein sont des chevaux destinés au dressage.

Pour l'endurance, choisissez des chevaux fins et endurants comme l'arabe, ou le barbe, au pied très sûr.

Si la chasse à courre vous passionne, pourquoi ne pas donner sa chance à un trotteur au cœur d'or, s'il n'a pas fait ses preuves en course ?

QUEL ÂGE ?

◆ Le jeune cheval

Là aussi, soyez certains de vos connaissances et de votre niveau. À 3 ou 4 ans, tout juste sorti du débourrage, le jeune cheval est vif, joueur et sa personnalité s'affirme tout juste. Parfaire le dressage d'un cheval et progresser avec lui est évidemment une belle expérience mais ne vous lancez dans l'aventure que si vous vous sentez parfaitement capable de maîtriser le déroulement de son apprentissage.

L'achat d'une jument répond à certains critères précis si on la destine à la reproduction.

◆ Le cheval adulte

Vous avez affaire à un animal dont le caractère est défini, dont les aptitudes sont claires. C'est donc le plus facile à acheter pour le propriétaire « débutant ». Vérifiez qu'il n'a pas acquis de mauvaises habitudes et essayez d'obtenir des informations sur sa vie passée ; elles pourront vous aider si vous rencontrez un problème de comportement. Certains chevaux donnent le meilleur de leurs qualités à 9 ou 10 ans. Pensez-y si vous vous destinez à la compétition.

◆ Le cheval d'âge

C'est, dit-on, celui qui convient le mieux au cavalier débutant. C'est en tout cas celui qui vous accompagnera le plus placidement en promenade. Il peut aussi apprendre beaucoup à un jeune propriétaire ; par ses habitudes, il lui dictera sa conduite et fera un excellent professeur pour tous les soins quotidiens. Le cheval d'âge, s'il a été correctement soigné et entretenu, peut former un jeune cavalier pendant plusieurs années et lui permettre de commencer sa vie équestre le plus sereinement possible.

ET UN POULAIN ?

Certes il est attendrissant, gracieux et drôle, mais on ne doit surtout pas oublier qu'il a besoin d'une éducation sérieuse et dispensée avec infiniment de patience si on veut faire de lui un cheval agréable. Si vous choisissez un poulain, vous prenez la responsabilité de lui inculquer les règles de base et de poursuivre son dressage sur plusieurs années. C'est donc une décision que vous devez prendre après mûre réflexion. Si votre connaissance des chevaux n'est pas solide et si vous ne disposez pas du temps suffisant, abstenez-vous, même si le poulain semble déjà vous avoir adopté et vient vers vous spontanément du fond du pré : n'écoutez que votre raison car un tel choix conditionne non seulement la vie de l'animal mais aussi la vôtre.

Attention au coup de cœur ! Le poulain a besoin d'être éduqué.

OÙ ACHETER VOTRE CHEVAL ?

Chaque région de France ou presque peut s'enorgueillir d'être le berceau d'une race. On compte en France neuf races de chevaux de trait, sept races de chevaux de selle, huit races de chevaux de sang et treize races de poneys.

Dans notre pays, plus d'1 million de chevaux sont dénombrés par les organismes nationaux ; vous devriez donc trouver le vôtre sans trop de difficultés.

Organisez-vous : faites-vous un planning de rendez-vous, prévoyez beaucoup de temps pour chaque cheval. Après la visite, notez immédiatement vos impressions et celles du spécialiste (vétérinaire, moniteur, etc.) qui vous aura accompagné.

Il existe de nombreuses manières d'acheter un cheval ; voici quelques exemples de tous ordres.

◆ Les petites annonces

Les magazines spécialisés proposent des petites annonces ; privilégiez celles des organismes officiels et des structures reconnues. Dans le doute, adressez-vous à la Fédération française d'équitation (FFE), qui saura vous orienter et vous conseiller.

◆ Dans un club

Tous les clubs hippiques ont un tableau d'informations sur lequel figurent les stages, les ventes de matériel, et bien entendu les annonces de ventes de chevaux. Le club lui-même peut aussi vendre quelques-uns de ses chevaux. Vous êtes alors assuré de ne pas avoir de surprise : vous aurez eu le loisir de voir évoluer le cheval en reprise et pourrez recueillir les impressions de ceux qui l'ont côtoyé.

◆ Chez un marchand de chevaux

Leur réputation est en voie d'amélioration ; on les disait malhonnêtes et peu regardants sur l'origine de leurs animaux, il semble que cela soit du passé... Toutefois, prenez la précaution de vous adresser à la Chambre syndicale du commerce des chevaux, dont les adhérents sont porteurs

Voici un cheval calme et gentil, qui pourrait convenir à un cavalier débutant.

LES VENDEURS LÉGALEMENT RECONNUS

La Chambre syndicale du commerce des chevaux de France, créée en 1894, autorise uniquement certaines personnes à exercer le commerce des chevaux en France. Cette liste comprend les marchands de chevaux (négociants, courtiers ou commissionnaires), les exploitants agricoles naisseurs et éleveurs de chevaux, les directeurs d'école de dressage, les responsables d'établissement hippiques et les particuliers.mais aussi la vôtre.

L'ACHAT

Le vendeur devra vous remettre tous les documents officiels qui accompagneront votre cheval tant que vous en serez propriétaire :
- carte d'immatriculation au fichier SIRE ;
- certificat d'origine ;
- certificat de vente.

d'une carte professionnelle délivrée par le ministère de l'Agriculture ; vous éviterez ainsi une éventuelle déception. Certaines facilités peuvent être accordées à l'acheteur, qui peut emmener le cheval chez lui et l'essayer. Il le rendra au vendeur si celui-ci ne convient pas à ses attentes.

◆ Dans une écurie de course

Les chevaux « réformés » peuvent être achetés chez leur entraîneur et devenir de bons chevaux de club ou d'extérieur. Ils ont fait des résultats médiocres en course ; attention aux blessures et aux défauts, ils sont fréquents. Assurez-vous que le cheval n'a pas été « poussé » et qu'il est toujours apte au travail, ou cela risque de vous coûter cher en visites du vétérinaire.

◆ Chez un éleveur

L'éleveur met en vente les chevaux issus de ses juments ; du poulain au sevrage au jeune cheval débourré, vous trouverez tous les âges. Soyez observateur, les réactions du cheval envers l'éleveur en disent long sur leurs relations.

Les tarifs varient suivant la race choisie, l'importance de l'élevage, sa réputation, etc. Là aussi, renseignez-vous au préalable auprès des syndicats concernés pour savoir où vous mettez les pieds. Si vous recherchez un cheval de randonnée, maniable et endurant, n'allez pas voir un éleveur d'anglo-arabes, dont les produits sont des cracks de concours.

COMMENT LE CHOISIR ?

Il faut observer les signes qu'émet le cheval afin de déceler tel ou tel trait de caractère ; le langage des oreilles et de la tête, comme celui du corps, joue un rôle essentiel. Une fois le caractère à peu près cerné, réfléchissez pour savoir si ce cheval, avec ses réactions et sa personnalité, vous convient. Il n'y a pas de recette miracle pour assortir un cheval à un cavalier, mais il faut essayer de créer des relations de confiance dès les premiers contacts. Attention au cheval anxieux, qui a peur de tout : si vous ne vous sentez ni la patience ni les compétences pour corriger ce défaut, mieux vaut poursuivre votre recherche. En tout cas, faites-vous une opinion après plusieurs visites et après avoir vu le cheval au box, au pré, mené en main et monté. Votre choix ne pourra être fondé qu'ensuite. Alors seulement laissez libre cours à votre intuition.

Soyez prudent si vous achetez un cheval de course réformé : une visite vétérinaire approfondie est indispensable.

◆ Les critères physiques

Si le mental compte, certaines caractéristiques physiques sont de première importance. Un cheval de race doit correspondre aux critères qui la constituent. Vous pouvez le vérifier aisément.

Voici un poulain confiant envers l'homme. C'est l'un des critères à observer chez l'éleveur auquel vous rendrez visite.

Il doit en outre se montrer maniable, souple, pourvu d'aplombs corrects ; il ne doit pas trébucher, signe d'une douleur ou d'un travail trop intense.

Observez ses jambes, son dos, son garrot. Examinez les tendons – un gonflement anormal peut révéler une tendinite chronique. Portez une attention particulière aux pieds ; ils sont révélateurs de l'état général du cheval et des soins qu'on lui prodigue. Des sabots sains sont correctement ferrés et curés ; ils sont le reflet d'une alimentation équilibrée. La corne mal entretenue peut provoquer des seimes, fissures qui peuvent affecter l'état du pied entier et être à l'origine de boiteries si elles ne sont pas soignées à temps. Pour cet examen physique, faites-vous aider d'un vétérinaire, dont le métier est de savoir déceler les défauts, les blessures anciennes et autres anomalies capables d'engendrer des problèmes ultérieurs.

◆ Élargir les possibilités

Multipliez les visites chez les vendeurs, voyez plusieurs chevaux, montez-les, observez-les tous à des moments différents et en compagnie de personnes différentes. Élargissez au maximum le champ de vos investigations. Faites-vous conseiller et accompagner par un spécialiste (vétérinaire ou moniteur) qui saura vous signaler les points de détail

Demandez à voir le cheval mené en main, au pas et au trot, lors de votre première visite.

LA VISITE VÉTÉRINAIRE

Avant toute transaction et toute décision, vous devez absolument demander à un vétérinaire de venir examiner le cheval que vous avez sélectionné, en particulier s'il est âgé. Lui seul saura détecter les vices cachés, les malformations qui pourront nuire, voire compromettre vos projets. La valeur de l'animal peut être modifiée par l'apparition de divers problèmes que pourra révéler la consultation. Choisissez un praticien reconnu, possédant un matériel adapté aux divers examens nécessaires : cœur, poumons, respiration, yeux et état des membres. Une prise de sang complétera le diagnostic pour détecter tout risque de maladie infectieuse.
Le vétérinaire observera aussi le cheval en marche, aux deux mains et aux trois allures. Il pourra ainsi constater la souplesse des articulations, la correction des aplombs et l'aspect sain des tendons et des sabots.

COMMENT ANNULER UNE VENTE ?

Il existe certaines conditions : informez le plus tôt possible le vendeur de votre décision. Envoyez un courrier recommandé au tribunal dont les coordonnées figurent dans votre contrat dans un délai maximal de 10 jours – 30 jours pour la fluxion – après la vente.
Les juges statueront sur votre dossier au tribunal d'instance pour un litige dont la demande porte sur des sommes comprises entre 4 000 et 10 000 euros ou au tribunal de grande instance. Prévoyez des honoraires d'avocats et d'experts et armez-vous de patience…

Ci-contre : Demandez à voir le cheval plusieurs fois : ses réactions à votre approche doivent être les mêmes à chacun de vos passages.

Ci-dessous : Observez les réactions du cheval et la qualité de ses allures.

Soyez vigilant sur les garanties de votre contrat d'assurance, surtout si vous êtes un adepte de l'équitation d'extérieur.

auxquels vous n'auriez pas pensé. Il pourra aussi, l'habitude aidant, vous dévoiler quelques artifices dont certains vendeurs ont le secret... Soyez particulièrement vigilant, par exemple, devant un cheval très calme, presque amorphe ; cela peut être dans sa nature, mais il se peut aussi qu'on l'ait fait galoper à la longe pendant de longues minutes avant votre arrivée pour qu'il vous paraisse moins « chaud » qu'il ne l'est en réalité... De même, certains chevaux vous paraîtront éveillés et attentifs alors que leur état n'est dû qu'à une ration plus énergisante que l'habituel seau de granulés.

◆ Marché conclu !

Le cheval est presque à vous. Quelques précautions encore : essayez-le chez vous pendant quelques jours. Prenez le temps, au calme, de vérifier que son signalement correspond à ses papiers, qu'il est pucé et figure bien au fichier national Sire (Système d'information relatif aux Équidés). Le vendeur doit vous remettre tous les documents de votre nouveau cheval : papiers officiels, visas, vaccinations, contrôles sanguins, radios des membres, etc. Vous devrez ensuite mettre à jour sa carte d'immatriculation auprès du Sire.

CONTRATS ET ASSURANCES

◆ L'assurance du cheval

Il est possible d'assurer son cheval. Les risques encourus si vous ne le faites pas sont conséquents : en cas de vol, par exemple, vous ne toucherez rien, même si votre cheval vous a coûté une fortune. En outre, les assurances prévoient des garanties en cas de frais vétérinaires ou de décès accidentel. N'hésitez pas à faire jouer la concurrence !

Les garanties principales

Après estimation de la valeur de votre cheval (qui n'est pas forcément équivalente au prix d'achat), sélectionnez une ou plusieurs garanties proposées par votre assureur.

LES VICES RÉDHIBITOIRES

Ce sont des défectuosités de gravité variable qui sont susceptibles de déprécier la valeur d'un cheval et, plus grave, de nuire à la pratique d'une discipline. On a répertorié sept vices rédhibitoires : la boiterie ancienne intermittente (boiterie qui apparaît irrégulièrement), l'immobilité (le cheval est hébété, cet état peut être le signe de lésions au cerveau), la fluxion périodique des yeux (larmoiement, indice de graves troubles de la vision), le tic proprement dit (décrit plus haut), l'emphysème pulmonaire (défaut du système respiratoire), le cornage chronique (respiration sifflante qui peut conduire à l'asphyxie) et l'anémie infectieuse (affection des muqueuses du cheval). Ces vices sont des motifs d'annulation de la vente.

– La responsabilité civile est nécessairement incluse dans le contrat ou dans la police multirisque habitation, ou encore dans la police de chef de famille. Cette garantie est indispensable si votre cheval cause des dégâts à des tiers. Si vous choisissez le contrat du club, celui-ci doit obligatoirement comprendre une extension de garantie aux chevaux confiés.

– Une seconde protection vous sera suggérée : la mortalité, qui joue en cas de maladie mortelle ou d'accident. Certaines clauses viennent évidemment restreindre son champ d'application : l'absence de soins, les carences alimentaires, etc.

– Selon vos besoins, votre assureur pourra vous proposer d'autres garanties : invalidité, frais vétérinaires, immobilisation, frais d'engagement en compétition.

◆ L'assurance du cavalier

L'équitation et le contact avec les chevaux présentent des risques potentiels contre lesquels il faut savoir se protéger. Une chute, par exemple, peut entraîner de nombreuses visites chez le médecin et une intervention chirurgicale. Si vous choisissez d'héberger votre cheval dans un club, vous serez assuré en réglant votre licence fédérale. Si les garanties offertes vous semblent insuffisantes, vous pourrez signer une extension. Pensez à toujours avoir avec vous votre numéro de police. Ne sous-estimez pas les possibilités d'accident et toutes les mésaventures qui peuvent vous arriver.

Vous pouvez prendre conseil auprès de votre club, de votre ligue départementale ou de la Fédération française d'équitation (FFE) qui saura vous conseiller quelques compagnies.

ANNEXES

LES GALOPS

Comme dans d'autres sports, il est possible au cavalier de passer des examens de niveau suivant sa progression personnelle. Ces examens, autrefois connus sous le nom de degrés puis d'étriers et d'éperons, portent aujourd'hui le nom de galops.
Il existe sept niveaux de galop, les cinq premiers étant communs à toutes les disciplines équestres, tandis que le galop 6 et le galop 7 sont plus spécialisés. Le cavalier peut alors s'orienter vers le dressage, l'obstacle, le cross, ou une discipline moins répandue comme la voltige, l'attelage, voire l'équitation camargue ou la monte en amazone !
Quel que soit le niveau, les examens comportent une partie pratique et une partie théorique.
Le cavalier est testé sur son niveau équestre, mais aussi sur ses connaissances en hippologie, soins aux chevaux, etc.

Le **galop 1** est destiné à des cavaliers quasi débutants et est très facilement accessible. Il porte surtout sur les notions de base : aborder son cheval, l'attacher, le panser, le harnacher, monter et descendre de cheval, ainsi que sur la connaissance des diverses disciplines et de la morphologie du cheval.

Le **galop 2** incorpore des notions plus précises comme celle des différentes aides par exemple. La partie équitation reste assez simple.

Le **galop 3** s'intéresse toujours à l'hippologie (le corps, les membres), ainsi qu'au mécanisme des allures. Les soins aux chevaux sont plus poussés : alimentation, litière, réglage du harnachement, etc.
En équitation, la position devient essentielle, ainsi que les figures de manège et le travail aux trois allures (y compris le départ au galop sur le bon pied). Les effets de rênes doivent être connus, et le cavalier doit être capable d'enchaîner plusieurs petits obstacles. Il est possible, en option, de commencer à se spécialiser dans une discipline donnée (voltige, par exemple).

Le **galop 4,** qui correspond au niveau de l'ancien éperon de bronze, comprend toujours une partie équitation et une partie de connaissances générales.
Pour l'équitation, le cavalier devra être capable d'exécuter des figures de manège aux trois allures, de faire une cession à la jambe, de partir au galop sur le bon pied en ligne droite, de s'arrêter sans tirer et de contrôler son cheval sur un enchaînement d'obstacles (jusqu'à 1 m). Il devra avoir une fixité de jambe suffisante pour porter et utiliser correctement des éperons et connaître les aides d'incurvation et le mécanisme du départ au galop.
Il sera capable de préparer un cheval pour un transport ou un concours, de soigner les pieds et de poser des protections. La théorie se penche sur les soins quotidiens, le comportement du cheval, les règles de sécurité et des notions sur l'hébergement et l'alimentation du cheval.

Le **galop 5** est la dernière étape du tronc commun avant d'opter pour une spécialisation. Il s'intéresse principalement à l'équitation d'extérieur et comporte un parcours en terrain varié aux trois allures.
Le cavalier doit être capable d'échauffer son cheval, de constater une boiterie, de préparer un voyage et d'embarquer son cheval dans un van, d'apprécier l'état de sa ferrure et de le soigner après l'effort.
Ses connaissances s'étendent aussi aux soins d'urgence, au choix des allures en fonction du terrain, aux mesures de sécurité en pleine nature, aux règles de circulation et au respect de l'environnement. Il connaît également les structures équestres françaises et les documents d'accompagnement des chevaux.

Les **galops 6 et 7** varient selon la spécialisation choisie et demandent un excellent niveau équestre, ainsi que de solides connaissances théoriques.

PORT DU CASQUE
OBLIGATOIRE

CRÉDITS PHOTOGRAPHIQUES

Toutes les photos sont de **Claude Bigeon,** excepté les suivantes :
Adobe Stock.com – Alonbou : 186, 187 d ; CallallooAlexis : 195 h, 198 ; Caroline Ziemklewicz : 213 ; Chr. Eder : 56 d ; E. Spek : 206 ; Elenathewise : 103 b ; Fabrizio Sana : 68 h ; Farah-Diba : 38 ; Foto-Biene : 105 h ; Gorilla : 272 ; Hugues Argence : 87 ; Jessmine : 138 ; JPchret : 50 ; Lorraine Swanson : 90 ; Nadine Haase : 81, 91 ; Olga Itina : 43 ; R. Wavrant : 33 ; Sandra Lambert : 168 h ; Sven Cramer : 207 ; Virginie Georges : 200. **Cogis –** Delaborde : 172 h. **iStockphoto.com –** Spiritartist : 109 b. **Nature –** Berthoule : 34 md ; De Monléon : 34 mg, 34 b, 53, 56 bg, 68 bg, 68 mg, 77 b, 125 b, 126 b, 147 h, 148 b, 149 b, 266 ; Ferrero : 37, 40, 56 hg, 58 h, 58 b, 68 md, 68 bd, 70, 76 m, 78 (les 4), 112, 146, 178 h, 223 (les cinq) ; Labat : 34 hd, 121 bg ; Lanceau : 55 m, 55 b ; Laurioux : 36 hd, 36 b, 41, 47, 67 h, 83 b, 94 h, 102 h, 105 b, 107 m, 115 b, 116 h, 117 h (les six), 119 b, 124 b, 234, 246 b ; Samba : 63, 181 h. **Shuterstock.com –** Abramova Kseniya : 174 d ; Ahtumer : 275 ; Alexonline : 22 ; Anastasija Popova : 126 hd, 233 ; Arman Novic : 125 h ; aurelie le moigne : 101 hd ; Best dog photo : 75 ; Bildagentur Zoonar GmbH : 185 b, 187 g ; Bucchi Francesco : 93 ; Callipso : 59, 74 h ; Christian Mueller : 184 ; Conny Sjostrom : 76 h ; Crobard : 170 ; Dennis W Donohue : 177 ; Derek C Donsworth Photo : 202 ; Dhanon : 108 ; Drazen Boskic PHOTO : 61 b ; Dziurek : 113 h ; eastem light photography : 71 h, 107 g, 205 d ; Edoma : 106 ; EMOZION : 101 hg ; Fabien Monteil : 107 d ; Gareth Kirkland : 72 b ; Grigorita Ko : 94 bg, 166 b, 193 ; horsmen : 73, 142, 161 h, 173, 190 ; ILiyan : 98 ; Irina Mos : 134 ; J. Marijs : 74 b ; Jakelv7500 : 122 d ; JuliusKielaitis : 55 h ; Karel Gallas : 51 b, 54 ; Katarzyna Bromka : 151 b ; Katho Menden : 204 ; Lawrence Thompson : 114 ; Lenkadan : 139 b, 175, 276 ; Lindsay Helms : 137 ; Makarova Viktoria : 97 b, 100, 154 ; mariait : 128 bd, 269 ; Marie Charouzova : 72 h ; Melory : 174 g ; Migclick : 95, 273 h ; mountainpix : 12 h ; Nastenok : 18, 278 ; Olga_i : 136 h ; olgaru79 : 228 ; Oprea George : 120 b ; Osetrik : 80 ; Petr Jelinek : 62 g ; Photo Art Lucas : 203 h ; photo-equine : 85 d ; Pipalana : 126 hg ; pirita : 96 ; poliki : 203 b ; Roberto Sorin : 99 b ; Roger Ashford : 139 h ; Ronnie Howard : 172 b ; Sandra Gligorijevic : 88 ; Scott Sanders : 99 h ; Sergey Uryadnikov : 160 ; Steve Heap : 205 g ; Steven Belanger : 103 h ; Tamara Didenko : 69 ; Usanee : 124 h ; Viola90 : 66 ; Volodymyr Burdiak : 82 h ; Zuzule, 8, 28-29, 133 b, 201 h. **Xavier Gluntz :** 144, 145 h, 145 h.

Wikimedia Commons : Llez : 10 ; Nicolas Guérin : 11; Marie-Lan Nguyen : 12 m ; Ealdgyth : 12 b ; Marie-Lan Nguyen : 13 h et b ; Michel Claveyrolas : 14 h ; LadyofHats : 14 b ; Sailko : 15 ; Memorato : 16 ; FA2010 : 17 h.

Dessins : **Franck Ripault, Bruno Warnier.**

Couverture : Claude Bigeon. Adobe Stock.com – kwadrat70. **Shutterstock.com –** Callipso, Digoarpi, DragoNika, Elya Vatel, Fotokostic, Leszek Glasner, mark Higgins, OlesyaNickolaeva, olgaru79, Osetrik, Shchipkova Elena, Vector Tradition, Voyagerix.